U0633661

本著作由贵州大学哲学学科群建设经费资助出版

邓国宏 著

戴震、章学诚与荀子思想关系研究

透视乾嘉新义理学的一个新视角

中国社会科学出版社

图书在版编目（CIP）数据

戴震、章学诚与荀子思想关系研究：透视乾嘉新义理学的一个新视角／邓国宏著 . —北京：中国社会科学出版社，2021. 10

ISBN 978 - 7 - 5203 - 1138 - 0

Ⅰ. ①戴⋯　Ⅱ. ①邓⋯　Ⅲ. ①戴震(1723 - 1777)—关系—荀况(前 313 - 前 238)—哲学思想—研究②章学诚(1738 - 1801)—关系—荀况(前 313 - 前 238)—哲学思想—研究　Ⅳ. ①B249.6②B249.7③B222.65

中国版本图书馆 CIP 数据核字（2017）第 240336 号

出 版 人	赵剑英	
责任编辑	张　潜	
责任校对	张　婉	
责任印制	王　超	

出　　　版　中国社会科学出版社
社　　　址　北京鼓楼西大街甲 158 号
邮　　　编　100720
网　　　址　http://www.csspw.cn
发 行 部　010 - 84083685
门 市 部　010 - 84029450
经　　　销　新华书店及其他书店

印　　　刷　北京明恒达印务有限公司
装　　　订　廊坊市广阳区广增装订厂
版　　　次　2021 年 10 月第 1 版
印　　　次　2021 年 10 月第 1 次印刷

开　　　本　710 × 1000　1/16
印　　　张　19.5
字　　　数　274 千字
定　　　价　78.00 元

凡购买中国社会科学出版社图书，如有质量问题请与本社营销中心联系调换
电话：010 - 84083683
版权所有　侵权必究

目　录

导　言

一　研究缘起与旨趣——由汪中的论述说起

学界早有一种看法，认为乾嘉思想学术和荀子存在着重要的关联，惜乎没有太多的具体论证，因而未受重视。刘师培曾有言道："曾子、子思、孟子，皆自成一家言者也，是为宋学之祖；子夏、荀卿，皆传六艺之学者也，是为汉学之祖。"① 刘氏此处汉学与宋学相对而论，其汉学概念即主要指的是乾嘉汉学。② 其论颇有创见，但实亦渊源有自。实际上乾嘉学者对于自身思想学术与荀子之关联已有一种比较明确的自我意识。

汪中《荀卿子通论》言道："荀子之学，出于孔氏，而尤有功于诸经。盖七十子之徒既殁，汉诸儒未兴，中更战国暴秦之乱，六艺之传，赖以不绝者，荀卿也。周公作之，孔子述之，荀卿传之，其揆一也。"③ 荀子不仅作为周孔之传的儒学正统地位得以贞定，而且作为

---

① 刘师培：《国学发微》，载《刘申叔遗书》，江苏古籍出版社 1997 年版，第 478 页。另外，谭嗣同曾说："二千年来之政，秦政也，皆大盗也；二千年来之学，荀学也，皆乡愿也。"（谭嗣同：《仁学》，印永清评注，中州古籍出版社 1998 年版，第 169 页。）梁启超亦有言曰："汉代经师，不问今文家古文家，皆出荀卿。二千年间，宗派屡变，一皆盘旋荀子肘下。"（梁启超：《梁启超论清学史二种》，朱维铮校注，复旦大学出版社 1985 年版，第 68 页。）谭、梁论二千年来之中国学术与荀子的关系，不专为清代思想学术而发，但亦未将乾嘉思想学术排除在外。

② 刘师培在《近代汉学变迁论》中提出："古无汉学之名。汉学之名起于近代，或以笃信好古该汉学之范围，然治汉学者未必尽用汉儒之说，即用汉儒之说亦未必用以治汉儒所治之书。是则所谓汉学者，不过用汉儒之训诂以说经及用汉儒注书之条例以治群书耳，故所学即以汉学标名。"（刘师培：《左盦外集》，载《刘申叔遗书》，江苏古籍出版社 1997 年版，第 154 页）

③ （清）汪中：《新编汪中集·荀卿子通论》，广陵书社 2005 年版，第 413 页。

传经之儒的形象，实已隐然具有了乾嘉思想学术之典范的地位。乾嘉学者为其经学研究的学术范式在原始儒学、早期经学中寻找道统和学统上的依据，而他们于此特别抉发出来的人物就是荀子。

汪中在极力称扬荀子之外，又特别表彰被视为荀子再传弟子的汉儒贾谊①，考辨了他们的学术传承和贡献。研究者们以为，经由汪中的考证，一条由周、孔经由荀子而及汉儒的儒学学统表之而出。对此温航亮说道：

> 如果将汪中对贾谊的表彰与对荀子的表彰联系起来看，就会发现，汪中肯定了荀子之学出于孔子，又以传经的功绩将孔子的学说传于后世；而贾谊之学又渊源于荀子，后世的经学、辞章之学又源于贾谊。由此我们可以看到一条由周公到孔子，再到荀子，再到贾谊，然后是后世学术的清晰的发展路线，汪中自己虽然没有明确地说明，但我们完全可以将这一路线称之为"孔荀"儒学授受统系。②

彭公璞亦有相同论述，其言曰：

> 汪中为我们清晰地展现了儒家学派孔荀一系的学术流变进程；此一学派由孔子发端，经过子夏、仲弓传至荀子；再由荀子传授至汉初经学诸家，三传至贾谊；之后董仲舒、司马迁、刘向、刘歆等人皆有研习。由是观之，汉代学术无论经今文学、经古文学派皆受其沾溉。正是有了荀子的贡献，汉学与原始儒学才血脉相连，贯通一体。③

温、彭二人都认为，汪中之论通过孔子、荀子、汉儒之学术传承

---

① （清）汪中：《新编汪中集·贾谊新书序》，广陵书社 2005 年版，第 422 页。
② 温航亮：《汪中研究》，博士学位论文，苏州大学哲学系，2008 年，第 58 页。
③ 彭公璞：《汪容甫学术思想研究》，博士学位论文，武汉大学哲学院，2010 年，第 138 页。

联系的肯定，将荀子以及汉代学术纳入儒学学统，做了"汉学与孔子的对接"①工作。而以汪中为代表的乾嘉学者又自认学宗汉儒，认为自己的学术乃是对于汉代学术的继承与发展。如此一来，乾嘉汉学便顺利通过荀子与汉儒的中介而上接周公、孔子的先秦儒学正统了。

这是一种不同于宋明儒者道统论的新的学统理解。它的提出具有与宋明理学之道统说相抗衡，为乾嘉思想学术寻找学统上之正当性的意义。温航亮指出，乾嘉学术仅靠崇扬汉学比宋学更古，并不足以为汉学建立在儒学内部的合法性；为达致对于汉学合法性的充足论证，乾嘉学术必须为汉学找出与孔子之间的联系，汪中的工作就是为这种联系寻找到了证据。他以为：

> 乾嘉学术作为宋明理学的一种反动，直接站在其对立面，最后必然要求打破理学家建立起来的、并赖以存在的"孔孟"授受的学术统系，并建立新的统系说。如果不为汉学找到与孔子相联系的证据，仅仅依靠汉学是比宋学更为古老的一种学术形态，显然是很难在儒学内部获得其自身的合法性的。汪中的《荀卿子通论》《贾谊新书序》等研究著作，虽然在研究的过程中并没有直接以解决这一问题为目标，但由此发现的荀子和孔子、贾谊和荀子之间学术上的内在联系，却为论证汉学与孔子思想的联系找到了可靠的依据。②

彭公璞有着大致相同的看法，其论述更为仔细明白，尤其注重揭示汪中之论对于乾嘉汉学寻找自身学统上之正当性的意义。其言曰：

> 汪中在《荀卿子通论》云："《史记》载孟子受业于子思之门人，于荀卿则未详焉。"似乎他考定孔荀一系的学术源流仅仅是出于"补史之阙文"的考证趣味，但细读其文，则可发现他实

---

① 温航亮：《汪中研究》，博士学位论文，苏州大学哲学系，2008 年，第 58 页。
② 同上文，第 57 页。

"有大义寓焉"。虽然对于孔荀一系在汉以后的流变,汪中没有再论及,但从其学术倾向以及所处的以"汉学"为号召的清代朴学背景看,汪氏的意见是很明确的:孔荀一系的学术传统在清代再次得到恢复,清代朴学就是这一传统的正统继承者。由于从孔子到荀子的学术系统渊源有自,其授受关系明白可考,故这一系统在儒学内部具有学术上的合法性和正当性,其现实意义是赋予了清代朴学合法性和正当性。汪中考镜孔荀一系的学术源流,实际蕴含着重建学统,与宋明理学道统论相抗衡的思想意图,目的是要打破官方理学的权威主义、独断主义,为朴学话语对抗理学话语寻求理论上的支持。①

此论以为,汪中虽仅只考索孔、荀及汉儒之间的授受联系,未曾论及此一学术传承在后世之继承与演变;但其意甚为显明——清代朴学即为孔荀一系学术传统的复兴;所以,汪中的论述实有赋予清代朴学以学统上之正当性的作用,且具有与宋明理学的道统论相抗衡的思想意图。

以上温、彭所论均为灼见,但还只是论及汪中从儒学一般传承(师承与经典授受)方面将荀子及汉儒纳入儒学学统的意义,仍具有一定的局限性。对于汪中关于荀子思想学术之传承的考证,持守宋明理学之道统说的学者仍可以在承认其结论的同时而对荀子之道统地位不予承认。师承与经典的授受并不能为论证"汉学与孔子思想的联系"提供充分和可靠的证据。纵然师承及经典之授受关系俱在,但他们仍可否认荀子及汉儒就获得了孔子儒学的真精神。宋明理学之道统论认为程子、朱子得孔孟儒学千年不传之真精神,本来强调的就是道统在于实质性之儒学精神大义的相续,而不在外在形式之师承传袭与经典授受。宋明理学家及现代新儒家否认荀子、汉儒之道统地位,都是认为荀子及汉儒思想精神不符合他们所贞定的孔孟大义。他们基本没有

---

① 彭公璞:《汪容甫学术思想研究》,博士学位论文,武汉大学哲学院,2010 年,第139 页。

涉猎荀子、汉儒与孔子之师承授受关系的问题，但如果向他们提及孔、荀及汉儒之间的这种授受关系，他们大多恐怕也不会否认，因为也用不着反对。师承与经典授受，虽然也是一种重建学统的证据，但那只是一种外缘的证据，不具有决定性的意义。在这个意义上，强调汪中的考辨重建了儒学学统，"为论证汉学与孔子思想的联系找到了可靠的依据"①，既是一种过度的溢美，又遗漏了汪中更为重要的论述内容。不过，"汪中的考证已在某种程度上表现出对儒学学统重建的企图"②则是毫无问题的，仅此一点在乾嘉时期其意义就已不可低估。

其实，汪中在《荀卿子通论》中，并不完全是从师承及经典授受来论证荀子在儒学学统中的地位，他也有从思想实质方面来肯定荀子思想与正统儒学的联系。田汉云指出：

> 汪中推崇荀子，似有过于孟子。这不仅是考虑到荀子在传承经典方面的特殊作用，同时也着眼于荀子思想的重大价值。他特别点明："荀卿所学本长于礼。"他又具体指陈了《荀子》为二戴《礼记》所取资，并说曲台之礼乃是荀学之支流余裔。既然《礼记》在后来亦升格为经，《荀子》应在儒家学统中占有何种地位，也就不言自明了。汪中这样看问题，与清代朴学家以礼学代替宋儒理学的宗旨是一致的。由此看来，汪中尊崇荀子的深意，在于整合先秦儒学的思想资源，重建儒学的理论体系。③

其意以为，汪中特别点明荀子学长于礼以及《荀子》与《礼记》关系密切，即是从礼学的侧面肯定荀学与儒学、经学之正统精神一致。另外他特别注意到，汪中肯定和强调荀子礼学与儒学正统之联系，与清代学者主张"以礼代理"④的思想倾向是一致的。周

---

① 温航亮：《汪中研究》，博士学位论文，苏州大学哲学系，2008年，第57页。
② 田富美：《清代荀子学研究》，博士学位论文，"国立"政治大学，2011年，第102页。
③ 田汉云：《前言》，载（清）汪中《新编汪中集》，广陵书社2005年版，第12页。
④ 参见张寿安《以礼代理：凌廷堪与清中叶儒学思想之转变》，河北教育出版社2001年版。

积明于此则更为明确地认为，乾嘉学者存在一种重建礼学学统的倾向，汪中《荀卿子通论》的写作是其表现之一①，其观点得到田富美的呼应②。

而温航亮在《荀卿子通论》之外对于汪中思想的整体考察使得我们对于汪中此一溯源荀子重建礼学学统的努力之具体意涵有了更为明晰和深入的理解。其言曰：

> 在汪中的思想中，先秦学术流变的"源"（即"太史之官"）和"流"（即"诸子"），都与"礼"息息相关，所谓学术发展变化，不过是对"礼"的认识的变化过程，"礼"正是由"史"而"诸子"的先秦学术源流的主角。不但如此"古之史官，实秉礼经，以成国典"，"礼"还是一个国家施政的根本依据。③

此论具有重大的认识意义，它意味着汪中对于礼学学统的重建并不止于经学、儒学传统之内而言，而是将子、史之学也包括进来了。温航亮认为，在汪中的先秦学术史观中，从王官之学到诸子之学的整个秦汉学术传统，都是以礼为核心的。其言汪中：

> 当他的研究视野扩展到诸子学时，便发现了由"史"而"诸子"的先秦学术发展史，认为儒学和其他诸子一样，都来源于"古之史官"。"古之史官"的最根本理论依据在"礼"，因而后代的学术传统也以"礼"为最根本的源头。"古之史官"又依据"礼""以成国典"，因而"礼"又是经世思想的根本依据。事实上，汪中表现在一些文章中的"用世"思想，正是从"礼"的思想出发的。此后的扬州学者即在汪中的基础上以"礼"来解说

---

① 周积明：《乾嘉时期的学统重建》，《江汉论坛》2002 年第 2 期。
② 田富美：《清代荀子学研究》，博士学位论文，"国立"政治大学，2011 年，第 102 页。
③ 温航亮：《汪中研究》，博士学位论文，苏州大学哲学系，2008 年，第 65 页。

经典，并且打出了"以礼代理"的旗帜，希望以"礼"为经世的工具来实现汉学的现实价值。①

在汪中的思想中，礼学的学统不仅是儒学的学统，而且是从王官之学到诸子之学的整个秦汉学术的学统，因而也理应成为后世一切思想学术的正统。在这思想学术之正统中，荀子与周公、孔子具有同样重要的地位和意义，所以他倡言"周公作之，孔子述之，荀卿子传之，其揆一也"②。在这样的学统理解之下，"以礼经世"的思想观念成为汪中衡量一切学术的重要标杆，诸子之中不仅儒家的荀子、贾谊，而且墨子的一些思想由此也得到其积极的评价。所以汪中的诸子学研究既有其根据王官之学散为百家的学术史认识而来的对于诸子各家思想的广泛包容，又有其"以礼经世"的核心关怀，绝不是泛滥无主的。温航亮由此认为，"汪中并不如一些学者所认为的那样，极力提倡先秦诸子之学，即使有这种提倡的姿态，那也是希望通过对诸子的研究，正确地理解和阐发儒家一直以来所追寻的'先王之道'"③。在这样的认识下，汪中对于荀子生平及学术的考证、表彰所具有的意涵得以真正准确地定位。如果借用周积明的说法，乾嘉学者存在一种普遍的学统重建的意识，具体表现在三个方面：汉学学统的重建、经世学统的重建、礼学学统的重建，那么在汪中那里三者是合而为一的，汉学学统、经世学统、礼学学统的重建其实是同一个学统的重建，而荀子在这个学统中无论是从哪个方面来看都具有特别重要的地位。

总之，经过汪中的论述，荀子不仅作为周、孔之传的儒学正统地位得以贞定，而且具有了乾嘉思想学术之典范的意义。乾嘉学者就这样为其以"通经""明道""经世"为核心内容的思想学术理想在原始儒学、早期经学中寻到了道统和学统上的依据。这一新的道统和学统理解，虽然不废孟子，但对于《孟子》进行了不同于宋明理学的

---

① 温航亮：《汪中研究》，博士学位论文，苏州大学哲学系，2008 年，第 1 页。
② （清）汪中：《新编汪中集·附录》，广陵书社 2005 年版，第 413 页。
③ 温航亮：《汪中研究》，博士学位论文，苏州大学哲学系，2008 年，第 73 页。

新的诠释①；更为重要的是将被宋明理学家们所排除的荀子重新纳入进来，并给予特别的肯定。在这一新的学统和道统理解之中，体现的不仅是汪中，也包括其他许多乾嘉学者对于如何"整合先秦儒学的思想资源，重建儒学的理论体系"② 的普遍思考。既然如此，那么考察乾嘉学者在"整合先秦儒学资源，重建儒学的理论体系"之中荀子思想具体发生了什么样的作用，或者说乾嘉思想学术与荀子之间究竟存在什么样的关系，就是一个需要具体厘清的极为重要的课题了。正是基于以上认识，本书选择以"戴震、章学诚与荀子思想关系研究"为题"，来对以戴震、章学诚为代表的乾嘉学者的义理思想与荀子学说的关系做一考察。

二 研究范围与写作目标

大体而论，乾嘉思想学术与荀子之间的关系可分为两个层面：一是乾嘉学者和思想家对于荀子其人其书在学术、思想方面所具有的认识和评价，此为乾嘉时期的"荀子学"；二是乾嘉学者和思想家在自身之学术、思想的开展之中对于荀子学术、思想相关内容的继承、吸收与改造。这两个层面之间存在着复杂的联系，体现在不同的乾嘉学者那里的具体情形还不一样。从认识发生的逻辑来看，应该是在学术、思想上先对荀子其人其书有一明确的认识和评价之后，才能自觉地在自身的学术、思想开展之中吸纳或改造荀子学术、思想的一些内容，乾嘉时期一些学者也的确是这么做的。不过，也有许多学者只是以荀子其人其书为研究对象进行了一些学术上的考订和评点工作，其自身并没有什么思想建树，更谈不上在自身思想开展之中对于荀子思想的吸收与改造了；另外还有一批学者，他们没有进行荀子文本的考释和思想的评点的具体工作，但在自身思想的开展之中与荀子却颇有关涉。这些必须从学术分工的角度来给予理解。对于同一对象的研究，有人从事文本的考订，有人进行思想的诠释；一些人只是把其作

---

① 代表为戴震的《孟子字义疏证》和焦循的《孟子正义》。具体论述参见本书第一章、第二章相关内容。

② 田汉云：《前言》，载（清）汪中《新编汪中集》，广陵书社 2005 年版，第 12 页。

为对象进行客观的研究，一些人则将其作为自己学术对话的对象、思想建构的资源。乾嘉时期不同学者对于荀子的不同研究取向和目的，也就导致了其与荀子学术、思想之关系的上述不同状况。

就第一个层面之"荀子学"而论，经过汉唐的荀孟并称，到宋明的黜荀尊孟，"现代学者认为，荀学地位在乾嘉时期（1726—1820年）有明显的提升，称之为'荀学复兴'的时代"①。对于此一方面，马积高的《荀学源流》、田富美的《清代荀子学研究》等著作有过专门的研究②。关于第二个层面即乾嘉思想、学术之开展所受荀子之影响的考察则尚未见有专书问世。不过，20世纪以来，许多学者均在相关著作中指出戴震思想与荀子思想的近似关系，当然亦有一些学者提出相反的意见，严辨戴震思想与荀子思想之异。2011年台湾学者郭宝文在其博士论文《戴震及其后学与孟荀思想异同研究》中则延伸考察了整个戴震学派与荀子、孟子的思想异同关系，试图全面回答戴学究为近于荀子或孟子的问题。郭文先比较孟、荀思想关系，立一关于孟、荀思想异同的理解标准；又分别将戴震、凌廷堪、焦循、阮元四人思想与孟子、荀子思想两相比较，以确定其人思想究为孟子类型或荀子类型。

本书的考查，并不涵盖上面所述乾嘉思想学术与荀子之交涉两个层面的全部内容，而是近于郭文的做法，将只局限于乾嘉学者的义理开展与荀子思想关系的问题上面。但是，本书与郭文在研究范围和对象上面又将有所不同。

首先，本书暂不拟将孟子纳入比较考察的对象，以免牵扯太多方面的问题而复杂化。孟、荀思想异同的认识与判定与研究者对于孟子、荀子思想的各自诠释紧密相关。同样对于《孟子》的诠释，宋明理学家、当代新儒家与乾嘉思想家（戴震《孟子字义疏证》、焦循《孟子正义》）就颇不相同。对于荀子思想的理解历来学界同样亦存

①　田富美：《清代荀子学研究》，博士学位论文，"国立"政治大学，2011年，第3—4页。
②　梁晓园：《清代荀学研究》，硕士学位论文，暨南大学，2006年；赵伟：《乾嘉荀学研究》，硕士学位论文，广西师范大学，2008年。

在许多歧见。本书考察乾嘉学者戴震与章学诚等人思想与荀子思想之关系，对于荀子思想不得不有一自己的判定和理解①，其中关节之外已颇为繁复。为使论文的问题意识更为集中，亦为避免行文的过度复杂，故而于此之外不拟再将孟子思想与乾嘉思想学术的关系纳入考察范围。

其次，本书继续扩展郭文对于乾嘉学者之义理学的考察范围。郭文在乾嘉学者的义理学中间只是选择性地考察了戴震学派，大概是以为戴震学派的义理思想具有较多一致的共同倾向，与荀子思想近似，颇可沟通。本书受美国汉学家倪德卫启发，认为乾嘉时代的两位代表性思想家戴震和章学诚的思想都与荀子思想存在着密切的关系。关于章学诚与戴震，倪德卫以为，"在很大程度上，两人的思想是平行的，关注的是相同的问题。但在方法和结论上，他们存在着根本的区别"②。二者思想之间的这种关系，在他们与荀子思想的关系上面亦体现了出来。倪德卫提出：

> 如果章认为，戴虽自称为孟子主义者而实际上像荀子一样思考，那么，在回应戴的过程中，章更直率地发展了一种荀子主义的观点，这是不奇怪的。③

倪德卫甚至认为，在某些地方，章学诚比戴震思想做得更好。章学诚的思想"好像是对儒家伦理的荀子版本的一种得体的修正"，虽然"章没有把自己声称为批评地修正了荀子，可能甚至也没想到自己在做这事。我想，他在有意识地、批评性地修正另一个比他年纪大、比他更出名（那时，不是现在）的人戴震（1724—1777 年）的看法。在这方面看，他做得很好"④。倪德卫所谓章学诚对于戴震思想的修

---

① 本书对于荀子的理解和辨析将随文见之，不再单独论列。

② ［美］倪德卫：《章学诚的生平及其思想》，杨立华译，江苏人民出版社 2007 年版，第 105 页。

③ ［美］倪德卫：《儒家之道：中国哲学之探讨》，［美］万白安编，周炽成译，江苏人民出版社 2006 年版，第 336 页。

④ 同上。

正，主要在于章学诚引入了对于道德秩序之起源与发展的历史性理解以及肯定了后世个人具有与圣人一样的参与创造道德文明秩序的平等地位。而章学诚之所以能够做到这一点，不能说没有荀子思想的影响。或者说，章学诚对于戴震思想的此一修正使其与荀子的思想更为接近了。所以，在考察乾嘉学者的义理之学与荀子的思想联系时，在戴震学派之外纳入章学诚，就不是没有根据的了。

而且，戴震与章学诚二人正好是乾嘉新思想的两类代表。章学诚自己就有这个认识，他将自己与戴震的学术并峙归为浙东学派与浙西学派的对立、史学与经学的对立，甚而最终溯至朱陆的对立上面去。①钱穆对此已发之甚详，其弟子余英时更是善继师意而敷衍为专论戴、章二人的大著《论戴震与章学诚：清代中期学术思想史研究》。余英时以为，"分析戴东原和章实斋两人的思想交涉，以及他们和乾嘉考证学风之间的一般关系"，可以"展示儒学传统在清代的新动向"②。其言：

> 尽管清儒自觉地排斥宋人的"义理"，然而他们之所以从事于经典考证，以及他们之所以排斥宋儒的"义理"，却在不知不觉之中受到儒学内部一种新的义理要求的支配。③

戴震与章学诚就是在乾嘉考证学逐渐流为文献主义，失去其方向的时候，仍然能够自觉把握这一思想史发展要求和方向的代表性人物。通过戴震与章学诚思想的剖析，余英时详细地阐述了这一儒学内在发展的新要求和新方向就是儒家智识主义的兴起，也即儒学由偏重"尊德性"转向重视"道问学"的发展。余英时将章学诚与戴震合论，以之作为清代中叶思想史的代表，实是因为二人思想虽相互区别

---

① 参见章学诚《文史通义》内篇《浙东学术》与《朱陆》二文，上海古籍出版社2009年版。

② 余英时：《论戴震与章学诚：清代中期学术思想史研究》，生活·读书·新知三联书店2006年版，"自序"，第2页。

③ 同上书，"自序"，第3页。

却又一致体现了清代中叶之思想创造的共同成就和一般趋向。更为晚近的郑吉雄也特别指出："从学术因缘的角度看，章学诚的思想不止是戴震思想的对立，也是一种延续与发展。"① 其言：

> 戴震和章学诚分别针对"理"与"道"两个重要的儒学观念，灌注了以"人伦日用"为精神的浓厚文化意识。宋明理学家以"理"与"道"两大观念为核心，逐步建构起一套繁复的心性道德形上之学，讨论了六百年之久；而在乾嘉盛世、考据学风行一时的年代，竟有戴、章二人共同以文化意识为基础，分别从经学与史学两种观点，重新诠释这两大观念，揭示了一个迥异于宋明理学家的思想境界。②

戴震和章学诚的思想具有一致的地方，共同代表了与宋明理学不同的思想境界。而戴震与章学诚所代表之乾嘉思想学术和宋明理学的这种不同，郑吉雄认为实可从儒学史上孟、荀思想理路之差别来理解。其言："清儒持追求特别价值的目标来审视宋学，故称宋明儒所治之学为虚空；宋明儒学研究者持追求普遍价值的目标审视清学，则必视清代学术为支离。从思想史的角度看，上述两种价值观念的歧异可能可以追溯到孟子、荀子的分歧。"③

倪德卫、钱穆、余英时、郑吉雄等人的上述理解表明，本书将戴震与章学诚放在一起论述，探讨他们所共同代表的乾嘉学者的义理学与荀子思想的关系，不仅可行而且十分必要。余英时从"道问学"与"尊德性"的不同偏重，郑吉雄从"特殊价值"与"普遍价值"的追求不同来理解戴、章代表的乾嘉学者的义理之学与宋明理学的差别以及乾嘉学者的义理之学的特殊性质和贡献。本书从与荀子思想的

---

① 郑吉雄：《论戴震与章学诚的学术因缘——"理"与"道"的新诠》，《文史哲》2011 年第 3 期。

② 同上。

③ 郑吉雄：《从乾嘉学者经典诠释论清代儒学思想的属性》，《戴东原经典诠释的思想史探索》，台大出版中心 2008 年版，第 309 页。

关系角度考察乾嘉学者的义理之学的特殊性质和贡献，将可得出与其稍有不同的对于乾嘉学者之义理的认识和评价，虽不至取代与颠覆上述学者的看法，但起码是一种新的认识角度，能够发现一些新的问题，补充一些新的内容。

最后，本书考察戴震、章学诚等人所代表的乾嘉学者的义理之学与荀子的思想关系，但是本书不会将乾嘉学者的义理之学与荀子思想放在同等的论述地位来进行全面的比较研究工作。本书的主要考察兴趣在于乾嘉学者的义理之学，而非荀子思想。荀子思想只不过是作者用来透视乾嘉学者的义理之学的一个视角而已。通过与荀子思想之关系这个视角，考察和揭示乾嘉学者的义理之学的某些基本面貌和共同特征才是本书的基本写作目的。另外，如能证明戴震、章学诚代表的乾嘉学者的义理之学与荀子思想在基本理路和取向上确实存在一致的地方，本书的任务就可算是大体完成了。如果进一步能够从乾嘉学者对于荀子思想的继承与改造之中探讨一下中国传统思想自身之近现代转化的一些表现和规律的话，那就是本书的额外之获了。

三 研究方法

首先，哲学史研究中的"纯化"与"泛化"相结合的方法，或者说以哲学史为中心的思想史研究的方法，是本书确定自己考查和写作范围以及方向的重要指导方法。[①] 本书基本属于一项哲学史的研究，因此着重探讨乾嘉学者的天道观、人性论、伦理观和功夫论等哲学问题及其与荀子哲学的关系。与说明上述哲学问题相关，或是在戴震、章学诚等乾嘉学者与荀子思想里同时存在、能够体现双方思想关系的的一些思想史、学术史的问题也将进入本书的论述范围。后者将成为进一步补充说明前者的重要背景和支撑。

其次，哲学比较将是本书主要运用的理论分析方法。本书要论述

---

① 详细的论述参见萧萐父《哲学史研究中的"纯化"和"泛化"》，载《吹沙集》，巴蜀书社 2007 年版，第 417 页；参见李维武《"以哲学史为中心的思想史研究"刍议——对 19—20 世纪中国哲学研究的方法论思考》，《中国哲学的现代转型》，中华书局 2008 年版，第 18—32 页。

乾嘉学者的义理学与荀子思想的关系，主要不是通过他们对于荀子思想的直接引用或评论等文本上的显性联系来进行的，当然更不可能通过考察他们与荀子是否存在师承或经典授受的关系（考察与荀子年代较近的秦汉学术思想可以，但考察清代乾嘉思想学术则不可能），所以本书对于戴震、章学诚等人与荀子思想关系的论述基本是通过他们的思想与荀子思想的比较研究而做出的。由此，通常用于中外哲学比较的一些研究方法在这里其实也是适用的。余纪元在比较孔子与亚里士多德的伦理学时，利用亚里士多德的"朋友如镜"论和"拯救现象"论提出一种哲学比较的研究方法。[1] 其方法要求把两种不同的思想体系放置在一起，设立可比较的"现象"；接着考察和揭示两者的相似性和差异性；通过互镜，我们知道双方各自的优点和缺点，从而认定可以被保留的、能导向新的融合的真理成分。对于乾嘉学者的义理之学与荀子思想，本书也将展开类似过程的比较，探讨双方的得失，判定双方思想体系中的那些成分可以被保留下来，作为构建新的思想体系的可能资源。所以这种比较，不是以荀子思想体系为标准来对乾嘉学者的义理之学做的高低评判，而是认为，乾嘉学者对于荀子思想或袭用或改造或抛弃了其体系中的某些要素及其表达方式，这其中有得有失，有发展也有倒退，有纠正偏颇亦有遗漏精华，但总体是继承和发展了荀子的思想理路。

最后，囿于尊孟抑荀、经高于子的传统学术立场，许多乾嘉学者对于自身思想性格与荀子的高度近似并不自觉，甚而对荀子思想屡有批评，如何说明和解释这种表面的冲突和实质的近似两个层面之间的不一致，一种诠释学的方法因而就十分必要。在这方面，德国哲学家伽达默尔的"哲学诠释学"的相关理解将是本书的基本指导。"哲学诠释学"所提出的"前见"和"视域融合"[2] 等理论成为本书考察和

---

[1] ［美］余纪元：《德性之镜：孔子与亚里士多德的伦理学》，林航译，中国人民大学出版社 2009 年版，第 4—7 页。

[2] 参见［德］伽达默尔《诠释学：真理与方法》（修订译本），洪汉鼎译，商务印书馆 2010 年版；参见何卫平《通向解释学辩证法之途：伽达默尔哲学思想研究》，上海三联书店 2001 年版。

解释戴震、章学诚等人思想对于荀子思想的继承与改造问题的有效工具；"解释学循环"更是本书诠释各位思想家思想遵循的重要原则。另外，傅伟勋的"创造的解释学"①对于本书将会帮助巨大。傅伟勋主张，要发掘诠释对象表面结构底下的深层结构，以便显现连原来思想家都意料不到的他那原本思想的哲理蕴含（philosophical implication）。在实际操作中，傅伟勋提出"五谓"的诠释层次：第一个层次为"实谓"，即"原思想家（或原典）实际上说了什么"；第二个层次是"意谓"，指"原思想家想要表达什么"或"他说的意思到底是什么"；第三个层次是"蕴谓"，即"原思想家可能要说什么"或"原思想家所说的可能蕴涵是什么"；第四个层次是"当谓"，指"原思想家（本来）应当说出什么"或"创造的诠释学者应当为原思想家说出什么"；第五个层次是"必谓"或"创谓"，指"原思想家现在必须说出什么"或"为了解决原思想家未能完成的思想课题，创造的诠释学者现在必须践行什么"。刘昌元将傅伟勋的五个层次进一步简化和归结为"意谓"和"蕴谓"两个层次②，更加容易理解和操作。借助于这种"创造的解释学"，本书将能够越过一些乾嘉学者的表面上的说法（实谓、意谓）而去探究其深层思想理路（蕴谓、当谓、必谓）与荀子的关系。在对于荀子思想的理解之上，本书同样使用这种方法，剔除荀子思想表层表达之中的枝蔓和歧出之处，力图在其深层的"蕴谓"等层次建构出一个逻辑一致且不乏文本依据的较为积极的荀子思想形象。本书还将发现，戴震、章学诚等乾嘉学者对于荀子思想的推进与改造的许多成果、结论，正可算是对于荀子思想之"当谓"和"必谓"的揭示。

---

① 参见傅伟勋《从创造的诠释学到大乘佛学》，东大图书公司1990年版。
② 刘昌元：《研究中国哲学所需遵循的解释学原则》，载沈清松主编《跨世纪的中国哲学》，五南出版公司2001年版，第77—98页。

第一章　戴震与荀子思想关系

戴震的哲学思想虽然以重返六经、孔、孟为旗帜，并主要以对《孟子》进行疏解的形式阐发出来，但自其诞生不久①，就已经有人指出其与荀子思想的相似之处。20 世纪以来研究者们对于戴震与荀子之思想关系的辨析更是十分丰富。这些意见并不十分一致，有的认为戴震思想虽然融合了孟子思想及宋明理学的一些成分，但基本精神是近于荀子甚或同于荀子的；有的以为戴震思想表面杂糅了荀子思想的一些话语，其实与荀子思想存在不容抹杀的重大差异，甚或是远于荀子而近于孟子的。② 因此本书拟将戴震哲学体系与荀子哲学体系做一全面对比，结合考辨已有之意见，来对戴震与荀子思想关系的问题给出自己的一个判定。

戴震在其哲学著作中对于荀子思想做过一些关键性的评论。这些思想评论，体现了戴震对于自身思想与荀子思想之关系的自我觉解，也是我们入手考察戴震与荀子思想关系的重要而直接的依据。不过，正如有的学者③已经注意到的，在与荀子的思想关系上面，对于戴震的自我意识与思想交涉的实际状况之间必须做一区隔——在戴震对于

---

① 戴震的挚友程瑶田最先指出戴震思想"去蔽""去私"的主张是以自然人性为恶，有近于荀子《性恶》。相关论述参见氏著《通艺录·论学小记》，载《程瑶田全集》一，陈冠明等校点，黄山书社 2008 年版，第 31—32 页。

② 前者有章太炎、韦政通、倪德卫、刘又铭、田富美、郭宝文等，后者则以张丽珠为代表，大量学者的意见则处在二者之间，认为戴震与荀子思想在同异之间，如容肇祖、钱穆、冯友兰、马积高等人。更详细内容参见本书附录部分之综述。

③ 其中以倪德卫为最为重要之代表。倪德卫的相关论述，参见倪氏著《儒家之道：中国哲学之探讨》第十七章："两类'自然主义'：戴震与章学诚"。

自己思想与荀子思想之关系有明确意识的地方，不能排除戴震误解荀子思想的可能；而在戴震没有自我意识的地方，其思想恰恰与荀子思想存在若合符契之处，所以过分依靠戴震本人对于荀子思想的明确评论来谈二者思想关系显然不够。戴震哲学体系与荀子哲学体系的交涉，表层直接地体现在戴震的荀子思想评论中，但是，这些评论看似零散，却绝不是随意的，而是戴震从其自身的整体哲学思想出发，对于其所理解的荀子哲学的一种明确而有系统可寻的看法，背后涉及的是戴震与荀子两种哲学体系之间的碰撞，若用当代哲学解释学的话语来讲，是戴震哲学与荀子哲学两种视域之间视域融合的结果。这是作为一个体系性哲学家的戴震有关荀子思想评论的特色。就着这些评论为引子，通过仔细考察和比较二人的整体思想内容，本章主要试图揭示，在天道观、人性论、礼义观和功夫论诸多方面，戴震的哲学思想与荀子哲学思想之间都存在着高度的一致关系；另外，本章行文之中亦会探索戴震与荀子的思想交涉为何在戴震本人的自我觉解之中却存在着那样一种与事实不相适应的状况的原因。

在具体展开下面的论述之前，先得交待一下本章的考察路径和方法。本章将按照从天道论、人性论到人道论[1]的顺序展开，因为这也是戴震哲学自身之逻辑展开的结构。[2] 戴震实际上就是按照这样的顺

---

①　礼义观和功夫论都属于人道论的内容：礼义是人道的目标和准绳，功夫论是达致人道理想目标的方法论说和实践要求。

②　王茂的《戴震哲学思想研究》一书就是以这样的结构和顺序来诠释和重构戴震哲学的。在其"绪论"中，王茂这样交代道："本书在论述次序上，基本上按他本来的体系结构，逐步加以评说。戴震哲学的逻辑结构是'人道本于性，而性原于天道'，即社会道德的基础是人的自然本质，而人的自然本质来源于物质自然界。以这个逻辑为依据，本书逐次论天道，论性，论人道。"（王茂：《戴震哲学思想研究》，安徽人民出版社1980年版，第6页。）周兆茂在辨析戴震《孟子私淑录》与《绪言》写作先后时提出："在《孟子私淑录》一书中，戴震还未明确提出自己哲学总的构架，而到《绪言》时，戴震则提出了'人道本于性，而性原于天道'（卷上）的重要命题。即是说，人们的社会伦理观念根源于人的自然本性，而人的自然本性则源于外部自然界。戴震的整个哲学体系就是建构在'天道'（自然观）—'性'（自然人性论）—'人道'（社会历史观）的基础之上的。从对哲学体系构架的表述中，可见《绪言》在思想深刻性方面超过了《孟子私淑录》。"（周兆茂：《戴震〈孟子私淑录〉与〈绪言〉写作先后辨析》，《中国哲学史》1993年第2期。）可见其亦认为戴震哲学体系的成熟架构在于"天道"—"性"—"人道"。

序来撰写其主要的哲学著作的①；而其之所以这样安排，则是基于"人道本于性，而性原于天道"②的理解。

第一节　戴震道论对于荀子天论之继承、深化与转换

　　戴震以气化之过程来理解天道，主要来自对于宋儒理气、道器关系的拨正，而作为其思想依据的经典主要是《易传·系辞》③。戴震在论述天道时从未提过荀子，似乎在天道观上戴震与荀子最没有什么关系。其实，比较戴震和荀子对于天、天道及相关范畴的理解，二者之间的相通之处丝毫不可忽视。韦政通就提出，戴震认为"道，犹行也；气化流行，生生不息，是故谓之道"，"这是把'道'看作客观运行的规律，与荀子'天行有常'的天道自然观相同"④。马积高也认为，戴震以气化生生而有条理来理解天道，"可见其所谓天道，只是一种自然规律，并非神的意志的体现。这在一定程度上继承了荀子的'天行有常'的观点，只是他以人道傅会天道，与荀子坚持天人相分不同"⑤。田富美进一步以为："不管是顾炎武的'非器则道无所

---

　　①　从《孟子字义疏证》的目录来看，先是"理十五条"，乃为贯通天道人道的综论；接着"天道四条"为天道论；继以"性九条""才三条"为人性论；最后"道四条""仁义礼智二条"及"诚二条""权五条"都可算是人道论的内容。《绪言》《孟子私淑录》除了没有《孟子字义疏证》中开头专列的关于"理"的论述，也都是这样的撰作结构和顺序。（参见周兆茂《〈戴震孟子私淑录〉与〈绪言〉写作先后辨析》）

　　②　（清）戴震：《孟子字义疏证卷下》，载《孟子字义疏证》，何文光整理，中华书局1982年版（2009年重印），第43页。中华书局将戴震的主要哲学著作，如《法象论》《原善》《孟子私淑录》《绪言》《孟子字义疏证》《与彭进士允初书》等，结集为一册，仍以"孟子字义疏证"为名，作为理学丛书的一种予以出版。以下所引戴震著作若未标明出自黄山书社《戴震全书》本的，即为出自中华书局"理学丛书"本《孟子字义疏证》。

　　③　戴震在《孟子字义疏证·序》中认为孔子谈论"性与天道"乃在《易》中，其言："余少读《论语》端木氏之言曰：'夫子之文章可得而闻也，夫子之言性与天道不可得而闻也。'读《易》，乃知言性与天道在是。"

　　④　韦政通：《中国思想史》下，水牛出版社1980年版，第1432页。戴震的"道"概念包含宇宙生化之过程及其规律两个方面的涵义，韦政通的理解虽然大体不为错，但仅以规律义解戴震所谓"道"，显然是不够的。以下马积高和田富美的论述同样不脱此病。

　　⑤　马积高：《荀学源流》，上海古籍出版社2000年版，第306页。

寓'；或戴震以'形以前''形以后'来阐释道器，从实体实事的层面上论'分理''条理'；或焦循对'攻乎异端'的理解；或程瑶田……，或凌廷堪……，或阮元对道、器的实象化解释，其实都是'以气为本'观点的延伸，……清儒在'气本论'的脉络下，透过训诂考据的方式，解'道'为'行'、为'大路'，依此而引申出'道'的概念，乃是就实体实事所遵循的普遍规律而论，强调本诸经验事实的形迹中探究'道'，这样的思考理路，无疑是具有强烈的荀学倾向的。"① 以上三位学者都认为，戴震的道论与荀子的天论存在相通的地方。受此启发，本节内容首先考察一下戴震的道论，然后再将其与荀子相关的天论思想作一比较，以见二者之具体联系。

一　客观实在及其结构："道"与"天"

（一）戴震即阴阳气化而言的自然天道观

戴震最早联系阴阳气化来论"道"，是在《法象论》中。② 其言：

> 阴阳发见，天成其象，日月以精分；地成其形，山川以势会。日月者，成象之男女也；山川者，成形之男女也；阴阳者，气化之男女也。言阴阳于一人之身，血气之男女也。……立于一曰道，成而两曰阴阳，名其合曰男女，著其分曰天地，效其能曰鬼神。天地之道，动静也，清浊也，气形也，明幽也，外内上下尊卑之纪也，明者施而幽者化。③

---

① 田富美：《清代荀子学研究》，博士学位论文，"国立"政治大学，2011年，第162—163页。

② 关于戴震哲学著作先后年代的确定，本书采取周兆茂的意见。参见《戴震哲学新探》，"第十章 戴震哲学著作年代考"，安徽人民出版社1997年版，第186—220页。关于戴震哲学著作年代的相关考订的文献尚有，王茂：《戴震哲学著作年代考》，载《戴震哲学思想研究》，安徽人民出版社1980年版，第90—127页；谋子：《〈孟子字义疏证〉与〈绪言〉、〈孟子私淑录〉的易稿关系》，《陕西师范大学学报》（哲学社会科学版）2003年第5期；郭宝文：《戴震〈中庸补注〉反朱熹之道论探微—兼论其与〈原善〉成书先后问题》，《台北大学中文学报》2011年第10期。

③ （清）戴震：《法象论》，载《孟子字义疏证》，何文光整理，中华书局1982年版，第174—175页。

又言：

> 盈天地之间，道，其体也；阴阳，其徒也；日月星，其运行
> 而寒暑昼夜也；山川原隰，丘陵溪谷，其相得而终始也。①

天地之间所有的日月星辰、山川原隰、丘陵溪谷这样的形、象，都是由"气化"而有的。"气"是万物存在论意义上的本原。"气"就其"立于一"而言称为"道"，就其"成而两"则叫做"阴阳"，"阴"和"阳"乃是"气"的两种作用、表现，所以又说"道，其体也；阴阳，其徒也"。"气"正是因为存在"阴""阳"两种相反相成的作用，所谓"天地之道，动静也，清浊也，气形也，明幽也，外内上下尊卑之纪也，明者施而幽者化"，乃成为一个生生不息的"气化"过程。② 而且这气化生生不息的宇宙过程，表现为阴阳一定的分与合的现象，呈现出一定的秩序。戴震故而又说道：

> 生生者，化之原；生生而条理者，化之流。分者其进，合者
> 其止；进者，其生，止者，其息。生者动而应求，立乎至博；息
> 者，静而自正，立乎至约。博，故与为条理也；约，故与为统会
> 也。草木之根干枝叶花实谓之生，果实之白全其生之性谓之息。
> 君子之学也如生，存其心以合天地之心如息；为息为生，天地之
> 所以成化也。③

天道呈现为有分有合、有进有止、有生有息、有动有静、有博有

---

① （清）戴震：《法象论》，载《孟子字义疏证》，何文光整理，中华书局1982年版，第175页。

② 田富美于此将戴震的"气化"理论与顾炎武的"气本论"做一简单对比，指出："戴震与顾炎武都同样地以'气'做为思想的本体范畴，且戴震又有更进一步的发挥，他以'气化流行，生生不息'来凸显出'气'具有潜运、变化的动态特性，用以阐明'气'不仅构生万物，亦且关联着万物在形成之后的发展过程。"参见田富美《清代荀子学研究》，第146页。

③ （清）戴震：《法象论》，载《孟子字义疏证》，何文光整理，中华书局1982年版，第175—176页。

约，故而形成一定的条理和统会。其实，用矛盾论的话语来说，阴、阳构成为矛盾的双方，二者之间存在着既对立又统一的关系，也就是分与合的两种关系。正是这种分与合的作用形成为万事万物之间的既相互区别又相互联系的有秩序的局面。戴震称它们为"条理"与"统会"，"条理"指其相互区别的多样性（博），"统会"称其相互联系的统一性（约），"条理"与"统会"共同构成为一种秩序。这种秩序是道之生化过程中的秩序，戴震又把它描述为"生生而条理"。

在《法象论》中戴震的表达仍有不清的地方，尤其在道与阴阳的关系上面，如道为一、阴阳为两；道为体、阴阳为徒的说法，与程朱理学道器、理气论仍不能很好地区别开来。不过，戴震在《法象论》中最初提出的关于以阴阳之气来理解天道的思想在其后的哲学著作中得到了较好地继承和发展。在《读易系辞论性》中，戴震借用《易传》的具体语言就更加明确地①主张"生生而条理"的阴阳气化即为天道了。其言：

> 《易》曰："一阴一阳之谓道，继之者善也，成之者性也。"一阴一阳，盖言天地之化不已也，道也。一阴一阳，其生生乎，其生生而条理乎！以是见天地之顺，故曰"一阴一阳之谓道"。②

这段话解释何以"一阴一阳之谓道"，以为道即是阴阳气化，并以"生生而条理"为其规定性特征，以应道之"天地之顺"的名义。

---

① 此处所谓"更加明确"乃是相较《法象论》所论内容而言。在《法象论》中，戴震所理解的"道"虽与阴阳气化相联系，还不即是阴阳气化，而是仍然具有一种对于阴阳气化的超越和主宰的性格，从"道，其体也；阴阳，其徒也""立于一日道，成而两曰阴阳"等言语可见之。所以学者一般认为此时戴震的道论思想仍不脱程朱理学关于"理"之论述的影响。参见王茂《戴震哲学思想研究》，安徽人民出版社 1980 年版，第 93—98 页；参见周兆茂《戴震哲学新探》，安徽人民出版社 1997 年版，第 187—189 页；参见吴根友《戴震哲学"道论"发微——兼评村瀬裕也〈戴震的哲学〉》，载《明清哲学与中国现代哲学诸问题》，中华书局 2008 年版，第 122 页。

② （清）戴震：《读易系辞论性》，载《孟子字义疏证》，何文光整理，中华书局 1982 年版，第 180 页。

在三卷本《原善》中，戴震继续解释"道"之名义，其言：

> 道，言乎化之不已也。
>
> 言乎顺之谓道，言乎信之谓德，行于人伦庶物之谓道，侔于天地化育之谓诚，如听所制然之谓命。是故生生者，化之原；生生而条理者，化之流。动而输者，立天下之博；静而藏者，立天下之约。博者其生，约者其息；生者动而时出，息者静而自正。君子之与问学也，如生；存其心，湛然合天地之心，如息。人道举配乎生，性配乎息；生则有息，息则有生，天地所以成化也。①

在戴震看来，"道"有"化"的含义，"化"即能"生生"，这大概是从"道"之"行"的意思来的；"道"又有"顺"的意义，"顺"即有条理之意，这大概是从"取道"的意思来的——"道"可为人遵循而行。"道"之名义即涵"生生而条理"之意，"气化"即为"生生而条理"的，是以得以"道"称之。

除了从此名义上说明阴阳气化何以即是道之外，戴震进一步为此理解寻找经典的依据。在《原善》中，除了《读易系辞论性》已引的"一阴一阳之谓道"之外，戴震又引《易传·系辞》"形而上者谓之道"及《尚书·洪范》"五行"观念，继续对其"道"的概念进行说明和为其寻找经典的依据。其言：

> 《易》曰："形而上者谓之道，形而下者谓之器。""形而下"者，成形质以往者也。"形而上"者，阴阳鬼神胥是也，体物者也；故曰"鬼神之为德，其盛矣乎！视之而弗见，听之而弗闻，体物而不可遗。"《洪范》曰："五行：一曰水，二曰火，三曰木，四曰金，五曰土。"五行之成形质者，则器也；其体物者，

---

① （清）戴震：《原善卷上》，载《孟子字义疏证》，何文光整理，中华书局1982年版，第61页。

道也，五行阴阳，得之而成性者也。①

以成形质与否分形而上下，从而形而上之道不过即是未成形质的阴阳之气及其往来、屈伸的作用（鬼神）而已。另外，在以阴阳概念说道、器之外，戴震又益之以五行概念。同样的，形上之道即五行之未成形质而已，形下之器即五行之已成形质者。这样，戴震论道的"气本"色彩就越来越具体和明晰了。

另外值得注意的是，在三卷本《原善》中，《法象论》中以"分""合"的概念来解释进止、生息、动静、博约、条理与统会的那些复杂而又模糊的论说没有了，取而代之的是以动静、博约、生息等较少的概念较为简洁地描述和说明了"生生而条理"的天地气化之过程，分与合、条理和统会之对待性的范畴被抛弃了，而条理的概念开始单独突出出来。

最后，戴震还对"生生"与"条理"的关系做出了考察，其言：

> 《易》曰："天地之大德曰生。"气化之于品物，可以一言尽也，生生之谓欤！……生生之呈其条理，显诸仁也；惟条理，是以生生，藏诸用也。显也者，化之生于是乎见；藏也者，化之息于是乎见。生者，至动而条理也；息者，至静而用神也。卉木之（株）【枝】叶华实，可以观夫生；果实之白，全其生之性，可以观夫息。②

"生生"与"条理"是"显诸仁"与"藏诸用""生"与"息"的关系，戴震认为，"息"者静而有用，"生"者动而有理，又拿卉木之枝叶花实与种子的关系以为譬喻说明。"生生"对于"条理"具有一种优先性，有"生生"然后才可以见其"条理"；"条理"对于"生生"反过来具有一种涵养和保障的作用，唯有"条理"才能更好

---

① （清）戴震：《原善卷上》，载《孟子字义疏证》，何文光整理，中华书局1982年版，第62页。

② 同上书，第63页。

地实现"生生"。

到了《孟子字义疏证》中，戴震对于"道"（天道）的论述就更为精纯圆熟了。《孟子字义疏证》卷中专列"天道（四条）"。其论由"道"之名义引出，曰："道，犹行也；"继以点出"气化流行，生生不息，是故谓之道"；接着引用《易传》与《洪范》论述"阴阳、五行，道之实体"①。为了说明上述天道理解之根据，戴震与宋儒商榷《易传》之"形而上、下"（"道器"）、"太极、两仪"之理解，并指出宋儒理论失误之根源。

戴震论"形而上下"，说道：

> 气化之于品物，则形而上下之分也。形乃品物之谓，非气化之谓。《易》又有之："立天之道，曰阴与阳。"直举阴阳，不闻辨别所以阴阳而始可当道之称，岂圣人立言皆辞不备哉？一阴一阳，流行不已，夫是之谓道而已。古人言辞，"之谓""谓之"有异：凡曰"之谓"，以上所称解下，如《中庸》"天命之谓性，率性之谓道，修道之谓教"，此为性、道、教言之，若曰性也者天命之谓也，道也者率性之谓也，教也者修道之谓也；《易》"一阴一阳之谓道"，则为天道言之，若曰道也者一阴一阳之谓也。凡曰"谓之"者，以下所称之名辨上之实，如《中庸》"自诚明谓之性，自明诚谓之教"，此非为性教言之，以性教区别"自诚明""自明诚"二者耳。《易》"形而上者谓之道，形而下者谓之器"，本非为道器言之，以道器区别其形而上形而下耳。形谓已成形质，形而上犹曰形以前，形而下犹曰形以后。阴阳之未成形质，是谓形而上者也，非形而下明矣。器言乎一成而不变，道言乎体物而不可遗。不徒阴阳是非形而下，如五行水火木金土，有质可见，固形而下也，器也；其五行之气，人物咸禀受于此，则形而上者也。《易》言"一阴一阳"，《洪范》言"初一

---

① （清）戴震：《孟子字义疏证卷中》，载《孟子字义疏证》，何文光整理，中华书局1982年版，第21页。

曰五行"，举阴阳，举五行，即赅鬼神；《中庸》言鬼神之"体物而不可遗"，即物之不离阴阳五行以成形质也。由人物溯而上之，至是止矣。六经、孔、孟之书不闻理气之辨，而后儒创言之，遂以阴阳属形而下，实失道之名义也。[①]

其解"形而上""形而下"则谓"形乃品物之谓，非气化之谓"，又谓"形而上犹曰形以前，形而下犹曰形以后"，所以戴震的观点是：气化生物，未成形质之前乃为阴阳、五行，《易传》称之为"道"；既成形质而为品物万类，《易传》则称之为器，一言以蔽之："气化之于品物，则形而上下之分也，""原来所谓形上、形下之分，均只是物质过程中事，不是超物质与物质之分。"[②]戴震此辨，重在说明形而上之道虽然不即是品物，但亦只是阴阳、五行之气而已，并不是宋儒所谓理气之辨中的理。戴震通过语言分析与句法分析的方法重新疏解《易传》"立天之道曰阴与阳""一阴一阳之谓道"以证明《易传》所谓道只是一个阴阳气化而已，非如朱熹所谓乃是"所以一阴一阳者"。

戴震又辨"太极两仪"，其言：

> 后世儒者纷纷言太极，言两仪，非孔子赞《易》太极两仪之本指也。孔子曰："《易》有太极，是生两仪，两仪生四象，四象生八卦。"曰仪，曰象，曰卦，皆据作《易》言之耳，非气化之阴阳得两仪四象之名。《易》备于六十四，自八卦重之，故八卦者，《易》之小成，有天、地、山、泽、雷、风、水、火之义焉。其未成卦画，一奇以仪阳，一偶以仪阴，故称两仪。奇而遇奇，阳已长也，以象太阳；奇而遇偶，阴始生也，以象少阴；偶而遇偶，阴已长也，以象太阴；偶而遇奇，阳始生也，以象少

① （清）戴震：《孟子字义疏证卷中》，载《孟子字义疏证》，何文光整理，中华书局1982年版，第22页。
② 周辅成：《戴震——十八世纪中国唯物主义思想家》，湖北人民出版社1957年版，第22页。

阳。伏羲氏睹于气化流行，而以奇偶仪之象之。孔子赞《易》，盖言《易》之为书起于卦画，非漫然也，实有见于天道一阴一阳为物之终始会归，乃画奇偶两者从而仪之，故曰"《易》有太极，是生两仪"。既有两仪，而四象，而八卦，以次生矣。孔子以太极指气化之阴阳，承上文"明于天之道"言之，即所云"一阴一阳之谓道"，以两仪、四象、八卦指《易》画。后世儒者以两仪为阴阳，而求太极于阴阳之所由生，岂孔子之言乎！①

宋儒认为太极为道、为理，两仪为阴阳之气，故认为《易传》所谓"易有太极，是生两仪"即是理能生气。戴震则以为，《易传》所谓"太极"实是指阴阳之气化，阴阳气化是人物得以产生和存在的最后根源和依据（"由人物遡而上之，至是止矣"），故谓之"太极"；而所谓"两仪"不过是《易》画用以象征阴、阳的阴爻而阳爻而已。

戴震在《孟子字义疏证》"天道"四条中着重所辨在于反对以理言道，而主张生生而条理之阴阳气化即道，气化生生而条理之道即是人物之本原。戴震以气化即道，反对在此气化之道外寻找万物的终极本原，实即是主张物质及其运动本身即是人、物生化的本原。戴震的这种观点，还体现在其对"神""理"等概念的认识上。他把"神""理"看作不过是气之能变化的能力及其变化的法则而已，批评宋儒受老、庄、释氏之影响而不自觉，故而以其神识为形体之本的观点附会于《易传》之"形而上下""太极两仪"的理解，创为"理气之辨"。戴震以为，老、庄、释氏所目为"道""性"者实即"神"，邵雍、王阳明立说实与其同，朱熹则不过易其"神"而更以"理"来言"道""性"。相较于对于老、庄、释氏和程朱陆王的激烈否定，戴震独以为张载的观点颇有可肯定之处，其言曰：

独张子之说，可以分别录之，如言："由气化有道之名"，言

---

① （清）戴震：《孟子字义疏证卷中》，载《孟子字义疏证》，何文光整理，中华书局1982年版，第23页。

"化，天道也"，言"推行有渐为化，合一不测为神"，此数语者，圣人复起，无以易也。张子见于必然之为理，故不徒曰神而曰"神而有常"。诚如是者，不以理为别如一物，于六经、孔、孟近矣。①

张载以"化"与"神"② 对言，认为"神"不过是指称天道气化之合一不测而已。而戴震则以为"就天地言之，化，其生生也；神，其主宰也，不可歧而分也。故言化则赅神，言神亦赅化"，气之"化"与"神"不可分言。张载以为"神而有常"，戴震亦认为"生生而条理"。戴震认为张载"此数语，圣人复起，无以易也"，因为他们的理解是一致的，都认为道即气化，而"神"不过是气化过程之中本具的自我主宰作用。戴震由此理解出发以为，在老、庄、释氏"徒见于自然，故以神为自足"；在程颐、朱熹则有见于儒家经典所言理义具有归于必然不可易的意思，故而以"理"（在天曰"道"）为别于阴阳而能生阴生阳，以"理"（在人曰"天地之性"）为别于气质而求主宰气质。"神"就其变化之不测而言，"理"就其主宰之有常而言，无论老、庄言"神"，或是程朱之言"理"，要皆离开气化、形质而言，尊大"神""理"而以其为"超乎阴阳气化"，故而

---

① （清）戴震：《孟子字义疏证卷上》，载《孟子字义疏证》，何文光整理，中华书局1982年版，第18页。对于张载，戴震亦批评"其所谓虚，六经、孔、孟无是言也"，又讲其"曰虚曰天，不离乎所谓神者也"。

② 张载使用"神"的概念同时，又使用了"鬼神"的概念。研究者已经指出："在张载的讨论中，单独使用'神'字与'鬼神'不同。"（张丽华：《张载的鬼神观》，《中国哲学史》2006年第2期）"鬼神"概念在张载那里被视为阴阳气化的"归"与"伸"两种作用，其言："天道不穷，寒暑也，众动不穷，屈伸也；鬼神之实，不越二端也矣。"［（宋）张载：《正蒙·太和篇》，载《张载集》，章锡琛点校，中华书局1978年版（2006重印），第9页。］又言："物之初生，气至而滋息，物生既盈，气日反而游散。至之谓神，以其伸也；反之谓鬼，以其归也。"［（宋）张载：《正蒙·太和篇》，载《张载集》，章锡琛点校，中华书局1978年版（2006重印），第19页。］戴震亦有类似言论，认为"鬼神"不过是阴阳五行化成万物之普遍的两种作用方式而已，譬如："易言'一阴一阳'，洪范言'初一曰五行'，举阴阳，举五行，即赅鬼神；中庸言鬼神之'体物而不可遗'，即物之不离阴阳五行以成形质也。"［（清）戴震：《孟子字义疏证卷中》，载《孟子字义疏证》，何文光整理，中华书局1982年版，第22页。］

老、庄、释氏"内其神而外形体，徒以形体为传舍"而程朱"不得不咎其气质"。

在对"神"有一个合理的说明之外，戴震着重对于"理"给出自己的一个完整的正面诠释，因为他的主要论敌程朱讲的是"理"。其言曰：

> 天地、人物、事为，不闻无可言之理者也，《诗》曰"有物有则"是也。物者，指其实体实事之名；则者，称其纯粹中正之名。实体实事，罔非自然，而归于必然，天地、人物、事为之理得矣。……尽乎人之理非他，人伦日用尽乎其必然而已矣。推而极于不可易之为必然，乃语其至，非原其本。后儒从而过求，徒以语其至者之意言思议视如有物，谓与气浑沦而成，闻之者习焉不察，莫知其异于六经、孔、孟之言也。举凡天地、人物、事为，求其必然不可易，理至明显也。从而尊大之，不徒曰天地、人物、事为之理，而转其语曰"理无不在"，视之"如有物焉"，将使学者皓首茫然，求其物不得。非六经、孔、孟之言难知也，传注相承，童而习之，不复致思也。①

理则是事物固有的必然法则，不能脱离事物而独自存在。理不再是逻辑上先于气之存在而又主宰气化流行之实在的原理，而只是人之心知从事物之中抽象出来的客观法则。

通过对于"神""理"等概念的辨析，戴震很好地解释了气的世界的运动性及其运动的规律性，进一步地坚持和充实了其以气论道的立场。气化对于神、理的优先性，落实在"生生而条理"一语上讲，则须强调"生生"对于"条理"的先在性。在《原善》中戴震已有此论述，在《孟子字义疏证》中，他在天道、人道通一无二的立场上再次阐发"生生"与"条理"的关系。

---

① （清）戴震：《孟子字义疏证卷上》，载《孟子字义疏证》，何文光整理，中华书局1982年版，第12—13页。

自人道遡之天道，自人之德性遡之天德，则气化流行，生生不息，仁也。由其生生，有自然之条理，观于条理之秩然有序，可以知礼矣；观于条理之截然不可乱，可以知义矣。在天为气化之生生，在人为其生生之心，是乃仁之为德也；在天为气化推行之条理，在人为其心知之通乎条理而不紊，是乃智之为德也。惟条理，是以生生；条理苟失，则生之道绝。凡仁义对文及智仁对文，皆兼生生、条理而言之者也。①

由"生生"而有"条理"，"条理"是"生生"者之"条理"；但是"条理"又具有保障和维护"生生"者之"生生"的作用。戴震后来又用"自然"和"必然"一对概念来对此"生生而条理"加以说明，所谓"实体实事，罔非自然，而归于必然，天地人物事为之理得矣"②。尤其是在人事的领域，戴震更是倾向使用"自然""必然"代替"生生"及其"条理"来说明问题，其言："由血气之自然，而审察之以知其必然，是之谓理义；自然之与必然，非二事也。就其自然，明之尽而无几微之失焉，是其必然也。如是而后无憾，如是而后安，是乃自然之极则。若任其自然而流于失，转丧其自然而非自然也；故归于必然适完其自然。"③ 可见，在戴震的理解之中，"生生"与"条理"的联系与"自然"与"必然"的联系实有一对应的关系。

以上戴震道论的基本内容，体现了戴震对于一般客观实在及其规定的论说。这种一般意义上的道直接地即应以生生而条理的阴阳气化来理解，下落在自然世界和人类社会的具体领域，又可分别称为天道和人道。戴震有言："人道，人伦日用身之所行皆是也。在天地，则气化流行，生生不息，是谓道；在人物，则凡生生所有事，亦如气化

---

① （清）戴震：《孟子字义疏证卷下》，载《孟子字义疏证》，何文光整理，中华书局1982年版，第48页。这里的人道、天道通一无二——人道只是天道的效仿的立场，给我们透露：戴震天道论说的理论目的是要为其人道的论说奠定一个存在论的依据。至于戴震如何利用其天道理解来展开其人道论述，则是本章更为后面的内容要处理的问题。

② （清）戴震：《孟子字义疏证卷上》，载《孟子字义疏证》，何文光整理，中华书局1982年版，第12页。

③ 同上书，第18—19页。

之不可已，是谓道。"① 天道以阴阳气化来理解，人道亦可类比阴阳气化来理解，人道与天道具有一种类似性和连续性，同是普遍之道的表现。

（二）戴震道论与荀子天论之相似关系

戴震上述以阴阳气化来理解的道论与荀子天论的相关内容，二者颇可沟通。当然荀子的天论没有戴震道论这么明晰、具体的理解，但是其基本立场是一致的。

关于荀子的"天""天道"之内涵，储昭华做了详细而有说服力的分疏。依据储昭华的理解，荀子的"天"归结起来有形上与形下两个层面的含义，"所谓形上层面指的是作为本源性、超越性的天。……作为这种形上之天创生的结果及特殊的体现，形下之天则具体包括两个方面，一是体现为物及其运动变化的规律，二是体现为包括人的先天能力和情、欲在内的人的自然之性。如果说，前者类似于康德的物自体，后者则相当于源于物自体而向人显现出来的现象世界"②。储昭华区分天之两层涵义自有其理论考虑之合理性③，在《荀子》文本之中亦是有据可寻的。

如储昭华所言，荀子之天首先具有形上的涵义。《荀子》中关于此种意义上的"天"的论述有：

> 恢然如天地之包万物。④
> 皆知其所以成，莫知其无形，夫是之谓天。⑤

---

① （清）戴震：《孟子字义疏证卷下》，载《孟子字义疏证》，何文光整理，中华书局1982年版，第43页。

② 储昭华：《明分之道——从荀子看儒家文化与民主政道融通的可能性》，商务印书馆2005年版，第160页。

③ 储昭华指出："面对不同层面的天，天人之间也就具有并呈现出不同的关系。所谓天人相分，主要是针对形上意义的天，同时特定意义上也包括与形下之天的分际关系。正确的方法是，应沿着天的不同层次涵义、人的不同层次涵义内涵来认识荀子的天人相分与天人相合思想的不同意蕴。"参见储昭华《明分之道——从荀子看儒家文化与民主政道融通的可能性》，商务印书馆2005年版，第160页。

④ 《荀子·非十二子》。

⑤ 《荀子·天论》。

天地者，生之始也。①

天地者，生之本也。②

天地合而万物生，阴阳接而变化起……③

在这些地方荀子强调了天的超越性与至上性以及其化生万物的创始作用。储昭华认为"形上之天决不是如某种物体一样有形可见的，而是蕴藏于有形之后的'无形'：人'皆知其所以成，莫知其无形，夫是之谓天。'在这个意义上，荀子也将天称为'神'"④。由于论述语境的原因，储昭华并未进一步指出，这种"无形"之"神"意义上的"天"，绝不可以引申诠释为后世程朱理学中创生一切、主宰一切之"天理"。这里问题的关键在对于"无形""有形"亦即"形而上""形而下"的理解。荀子所谓的"无形"其实是以"阴阳气化"当之的。荀子言：

列星随旋，日月递照，四时代御，阴阳大化，风雨博施，万物各得其和以生，各得其养以成，不见其事，而见其功，夫是之谓神。皆知其所以成，莫知其无形，夫是之谓天功。唯圣人为不求知天。⑤

星队木鸣，国人皆恐。曰：是何也？曰：无何也！是天地之变，阴阳之化，物之罕至者也。怪之，可也；而畏之，非也。⑥

天地合而万物生，阴阳接而变化起。⑦

水火有气而无生，草木有生而无知，禽兽有知而无义，人有气、有生、有知，亦且有义，故最为天下贵也。⑧

---

① 《荀子·王制》。

② 《荀子·礼论》。

③ 同上。

④ 储昭华：《明分之道——从荀子看儒家文化与民主政道融通的可能性》，商务印书馆2005年版，第160页。

⑤ 《荀子·天论》。

⑥ 同上。

⑦ 《荀子·礼论》。

⑧ 《荀子·王制》。

从水火（无机物），到草木（植物）、禽兽（动物），最后到人，举凡无机物、有机物，它们共有的构成基础则是"气"。李存山于此说道："《王制》篇云：'水火有气而无生……'他把气作为万物的本原。"① 他又指出："荀子有一篇《云赋》，说云'大参天地，德厚尧舜'，'天下失之则灭，得之则存'。他所谓的'云'实是指普遍存在于宇宙之中的'气'。"② 气作为万物得以构成的基础，当然是"天下失之则灭，得之则存"。"气"不仅是万物构成的基础，还是其生化的本原。因为气"是依一定的关系即'阴'与'阳'的相推和互转而存在的"③。"阴阳大化""阴阳之化"和"阴阳接而变化起"都是以阴阳的相互作用解释万物的生化。所以李存山教授认为："先秦气论的思想成果集中反映在荀子的《天论》中，他所谓'天地之变，阴阳之化'是指'气'的变化。"④ 可见荀子思想中创始和奠基万物的无形之"天"实是指阴阳之化。由前文所述，戴震亦以"气化"理解"形而上者谓之道"，他的气本论主张与荀子是一致的。

储昭华认为荀子又有形下之天的理解，形上之天从两个方面创造和显现自身为形下之天，所以"作为超越之天的创生过程的成果与体现形式，……所谓形下之天包括两个更为具体的方面：其一是以星辰、日月、四时、阴阳、风雨等自然现象及其运动变化的规律；……其二便是以人自身的形体结构、本性欲求及潜能形式体现出来的一切"⑤。他并从与人的认识、实践之关系来对这种意义上的天进行说明，认为"人所直接面对、作为对象加以认识、改造和利用的乃是这一层面的天"⑥。

与此相应戴震则以"品物"理解"形而下者谓之器"，此处的"品物"具有广泛的内涵，包括自然和社会的各种事物和现象。因其

---

① 李存山：《气论与仁学》，中州古籍出版社 2009 年版，第 242 页。
② 同上书，第 20 页。
③ 同上书，第 44 页。
④ 同上书，第 242 页。
⑤ 储昭华：《明分之道——从荀子看儒家文化与民主政道融通的可能性》，商务印书馆 2005 年版，第 164 页。
⑥ 同上。

乃是形上之道的现实作用与体现，戴震常常亦称之为道，并区分为天道、人道。

> 故语道于天地，举其实体实事而道自见，"一阴一阳之谓道"，"立天之道曰阴与阳，立地之道曰柔与刚"是也。……语道于人，人伦日用，咸道之实事，"率性之谓道"，"修身以道"，"天下之达道五"是也。此所谓道，不可不修者也，"修道以仁"及"圣人修之以为教"是也。①

阴阳气化之"道"表现于自然世界容易理解，但是认为人伦的日用事为亦是此"道"的显现，似乎需要加以进一步地解释和说明。所以戴震言道："人道，人伦日用身之所行皆是也。在天地，则气化流行，生生不息，是谓道；在人物，则凡生生所有事，亦如气化之不可已，是谓道。"②；又言："出于身者，无非道也。"③ 之所以人生、社会亦可被视为阴阳气化之"道"的展开领域，是因为人生、社会的一切现象乃是出于人身的所作所为而有的，而出于人身的一切作为又是以"分于阴阳五行"而"形于一"的"性"为资始的基础。戴震言"性"则以为：

> 性者，分于阴阳五行以为血气、心知、品物，区以别焉，举凡既生以后所有之事，所具之能，所全之德，咸以是为其本，故易曰"成之者性也。"④

又言：

---

① （清）戴震：《孟子字义疏证卷下》，载《孟子字义疏证》，何文光整理，中华书局1982年版，第44—45页。
② 同上书，第43页。
③ 同上书，第45页。
④ （清）戴震：《孟子字义疏证卷中》，载《孟子字义疏证》，何文光整理，中华书局1982年版，第25页。

气化生人生物，据其限于所分而言谓之命，据其为人物之本始而言谓之性，据其体质而言谓之才。①

人生、社会现象以人性为出发，人性对于人生、社会具有资始的涵义，而性又以"气"言，故而阴阳气化之"道"在此意义上亦能贯通到人生、社会的领域。用村濑裕也的话讲，"道是作为自我规定包含着'气化流行，生生不息'运动性的哲学物质概念。有关自然界和人类的事物事象，以及与之有关的我们的感性知觉都不能'离开'这样的道"②。在标示其共同的由阴阳气化所奠基的实在性和生动性上面③，自然世界和人类社会都可以以这样的一个"道"概念统而言之。④ 又戴震强调阴阳气化具有实体实事的意义，所以吴根友亦于此指出，"无论天道、人道，'道'都不是虚构的思维实体，而是有其具体感性内容的'实体实事'"，在这里戴震突出了"统合天道、人道之'道'的感性客观实在性——实体实事"⑤。戴震"语道于天地""语道于人"的这种理解，同荀子形上之天从两个方面创造和显现为自然万物、人与人类社会活动的思想亦是相应的。

综上所述，戴震"气化之于品物，则形而上下之分也"的主张，以及其关于"形而上""形而下"的具体理解，与荀子之天的形上、

---

① （清）戴震：《孟子字义疏证卷中》，载《孟子字义疏证》，何文光整理，中华书局1982年版，第39页。

② ［日］村濑裕也：《戴震的哲学——唯物主义与道德价值》，山东人民出版社1996年版，第118页。

③ 此处借用了村濑裕也的表达。村濑裕也理解"戴震的道概念不包括一切对象知识、对象实践被共同确认的单纯明快的抽象，即关于世界的实在性与生动性规定之外的一切规定"。也即是说，道概念唯是对世界的实在性和生动性的一种标示。

④ 当然戴震并不是没有注意到人道与天道之区别和界限存在，故于人伦事为只是言道："生生所有事，亦如气化之不可已，是谓道。"一个"如"字，表明二者之间只是一个类似的关系。在他处戴震明确表达了天道与人道之别的认识，如言："善，其必然也；性，其自然也；归于必然，适完其自然，此之谓自然之极致，天地人物之道于是乎尽。在天道不分言，而在人物分言之始明。"［（清）戴震：《孟子字义疏证卷下》，载《孟子字义疏证》，何文光整理，中华书局1982年版，第44页］

⑤ 吴根友：《戴震哲学"道论"发微——兼评村濑裕也〈戴震的哲学〉》，载《明清哲学与现代哲学诸问题》，中华书局2008年版，第123页。

形下两个层面的规定和结构均是十分一致。戴震哲学中作为形上之
"道"的"气化"因其未成形质而不是具体可感的，所以村濑裕也指
出："戴震认为，道概念具有超越可感的、有形的个别实体的内
容。"① "气化"已成形质之后即为具体可感的事物，但它也是"气
化"之一种形态，作为"道"的现实表现亦得被分别称为"天道"
"人道"。由此天道、人道进一步分化而有日月星辰、人伦日用等自
然、社会中凡有之现象、事为。气化分流赋形以成万物的过程，也就
是道之整体的分化流行过程，所以戴震言"分于阴阳五行以有人
物"②。由此村濑裕也进一步以为，"阴阳五行，即世界的全部存在，
就是'道之实体'。可以成为感觉与知觉对象的有形个别实体不过是
道的内部事象，即在其运动中分化生成的多种成果"③。而在荀子那
里，虽然可以区分形上之天和形下之天的两层含义，前者创生和奠基
了后者，但是他并没有像戴震那样精细的阴阳五行的分化理论来说明
形上之天向形下之天的创生过程。考虑到戴震生活的年代晚于荀子
2000 余年，这样的差别是十分自然的。在这种意义上，可以说戴震
的理论相较于荀子的学说是一种继承，更是一种深化和发展。

二　变化及其理则："生生而条理"与"天行有常"

戴震和荀子分别以道概念、天概念标示客观实在，以气化规定其
内涵，并分析了其形上、形下的两层结构。在表达了关于世界之客观
实在性的这一基本理解之后，二人又都强调了其生动性和条理性。在
戴震那里，"道"本身即具有"行"的意义，"道，言乎化之不已
也"④，所以强调"气化流行，生生不息，是故谓之道"。在荀子那

① 〔日〕村濑裕也：《戴震的哲学——唯物主义与道德价值》，山东人民出版社 1996
年版，第 113 页。
② （清）戴震：《孟子字义疏证卷中》，载《孟子字义疏证》，何文光整理，中华书局
1982 年版，第 21 页。
③ 〔日〕村濑裕也：《戴震的哲学——唯物主义与道德价值》，山东人民出版社 1996
年版，第 113 页。
④ （清）戴震：《原善卷上》，载《孟子字义疏证》，何文光整理，中华书局 1982 年
版，第 61 页。

里，亦有"天行"的概念，其所理解的世界万物亦是生化变动不居的。戴震以阴阳气化论道，在强调了世界的实在性与生动性之外，又十分注意这种生动性之中体现的条理性，所以继言"生生"之后又言"生生而条理"。与此相应，荀子亦有"天行有常"的观念。由此可见，戴震在强调客观实在世界的生动性与条理性上，与荀子的思想也是十分一致的。

荀子在其《天论》开篇言道：

> 天行有常，不为尧存，不为桀亡。①

篇中又言：

> 天不为人之恶寒也辍冬，地不为人之恶辽远也辍广，君子不为小人之匈匈也辍行。天有常道矣，地有常数矣，君子有常体矣。②

此两处虽是重在强调天之独立于人的主观意识的客观实在性，但亦包含对于天之运行的法则性即所谓"常道""常数"的肯定：天之客观性正是体现在其具体事物存在和运行的不以人之意志为转移的不变法则之上。荀子还在肯定人对于自然世界具体现象的认识上面，承认了形下之天的"常道""常数"的存在。其言：

> 大巧在所不为，大智在所不虑。所志于天者，已其见象之可以期者矣；所志于地者，已其见宜之可以息者矣；所志于四时者，已其见数之可以事者矣；所志于阴阳者，已其见和之可以治者矣。官人守天，而自为守道也。③

---

① 《荀子·天论》。
② 同上。
③ 同上。

　　此处文字指出天象可以期、地力能够生息、四时之数可以事、阴阳之和可以治，人于天所应当关注者不过以上一类的事情，其本意是从反面来进一步明确"不求知天"的涵义，但是肯定天象之可以期、地宜之可以息等的背后，显然亦是承认天、地、四时、阴阳都是具有一定的理则而可以为人所认识和利用。

　　与此相应，如村濑裕也所言，"在戴震哲学中，自创立时期至完成时期，一直维护着作为条理（法则）的理概念"。① 戴震屡言：

　　　　生生者，化之原；生生而条理者，化之流。②
　　　　一阴一阳，其生生乎，其生生而条理乎！③
　　　　由其生生，有自然之条理。④

　　他强调客观实在的生动性表现出一定的"条理"。这样的"条理"是以具体事物的变化之中体现出来的不变之法则来理解的⑤。戴震利用《诗经》之中的"有物有则"来对此加以疏通证明。戴震还强调对于各种物则的认识和利用，要求"知飞走蠕动之性，以驯以豢；知卉木之性，良农以莳刈，良医任以处方"⑥。由此可见，在形下意义上承认和强调客观实在之运动的法则性，重视和强调人类对于此种法则性的认识和运用，是戴震哲学思想与荀子哲学思想重要的一致之处。

　　概而言之，戴震以"生生而有条理"之"气化"阐述的"道"

---

　　① ［日］村濑裕也：《戴震的哲学——唯物主义与道德价值》，山东人民出版社 1996 年版，第 119 页。
　　② （清）戴震：《原善》，载《孟子字义疏证》，何文光整理，中华书局 1982 年版，第 61 页。
　　③ 同上书，第 62 页。
　　④ （清）戴震：《孟子字义疏证卷下》，载《孟子字义疏证》，何文光整理，中华书局 1982 年版，第 48 页。
　　⑤ 客观实在的条理，当然是在形下具体的万物的层面上说的，而阴阳气化未成形质的形上世界因其尚未分化是无从言其"理"的。参见本节后文对于"分理"概念的相关说明。
　　⑥ （清）戴震：《原善卷上》，载《孟子字义疏证》，何文光整理，中华书局 1982 年版，第 62 页。

的认识，与荀子"天行有常"的相关思想，在肯定世界的感性客观实在及其生动性和法则性①相关理解上面均甚为一致。当然这些一致的地方，未必是戴震直接承继自荀子。正如韦政通指出戴震的"道"论与荀子的"天行有常"思想的一致，以此作为戴震与荀子思想相通、相似的重要例证之一，随即又谨慎地说道："这些例子，未必是东原承袭于荀子，二人在心态上都表现为认知心，心态相同，许多类似的观念是可以独自发展出来的。"②韦政通的谨慎说明大体是能够成立的，不过我们亦不妨大胆推测戴震的道论思想里存在着荀子的影响。虽然，戴震论述天道，拿出来作为阐发依据和工具的是《易传·系辞》的一些文本和概念，丝毫没有提及荀子的相关理解，但是我们可以对此做出合理的解释。首先，戴震读过《荀子》的文本，对荀子的"天行有常"观念是熟悉的，以其哲学的识断能力，不大可能没有认识和注意到其与自己"生生而条理"之观念的一致。其次，戴震即使注意到荀子"天行有常"的观念与自己思想的一致，也不必在其著作中利用《荀子》的文本来作为自己阐发相关思想的工具。一是，关于物质世界的运动及其法则的相关思想不是荀子所突出强调的内容，在其《天论》篇的理论脉络中未能得到深入的展开，重要的是荀子"天行有常"论述之针对目标与戴震论述"生生而条理"的理论和现实的针对目标亦不相同。荀子提出"天行有常"侧重强调天道运行之独立于人的主观意识的客观实在性，提出对于天的自然主义理解，排除神秘主宰人事祸福的传统之"天"的影响，以凸显其"天生人成"理论格局之下对于人文理性

---

① 对于戴震思想的这一理解，普遍地为学者所认识到。胡适认为："他（戴震）的宇宙观有三个要点：（一）天道即是气化流行；（二）气化生生不已；（三）气化的流行与生生是有条理的，不是乱七八糟的。"（参见胡适《戴东原的哲学》，安徽教育出版社 1999 年版，第 23 页。）侯外庐对于戴震的自然哲学亦有相同的三点总结：首先把存在肯定，认为"存在"的东西是"自身而周于身之所亲"的物质；其次，物质是生生不息的运动体；物质的流行不息是有他的法则性的。（侯外庐：《中国思想通史》第五卷，人民出版社 1956 年版，第 431—432 页。）

② 韦政通：《中国思想史》下，吉林出版集团 2009 年版，第 1432 页。

之力量的高扬。① 而戴震论述"气化"之"生生而有条理",针对的是被宋明理学弄颠倒的道器、理气、理欲关系理解②,为其"人之血气心知本乎阴阳五行"③ 的新人性论说和"仁""义""礼""智"的新道德理解提供一个存在论的依据④。由于针对性不同,及所处的理论脉络不同,荀子的一些表达并不适合被戴震直接引用。二是,在《荀子》的文本之外,戴震有更为合适的可以引据的经典。例如《易传·系辞》关于"形而上""形而下"观念的系统论述远比《荀子》那里偶一出现的"无形"观念更为深入和细致;"一阴一阳之谓道"也比荀子那里隐约表达出来的"气化"观念更为显明;同样《诗经》里面"有物有则"观念也比《荀子》的"天行有常""天有常道,地有常数"等表达更为具体和精确。这些出自经书的观念和表达,也是宋明理学家们经常加以引用和讨论的话题,戴震同样地借着这些经典

① 伍振勋认为在荀子之前的春秋时代存在两种天人关系的模式,"一是'天事恒象'的'自然宇宙观',一是'(人)文之象'的'礼宇宙观'。从共同面来看,两者其实都预设着'宇宙法则'的存在,主宰着人事的吉凶祸福。从差异面来看,前者重天人之间的神秘交感关系,以祈禳灾异的神道方式趋吉避凶;后者重天人之间道德秩序的一致性,以符应自然秩序的道德努力养福去祸。……因此可说,春秋时期以'宇宙法则'作为道德秩序之理据的思维,对于生命价值的意识与道德主体的自觉尚未达到高度的人文理性"。可是"荀子的'天道'以自然义为主,只有透过'敬其在己者'以知人文统类之道,才能使'天地官而万物役'"。"在荀子的观念中,'天命''天道'无法作为人文世界之道德秩序的价值源头,因此他转以'天生人成'的思想形态,……"参见伍振勋《语言、社会与历史意义——荀子思想探义》,花木兰文化出版社 2009 年版,第 16、24、25 页。

② "生生而条理"的普遍原则体现在理气关系上面,即为理在气中;体现在人伦日用事为上面,即为"理者存乎欲者也"[(清)戴震:《孟子字义疏证卷上》,载《孟子字义疏证》,何文光整理,中华书局 1982 年版,第 8 页],欲当即为理。

③ "生生而条理"的相关论述亦被戴震当作论述人性的框架,《原善》有言:"本阴阳五行以为血气心知,方其未感,湛然无失,是谓天之性,非有殊于血气心知也。是故血气者,天地之化;心知者,天地之神;自然者,天地之顺;必然者,天地之常。"参见(清)戴震《原善卷上》,载《孟子字义疏证》,何文光整理,中华书局 1982 年版,第 64 页。

④ 前文已引戴震《孟子字义疏证》以下一段文字:"自人道溯之天道,自人之德性溯之天德,则气化流行,生生不息,仁也。由其生生,有自然之条理,观于条理之秩然有序,可以知礼矣;观于条理之截然不可乱,可以知义矣。在天为气化之生生,在人为其生生之心,是乃仁之为德也;在天为气化推行之条理,在人为其心知之通乎条理而不紊,是乃智之为德也。惟条理,是以生生;条理苟失,则生生之道绝。凡仁义对文及智仁对文,皆兼生生、条理而言之者也。"从中可见,戴震论"气化"之"生生而条理"最终归宿于为"仁""义""礼"等道德价值奠定基础。

文本而加以新的疏解来表达自己的思想，更容易与宋明理学家展开对话和讨论，因为戴震的理论本来就是针对宋明理学而发的。最后，恐怕还有一个因素存在，在乾嘉时期一般的读书人那里，作为子书的《荀子》显然不及《易》《诗》《书》《礼》等经书具有权威性，在戴震那里经、子的分界也仍然不可忽视①，所以戴震在"圣人之道在六经"②的视域之下选择经书而不是子书中的相似观念和文本为自己思想张本，亦是十分自然的事情了。其实，这里最为关键的是，相较戴震是否受到荀子思想影响的历史发生学意义上的探讨，对于戴震与荀子在思想本质表现上面之相似、一致关系的确认更有意义，指出这一点对于本书亦为足够了。

三　理则之本质："分理"与"统类"

（一）"分理"的提出及其涵义

在讨论了戴震肯定客观世界之运动及其法则性的思想之后，本节将考察其对于这种法则性的具体理解，并辨析在这方面其与荀子思想之联系。戴震以"分"言"理"，提出"分理"的概念，与荀子的"统类"概念颇可沟通，都是"明分"思维方式的体现，其背后的理论意义更是值得深入挖掘和阐扬。

---

① 戴震对于经、子关系的论述很少，但从一些地方略可窥见一二。在《孟子字义疏证·序》中他言道："周道衰，尧、舜、禹、汤、文、武、周公致治之法，焕乎有文章者，弃为陈迹。孔子既不得位，不能垂诸制度礼乐，是以为之正本溯源，使人于千百世治乱之故，制度礼乐因革之宜，如持权衡以御轻重，如规矩准绳之于方圆平直，言似高远而不得不言。……是后私智穿凿者，亦警于乱世，或以其道全身而远祸，或以其道能诱人心有治无乱；而谬在大本，举一废百；意非不善，其言只足以贼道，孟子于是不能已于与辩。……孟子辩杨墨；后人习闻杨、墨、老、庄、佛之言，且以其言汩乱孟子之言，是又后乎孟子者之不可已也。"从此段文字可知，戴震基本仍是持着传统的经、子分界，经优于子的观念。戴震对于诸子思想的评点，可谓此种理解的一种具体佐证。程瑶田谓："余观东原之学以治经为先，自诸经而外，又旁及于百家众流……"[（清）戴震：《戴震全书》，第7册，杨应芹、诸伟奇主编，黄山书社2009年版，第42页]；江藩谓其"以肄经为宗"[（清）江藩：《国朝汉学师承记》，钟哲整理，中华书局1983年版，第50页]，可见戴震的思想学术以经学为先。

② （清）戴震：《与某书》，载《戴震全书》第七册，杨应芹、诸伟奇主编，黄山书社2009年版，第373页。

在早期的《法象论》中，戴震受《易传》影响讲"三极之道"，其言："观象于天，观法于地，三极之道，参之者人也。天垂日月，地窍于山川，人之伦类肇自男女夫妇。"① 但是其随即又以阴阳气化统论之，讲"阴阳发见，天成其象，……地成其形。日月者，成象之男女也；山川者，成形之男女也"，又说"言阴阳于一人之身，血气之男女也"。② 阴阳气化不仅可以用来统一说明人、物之形象，而且可以用来统一说明人、物之精能、魂魄、神灵等，因为它们都是气之功能、作用。戴震言："立于一曰道，成于两曰阴阳，名其合曰男女，著其分曰天地，效其能曰鬼神。"③ 又言："气精则生神。"④ 所谓鬼神不过是气之精能。天、地、人的一切存在及其现象都只不过是阴阳气化及其作用。由此可见，在天、地、人的相分之中有它们的统一，在统一之中又有三者的相分存在。不仅在天、地、人三才之间的关系上，戴震有着这样的理解，而且他普遍地注意到道之中具有"分"与"合"的两个方面，其言曰：

> 凡天之文，地之义，人之纪，分则得其专，合则得其和。分也者，道之条理也；合也者，道之统会也。⑤

凡道之所赅，天地、人物、事为之间无不存在"分"与"合"的关系，这种"分"与"合"形成"道"之"条理"与"统会"。对于"分"与"合"如何具体形成"条理"与"统会"，戴震有一个更为详细一点的说明："分者其进，合者其止；进者其生，止者其息。生者动而应求，立乎至博；息者静而自正，立乎至约。博，故其为条理也；约，故与为统会也。"⑥ 通过"分—进—生—动—博—条

---

① （清）戴震：《法象论》，载《孟子字义疏证》，何文光整理，中华书局 1982 年版，第 174 页。

② 同上书，第 175 页。

③ 同上。

④ 同上。

⑤ 同上。

⑥ 同上书，第 176 页。

理"和"合—止—息—静—约—统会"的链条,"分"与"合"就形成道之"条理"与"统会"。以此普遍存在的"分"与"合"推论,天与人之间也应存在"分"与"合"的关系,也就是说天人相分亦应是戴震此处理解中所应承认的一个侧面。

以"分""合"来论"道"是《法象论》的重要特色,但是到了戴震后来的著作中,"分""合"与"条理""统会"等用来说明"道"的这些概念没有了,取而代之的是戴震新提出的"分理"概念。在三篇本《原善》中,戴震的表达还是"循之而分治有常谓之理"①。到了三卷本《原善》中,戴震就明确地提出了"分理"的说法,其言"循之而得其分理,是谓常"②。至于到了《孟子字义疏证》,戴震更是首列"理(十五条)",论述涉及"分理"学说各个方面的内涵和意义,"分理"成为他批驳宋儒"天理"的基础学说。

需要加以说明的是,这并非戴震完全抛弃了之前的理解,而是他将"道"之"条理"与"统会"两方面的意涵融合在一个"分理"概念之中表达出来了。戴震放弃"分"与"合"、"条理"与"统会"之抽象对列的表达方式,而代之以"分理"一语,说明戴震对于道之"条理"与"统会"、事物之"分"与"合"之间的联系有了更为深刻和具体的理解。因为"分"与"合"、"条理"与"统会"并不是两两平行而不相交的,它们可以同时落在某一具体的事物上来认识,那就是事物的"分理"。"分理"就其作为一事物区别于他类事物之独有属性和规律而言,它体现的是一事物与他类事物之间的区别,是一种"分";但是"分理"就其定义和规定一类事物而言,它表达的是一事物与其同类之内其他所有事物之间的一种共同或类似的性质和法则,是一种"合"。这样,一事物所具有的与他事物之间的"分"与"合"的关系,同时在其"分理"之中得以把握和表达,而且"分"与"合"的具体内涵及其联结也都得以说明。也就是说,"分理"同时就具有"条理"与"统会"的意义。

---

① (清)戴震:《原善卷上》,载《孟子字义疏证》,何文光整理,中华书局1982年版,第176页。

② 同上书,第61页。

下面我们就按照从具体到一般的逻辑顺序，先来考察一下戴震是如何论述事物之间的"分"与"合"、"异"与"同"的关系，然后再看他是如何将二者提炼和概括在他的"分理"概念之中。

戴震首先注意到的是人与物在统一之中存在的差异，其言曰：

> 人与物同有欲，而得之以生也各殊；人与物同有觉，而喻大者大，喻小者小也各殊；人与物之一善同协于天地之德，而存乎相生养之道，存乎喻大喻小之明昧也各殊；此之谓本五行阴阳以成性……①

人、物同有欲求，欲求之满足是人、物生命得以存在和持续的条件，然而人、物欲求之对象各不相同，由此欲求之满足而表现出来的生命形式亦十分不同。人、物均有知觉，但知觉之大小明昧亦不相同。欲、觉作为性之事、能，同为分于阴阳五行，为人、物所同具，但人、物在欲、觉上的具体表现则各不不同，背后体现了戴震对于人、物同一性之中的差异性的理解。在给予人、物之性的差异一种描述性的揭示之后，戴震又从性之来源上对于人、物之性在统一之中何以存在差异给出一种存在论上的说明。其言曰：

> 《记》有之，"分于道，谓之命；形于一，谓之性"，言分于五行阴阳也。天道，五行阴阳而已矣，分而有之以成性。由其所分，限于一曲，惟人得之也全。曲与全之数，判之于生初。人虽得乎全，其间则有明闇厚薄，亦往往限于一曲，而其曲可全。此人与物之性异也。②

此处以为可以从禀得阴阳五行之气的偏全而论人、物之性的差别。与前处文字合而观之，可以合理推定戴震认为禀赋之偏全的不同

---

① （清）戴震：《原善卷上》，载《孟子字义疏证》，何文光整理，中华书局1982年版，第63页。
② 同上书，第65页。

导致人与物在欲望、知觉的表现上的不同。就表现上说，人、物之性在作为其事、能的欲、觉两方面表现出差异；在根源上讲，人、物分于道而禀受的阴阳五行之气不同，这些就是戴震对于人与物之不同的大体认识。

如果说此两处笼统论述物与人之差别仍不够具体和详细的话，那么在三卷本《原善》中戴震有了更为细致的关于人、动物、植物和非生物之差别的表达：

> 物之离于生者，形存而气与天地隔者也。卉木之生，接时能芒达已矣；飞走蠕动之俦，有觉以怀其生矣；人之神明出于心，纯懿中正，其明德与天地合矣。①

戴震从气之是否与天地相隔来区分非生物与生物（飞、潜、动、植），在生物之内又对植物、动物和人加以区别：植物只能应时萌发而已；动物又有知觉运动；人则具有明德。可见他基本上有一个从无机物、植物、动物到人的等级区分认识及其判别标准。同样地，戴震对此物类差别有一存在论上的详细解释：

> 由天道以有人物，五行阴阳，生杀异用，情变殊致。是以人物生生，本五行阴阳，征为形色。其得之也，偏全厚薄，胜负杂糅，能否精粗，清浊昏明，烦烦员员，气衍类滋，广博袭僻，闳巨琐微，形以是形，色以是色，咸分于道。以顺则煦以治，以逆则毒。性至不同，各呈乎才。人之才，得天地之全能，通天地之全德。从生，而官器利用以驭；横生，去其畏，不暴其使。智足知飞走蠕动之性，以驯以豢；知卉木之性，良农以莳刈，良医任以处方。圣人神明其德，是故治天下之民，民莫不育于仁，莫不条贯于礼义。②

---

① （清）戴震：《原善卷中》，载《孟子字义疏证》，何文光整理，中华书局1982年版，第67页。
② 同上书，第68页。

人、物之所以形成各种类别的差别，乃是由于产生人、物过程中五行阴阳之"生杀异用，情变殊致"而导致它们禀气之不同。这种物类之间的差别即气类之不同，首先表现在其形、色的殊别，继之呈现为才用的差异。正是因为存在事物之才性的殊别，它们才以不同的性质而为人所取用，对人具有某种具体价值。而人全得天地之才，以其智能能够利用事物不同的性能为之服务；以其明德则能够接受教化而具有道德（仁、义、礼），这是人优越于物的地方。

到了《孟子字义疏证》中，戴震更为周延地从"气类"和"知觉"两个层面说明人、物成性之各殊。其言曰：

> 如飞潜动植，举凡品物之性，皆就其气类别之。人物分于阴阳五行以成性，舍气类，更无性之名。……自古及今，统人与百物之性以为言，气类各殊是也。专言乎血气之伦，不独气类各殊，而知觉亦殊。[①]

统人与百物而论，则以气类区别其性，而在有血气的动物之内，则还可以从其知觉之不同来区分人、物之性。因为人与其他生物虽皆有"知觉运动"，但其"知觉运动"之间还是存在重大差别的。戴震言道：

> ……斯以见知觉运动之不可概人物，而目为蠢然同也。凡有生，即不隔于天地之气化。阴阳五行之运而不已，天地之气化也，人物之生生本乎是，由其分而有之不齐，是以成性各殊。知觉运动者，统乎生之全言之也，由其成性各殊，是以本之以生，见乎知觉运动也亦殊。气之自然潜运，飞潜动植皆同，此生生之机肖乎天地者也，而其本受之气，与所资以养者之气则不同。所资以养者之气，虽由外而入，大致以本受之气召之。五行有生克，遇其克之者则伤，甚则死，此可知性之各殊矣。……气运而

[①] （清）戴震：《孟子字义疏证卷中》，载《孟子字义疏证》，何文光整理，中华书局1982年版，第34—35页。

形不动者，卉木是也；凡有血气者，皆形能动者也。由其成性各殊，故形质各殊；则其形质之动而为百体之用者，利用不利用亦殊。知觉云者，如寐而寤曰觉，心之所通曰知，百体皆能觉，而心之知觉为大。凡相忘于习则不觉，见异焉乃觉。鱼相忘于水，其非生于水者不能相忘于水也，则觉不觉亦有殊致矣。闻虫鸟以为候，闻鸡鸣以为辰，彼之感而觉，觉而声应之，又觉之殊致有然矣，无非性使然也。若夫乌之反哺，睢鸠之有别，蜂蚁之知君臣，豺之祭兽，獭之祭鱼，合于人之所谓仁义者矣，而各由性成。人则能扩充其知至于神明，仁义礼智无不全也。仁义礼智非他，心之明之所止也，知之极其量也。知觉运动者，人物之生；知觉运动之所以异者，人物之殊其性。①

此段文字主要在生物之内谈人与动、植物的区别、联系。他以"知觉运动"来规定生物的共同特性，乃是它们"不隔于天地之气化"的"生生之机肖乎天地者也"。但是在人与动物、植物之间，在动、植物的不同类别之间，其"知觉"之质和量的特征则存在不同，由此产生了它们之间的差别。而其原因则是由于各自禀受和资养之气不同。在所有这些差异中，戴震最为着意论述的还是人与其他动物之间的差别：人能够扩充知觉以极其量，从而进于神明以止于仁义礼智之全。戴震既从知觉之能极其量来说人与物之别，又以礼义来说人与物之别，其实二者在他那里是统一的——人之心知极其量正以辨知、慕悦礼义。其言：

人以有礼义，异于禽兽，实人之知觉大远乎物则然，此孟子所谓性善。②

戴震认为动植物虽皆可言性，但只有论人之性才可称其"性善"。

---

① （清）戴震：《孟子字义疏证卷中》，载《孟子字义疏证》，何文光整理，中华书局1982年版，第28页。
② 同上书，第35页。

其言："性者，飞潜动植之通名；性善者，论人之性也。"① 因为，唯有人之"知觉"达到自我意识和自由意志的高度，从而能够过一种道德的生活；人能成就一种道德的生活，即人之性善。由此延伸出去，戴震进一步联系"自然"和"必然"范畴来论人与天地万物的区别：人之"自然"和"必然"必须分言，而在天地万物"自然"与"必然"完全同一。其言：

> 归乎必然，适完其自然。此之谓自然之极致，天地人物事为之道于是乎尽。在天道不分言，而在人物分言之始明。②

又言：

> 夫人之异于物者，人能明于必然，百物之生各遂其自然也。③

戴震的表达虽然是中国式的，没有出现"自我意识""自由意志"的现代词汇，但其理解的人之"知觉"实已具有了自我意识、自由意志的实质特征。人具有自我意识和自由意志，故而能够区分自然和必然，并自觉地由自然归于必然，而动物则只是出于一种自然生命之必然性的本能而行动，因而人成为唯一一种道德性的动物。④ 动

---

① （清）戴震：《孟子字义疏证卷中》，载《孟子字义疏证》，何文光整理，中华书局1982 年版，第 34—35 页。

② （清）戴震：《孟子字义疏证卷下》，载《孟子字义疏证》，何文光整理，中华书局1982 年版，第 44 页。

③ （清）戴震：《孟子字义疏证卷上》，载《孟子字义疏证》，何文光整理，中华书局1982 年版，第 16 页。

④ 戴震对于人与动物的这种区别的理解，达到了相当的高度，颇与马克思在《1844年经济学哲学手稿》中的理解相通。马克思认为："动物和自己的生命活动是直接同一的。动物不把自己同自己的生命活动区别开来。它就是自己的生命活动。人则使自己的生命活动本身变成自己意志的和自己意识的对象。他具有有意识的生命活动。这不是人与之直接融为一体的那种规定性。有意识的生命活动把人同动物的生命活动直接区别开来。正是由于这一点，人才是类存在物。或者说，正因为人是类存在物，他才是有意识的存在物，就是说，他自己的生活对他来说是对象。仅仅由于这一点，他的活动才是自由的活动。"（参见［德］马克思《1844 年经济学哲学手稿》，载《马克思恩格斯文集》（第一卷），中共中央马克思恩格斯列宁斯大林著作编译局编译，人民出版社 2009 年版。）戴震的理解虽然表达没有马克思的论述如此明晰，但其基本的精神还是颇为一致的。本书第三章论述焦循的时候，亦会指出焦循思想对于人禽之别的认识，与马克思的此一理解也颇为相通。

物的自然生命活动直接受其本能之必然性控制，"自然"与"必然"二者不可区分；而人则能将自己的自然生命活动当做自己意识和意志的对象，对其进行反思和调整，自觉寻求达致一种"自然"与"必然"区分基础上的新的统一。

戴震不仅注重具体解释生物与非生物、人与其他生物之间的差异性，而且在普遍的意义上对于同一大类之内的不同小类、同一类别之内的不同个体的差异性也都有所论述。其言：

> 性之大别各以气类，而同类之中又复不齐。①
>
> 阴阳五行之成化也，杂糅万变，是以及其流形，不特品物不同，虽一类之中又复不同。②
>
> 以人物譬之器，才则其气之质也；分于阴阳五行而成性各殊，则才质因之而殊。犹金锡之在冶，冶金以为器，则其器金也；冶锡以为器，则其器锡也；品物之不同如是矣。从而察之，金锡之精良与否，其器之为质，一如乎所冶之金锡，一类之中又复不同如是矣。③

类之成员同具某种共同或相近的形质，但是每一成员之间彼此又各不相同，任一事物都是特殊性与一般性的具体统一。

从上述所有这些差异和区分之中，戴震最终提炼出"分"作为对于事物之"理"的最为一般的规定，建立一种关于"分理"的学说。在分析了戴震"分理"学说提出的这一认识背景和逻辑过程之后，下面就可以主要依据戴震最为成熟的著作《孟子字义疏证》中的论述来进一步探讨一下其"分理"学说的具体意涵了。

在《孟子字义疏证》中，戴震于首列之"理（十五条）"中开宗

---

① （清）戴震：《中庸补注》，载《孟子字义疏证》，何文光整理，中华书局 1982 年版，第 178 页。

② （清）戴震：《孟子字义疏证卷中》，载《孟子字义疏证》，何文光整理，中华书局 1982 年版，第 25 页。

③ （清）戴震：《孟子字义疏证卷下》，载《孟子字义疏证》，何文光整理，中华书局 1982 年版，第 39 页。

明义地来谈其"分理"之界说：

> 理者，察之而几微必区以别之名也，是故谓之分理；在物之质，曰肌理，曰腠理，曰文理；得其分则有条而不紊，谓之条理。……《中庸》曰："文理密察，足以有别也。"《乐记》曰："乐者，通伦理者也。"郑康成注云："理，分也。"许叔重《说文解字》序曰："知分理之可相别异也。"①

在接下来的文字中，以"分"说"理"的理解也是随处可见，如：

> 天理云者，言乎自然之分理也；自然之分理，以我之情絜人之情，而无不得其平是也。②
>
> 《庄子》：庖丁为文惠君解牛，自言："依乎天理，批大郤，导大窾，因其固然，技经肯綮之未尝，而况大軱乎！"天理，即其所谓"彼节者有间，而刀刃者无厚，以无厚入有间"，适如其天然之分理也。③
>
> 诗曰："天生烝民，有物有则；民之秉彝，好是懿德。"孔子曰："作此诗者，其知道乎！"孟子申之曰："故有物必有则，民之秉彝也，故好是懿德。"以秉持为经常曰则，以各如其区分曰理，以实之于言行曰懿德。④
>
> 心之所同然始谓之理，谓之义；……举理，以见心能区分；举义，以见心能裁断。分之，各有其不易之则，名曰理；如斯而宜，名曰义。是故明理者，明其区分也；精者，精其裁断也。⑤

---

① （清）戴震：《孟子字义疏证卷上》，载《孟子字义疏证》，何文光整理，中华书局1982年版，第1页。
② 同上书，第2页。
③ 同上。
④ 同上书，第2—3页。
⑤ 同上书，第3页。

理义在事情之条分缕析，接于我之心知，能辨之而悦之。①

"理"又谓作"分理"，"分"已成为戴震之"理"的本质意义上的规定性。对此周辅成早有揭示，他说："戴震注意到从'分'去谈'理'的基础，……以为'分'才是'理'的基本原则。"② 有"分"才有"理"，无"分"即无"理"。③ "理"本为"法则""规律"的意思，戴震称之为事物之"常""不易之则"，是事物变化中的不变。变化是多，不变是一，所以"理"也是多中之一。没有区分，就没有多；没有多，即无从谈其"一"。浑沦一体的无限是没有"理"的，因为在其内部和外部都不存在区分——因其无限，在其外部找不出任何的可以与之区分的事物；因其一体，在其内部也不可能找出任何的差异与区分。特殊有限的事物，才存在与其他事物的外部区分及其内部要素之间的区分。所以事物之"常""则"，总是必须就某具体有限之事物而论，也即"理"总是特殊、有限之事物的理则。故而周辅成说，"原来'理'也就存于'分'上，有分才可言'理'。……'分'或殊异性，即是条理的表现。条理，不是离开了殊异性而存在，正是借殊异性显出'理'"④。"倘使一切事物无殊异性可言，则只是浑然一体，这还说得上有何规律或条理"⑤？人们一

---

① （清）戴震：《孟子字义疏证卷上》，载《孟子字义疏证》，何文光整理，中华书局1982年版，第5页。

② 周辅成：《戴震——十八世纪中国唯物主义思想家》，湖北人民出版社1957年版，第28页。

③ 明末清初思想家傅山提出"无理生理"，"无理一而理二"［傅山：《圣人为恶篇》，《傅山全书》一，刘贯文等主编，山西人民出版社1991年版，第541页。相关解读参见吴根友《傅山反理学思想的社会政治指向——以傅山肯定"无理"范畴为视角》，《南京大学学报》（哲学人文社会科学版）2007年第6期］，实是主张浑然一体之元气则无所谓"理"，只有分化为阴阳，一分为二，才有事物之理可言。稍早于戴震的惠栋认为"理字之义，兼两之谓也"［转引自钱穆《戴东原》，（清）戴震《戴震全书》第七册，杨应芹、诸伟奇主编，黄山书社2009年版，第588页］，亦是认为有"分"才有理，"理"必从"区分"才可理解。戴震受惠栋影响亦未可知。

④ 周辅成：《戴震——十八世纪中国唯物主义思想家》，湖北人民出版社1957年版，第28页。

⑤ 同上。

般认为世界是无限的，但也谈世界的各种规律，现在的各门具体科学都在探索世界的各种规律，其实人们是在谈论世界之内的各种具体事物之理则，并不是宇宙整体自身的理则。因为就世界作为整体而言，人就在其中，无从跳出其外对其进行认识，正所谓"不识庐山真面目，只缘身在此山中"。但是世界之内存在着各种区分，存在多种多样的变化的事物，所以我们可以谈论各种理则。

"分"成为"理"之能够存在和被人认识的存在论的规定条件，相应地"明分"（"明其区分"）也就成为我们认识和把握"理"的必然途径。实际上，"明分"正是戴震把握天地、人物、事为的根本的思维方式。

戴震论"性""命""才"，就贯彻了此一根本精神。在三卷本《原善》中其论"命""性""才"，已经开始注意从"分"的角度来理解。其言：

> 性，言乎本天地之化，分而为品物者也。限于所分，曰命；成其气类，曰性；各如其性以有形质，而秀发于心，征于貌色声，曰才。资以养者，存乎事；节于内者，存乎能；事能殊致，存乎才；才以类别，存乎性。①

人、物之生咸本于天地之气化，但由于其"分"不同，故而其"命"不同；其"命"不同，其"性"即异；其"性"殊别，其呈之为"才"亦不同。"命"本主于"限制"言，"性"本主于"本始"言，"才"则主于"形质""知能"言，但是戴震特别强调在不同类别事物之间的区分的意义上理解它们，"分"成为理解"性""命"和"才"等概念的本质性的构成角度。

在《孟子字义疏证》中，戴震进一步以此"明分"的精神论人、物之性、才。他以分论性，言曰：

---

① （清）戴震：《原善卷上》，载《孟子字义疏证》，何文光整理，中华书局1982年版，第61页。

  《大戴礼记》曰："分于道谓之命，形于一谓之性。"言分于阴阳五行以有人物，而人物各限于所分以成其性。阴阳五行，道之实体也；血气心知，性之实体也。有实体，故可分；惟分也，故不齐。古人言性本于天道如是。①

阴阳五行为道之实体，人、物之性本于天道，实为人、物之性分于阴阳五行；各自所分不同，故而成性亦各殊。对此论述更为详尽的是以下一段文字：

  性者，分于阴阳五行以为血气、心知，品物区以别焉，举凡既生以后所有之事，所具之能，所全之德，咸以是为其本，故《易》曰："成之者性也。"……在气化曰阴阳，曰五行，而阴阳五行之成化也，杂糅万变，是以及其流形，不特品物不同，虽一类之中又复不同。凡分形气于父母，即为分于阴阳五行，人物以类滋生，皆气化之自然。……《大戴礼记》曰："分于道谓之命，形于一谓之性。"分于道者，分于阴阳五行也。一言乎分，则其限之于始，有偏全、厚薄、清浊、昏明之不齐，各随所分而形于一，各成其性也。然性虽不同，大致以类为之区别，故论语曰"性相近也"，此就人与人相近言之也。孟子曰："凡同类者举相似也，何独至于人而疑之！圣人与我同类者，"言同类之相似，则异类之不相似明矣；故诘告子"生之谓性"曰："然则犬之性犹牛之性，牛之性犹人之性与，"明乎其必不可混同言之也。天道，阴阳五行而已矣；人物之性，咸分于道，成其各殊者而已矣。②

从性之来源上，戴震认为"人物各限于所分以成其性"。人、物都是从气化之道中产生，因而从其禀气来说，就都是对于道之分割而各自分有不同的一部分道之实体。"分于道"成为各物之赋命，就此

———————
  ① （清）戴震：《孟子字义疏证卷中》，载《孟子字义疏证》，何文光整理，中华书局1982年版，第21页。
  ② 同上书，第25页。

赋命的整体成为一物之资始而言则称其为一物之性。性、命之不同形成为品物之区分。品物以类区分，不同类别的事物有其不同的形质，但是一类之中的事物则必有其共同的类之本质。戴震认为，在类别形成之后，事物就以类滋生，类别之间的差异则千古不变。继论性之后戴震又论才，其言曰：

> 才者，人与百物各如其性以为形质，而知能遂区以别焉，孟子所谓"天之降才"是也。气化生人生物，据其限于所分而言谓之命，据其为人物之本始而言谓之性，据其体质而言谓之才。由成性各殊，故才质亦殊。才质者，性之所呈也；舍才质安睹所谓性哉！以人物譬之器，才则其器之质也；分于阴阳五行而成性各殊，则才质因之而殊。①

才为性所呈现出来的知能，事物命、性各殊故而才质亦各殊。总之，命、性和才虽然有分别就限制、资始和体质为言的差异，但都必须就各物分于道而理解——事物各各不同，正以其分得于道之命、性和才殊别。

不仅论人、物实然之性、命、才，而且论人伦应然之理义，戴震都是贯穿着"明分"的精神在内。戴震用"以情絜情"来规定人伦之理义，即十分重视人己之"分界"，要求主体之情感、欲望的追求和满足必须在尊重他人同等之情感、欲望的一定界限之内才算是正当②。此于后文还有详细说明，兹不赘述。台湾学者郑吉雄亦说："东原论'性'、论'道'、论'天地'，都以'分殊'的概念为前提，指出人类万物之相异，并在此人类万物彼此相异之基础上，畅论自然秩序及伦理秩序。"③ 可见，戴震的"分理"说的重要性，早已

---

① （清）戴震：《孟子字义疏证卷下》，载《孟子字义疏证》，何文光整理，中华书局1982年版，第39页。
② 关于"以情絜情"的更为具体的理解，参见邓国宏《戴震"以情絜情"说辨析》，《安徽大学学报》（人文社科版）2012年第5期。
③ 郑吉雄：《戴东原"分殊""一体"观念的思想史考察》，载《戴东原经典诠释的思想史探索》，台大出版中心2008年版，第24页。

被人发现了。在我们看来，它具有探索一切自然秩序和人伦秩序的普遍意义。

综上所述，"明分"是戴震认识各类事物特殊本性及其差别的根本思维方式，而表达其认识成果的概念则为"分理"。这一"分理"学说实为戴震哲学在存在论上的最为重要的创发。

（二）"分理"与科学、自由的关系

戴震以"分"说"理"作为一种存在论的认识，下贯到认识论和价值论领域具有重要的理论意义。"分理"学说具有为科学与自由奠基的理论作用，足以成为现代价值的重要接引。

关于戴震哲学的这一现代意义，学者亦有所提示，但论述还远远不够。对于"分理"与现代科学研究的联系，周辅成有过中肯揭示。他说：

> 戴震注意到从"分"去谈"理"的基础，这是当时的自然科学知识在哲学上反映的结果。这是戴震在哲学上的大创见。只有在人类从事物的分析解剖有了一定成绩之后，才能知道"分"与"理"的密切关系。中国唯心论者利用"天人合一"一语，一直把世界规律的问题放在"合"的意义上解释。于是，理成为世界条理秩序的组成者，理在万象事物之上超然存在。就是伟大的唯物论者王船山，在这个问题上，提出"合行于分"的概念，也仍注重"合"。戴震虽然也谈分合，但他更看重合中的"分"，以为"分"才是"理"的基本原则：我们重视"分"，然后重视分析解剖。①

以为戴震以"分"说"理"是当时自然科学研究发展到一定程度在哲学上的反映，这是在揭示戴震"分理"学说的自然科学基础。就在戴震生活的年代之前，明末清初的自然科学研究取得重要地位，

---

① 周辅成：《戴震——十八世纪中国唯物主义思想家》，湖北人民出版社 1957 年版，第 27—28 页。

获致许多成果；戴震本人也是一个伟大的自然科学史家，所以自然科学研究对于戴震"分理"学说的提出产生影响是极为自然的事情。分门别类的自然科学的研究与发展，必然带来相应的思维方式的发达与自觉，戴震的"分理"学说及其所代表的"分析"思维就是其在哲学上的结晶。

不过，我们更应注意的是，"分理"学说的提出反过来对于自然科学研究的意义。许苏民就指出："戴震对于'分理'学说的阐扬，是以他所具有的超过前人的自然科学知识为基础的，同时又为中国自然科学向着分门别类的分析研究奠定了哲学基础。"① 吴根友也以为，戴震在论述"理"概念时提出"分理"说，"开始体现出现代思维中分门别类的科学分析精神和理论体系的特点"②。他指出：

> 戴震通过语言学的解构工作，将宋明理学中无所不在的"理"变成了一事物区别于另一事物的具体的"物之分理"，从而将理学的探索对象在语言学中转变为对具体事物规则的认识与探究，在理论中展开了科学的思维探索。众所周知，西方现代科学运动的兴起，便开始于以具体的研究对象为学问的知识探究活动。戴震的"分理说"，实际上为中国的现代科学研究活动提供了理论的解释和前提。③

戴震察"分理"的要求不仅提出了开展分门别类的具体科学研究的必要性，更是精炼地概括出了科学研究活动的宗旨和方法。对于这一见解，储昭华也表示了认同。其言：

> （戴震）所谓"理"不再是主宰一切的、抽象的、唯一的"天理"，而是存在于各种具体事物及其运动变化过程中的具体条

---

① 许苏民：《戴震与中国文化》，贵州人民出版社 2000 年版，第 134 页。
② 吴根友：《中国现代价值观的初生历程——从李贽到戴震》，武汉大学出版社 2004 年版，第 256 页。
③ 同上。

理，这就更接近于科学意义上的"规律"之义，"理非他，盖必然也"；与之相应的，对"理"的认识也就不再是内在心性的体悟，而成为对外在事物及其运动规律的探究活动，而且是一种分门别类、由广至微、由表及里的科学分析过程。①

他认为戴震察"分理"意义上的活动颇为接近于现代科学意义上的研究活动，而且"分理"对于"天理"的取代，扫除了强烈的伦理意识对于人们进行自然科学探索的遮蔽。

戴震的"分理"学说，提出了科学研究的要求，指出了科学研究的道路，更概括了科学研究活动的本性和任务，具有强烈的科学精神，对于促进分门别类的现代科学研究具有重要的理论奠基意义。不但如此，在戴震那里，注重对于"分理"的考察，还有为实践服务的目的，有其经世致用的意义存在。戴震在《孟子字义疏证》中言道：

> 飞潜动植，举凡品物之性，皆就其气类别之。……医家用药，在精辨其气类之殊。不别其性，则能杀人。使曰'此气类之殊者已不是性'，良医信之乎？……凡植禾稼卉木，畜鸟兽虫鱼，皆务知其性。知其性者，知其气类之殊，乃能使之硕大蕃滋也。②

辨治疾病，稼穑畜牧等均需辨察物类之各殊的属性，才能达到其目的。察"分理"不仅具有指导科学研究的理论意义，更有服务于技术与生产的实践宗旨。

戴震不仅注意对于事物之特殊性质和规律的研究而加以利用，而且更为强调对于人伦之分理的求索。在人伦关系中，戴震批评不察分理致使误以意见为理的"以理杀人"现象。戴震的"分理"学说在

---

① 储昭华：《明分之道——从荀子看儒家文化与民主政道融通的可能性》，商务印书馆 2005 年版，第 322 页。

② （清）戴震：《孟子字义疏证卷中》，载《孟子字义疏证》，何文光整理，中华书局 1982 年版，第 34—35 页。

社会、政治哲学领域具有的意义更值得大加阐发和宣扬。

对于戴震"分理"学说的社会、政治哲学的意义，学者们也从不同的角度已有所提示。周辅成认为，戴震以"分"论"性"，是"为'殊异性'争取合理基础"①。从此结论再往前推论一步，我们不难得出"分理"学说具有肯定和保护个性、自由的意义。吴根友正是受到周辅成的启发，从"自由"与"必然"的关系出发，详细论述了戴震的"分理"学说为其自律意义上的自由理论提供了自然哲学的基础②。这些关于戴震的"分理"说与个性、自由等现代价值的联系的论述，揭示了戴震的"分理"学说在社会、政治领域的积极意义。

在本书看来，戴震对于社会、政治领域之"理"最为精辟的阐述为"理者，尽夫情欲之微而必区以别焉"③ 的说法。这种在社会、政治领域阐发的"理"（戴震有时又称"理义"，颇能见其人伦之理之为一种"应当"的理解），一方面肯定个人之情感、欲望之满足的正当性与合理性；一方面又指出个人情感、欲望之满足须以不伤害他人之同等情感、欲望之满足为限制，希望由此保持人群之和谐。其在实践上的具体决策和检证程序，戴震概括为"以情絜情"。通过"以情絜情"得出的"分理"，就是个人满足其情感、欲望、需要的正当性边界和范围。可见戴震在伦理、政治领域的"理"同样是贯彻着其"分理"的一贯理解，特别注重个人之情、欲满足的合理的人际分界。这种人伦"分理"，如同蔡元培指出，与英国自由主义哲学家密尔（John Stuart Mill）的个人的自由以他人之同等自由为界的理论十分接近。故而，戴震的"分理"概念与"权利"的概念实颇可相通，背后蕴含着自由和平等的精神。

综上所述，戴震的"分理"学说是其"明分"思维方式运用的

---

① 周辅成：《戴震——十八世纪中国唯物主义思想家》，湖北人民出版社 1957 年版，第 29 页。

② 吴根友：《分理与自由——戴震伦理学片论》，载《明清哲学与中国现代哲学诸问题》，中华书局 2008 年版，第 104—110 页。

③ （清）戴震：《答彭进士允初书》，载《孟子字义疏证》，何文光整理，中华书局 1982 年版，第 166 页。

具体体现和成果，在与现代科学、自由价值的对接中，具有为科学与自由奠定形上学之基础的根本作用，成为传统与现代的重要"接合点"①。而"分理"学说之所以具有这样的奠基作用，则全在于其以"分"说"理"。正是具有了分析的精神，或者说"分解的尽理精神"②，它才能成为科学、自由等现代价值的接引者。

（三）"分理"与"统类"

论述了戴震"分理"学说的内涵及其理论意义之后，我们可以考察其与荀子思想的关系了。戴震有"明其区分"的说法，荀子亦有其"明分之道"；戴震有"分理"之表达，荀子亦有其"统类"的概念，二者之间颇可沟通，从中可见戴震思想实为渊源有自。

储昭华详细揭示了荀子思想之中普遍存在的"明分"的方法论，其言："提及分的问题，人们往往或只是想到荀子的天人之分主张，或将荀子关于分的种种表述孤立起来加以理解。这是对荀子分的思想的一种狭隘的认识。事实上，作为根本方法，它贯穿于荀子整个思想体系之中。从整体的角度说，荀子整个思想体系就是由此而建构起来的；而从过程或结构的角度说，荀子的整个体系正是通过一层层的分析而得以展开的。"③ 对于荀子思想中"明分"方法的贯彻和运用具体过程，储昭华亦有一简明概括：

从天人之分这一表层结构出发，这一分析过程正如"辨"的

---

① 萧萐父：《吹沙集》，巴蜀书社 1998 年版，第 54 页。关于萧先生"历史接合点"思想的分析，可以参见秦平《传统与现代化之间——萧萐父"历史接合点"思想初探》，《武汉大学学报》（人文科学版）2008 年第 5 期。

② 牟宗三精辟地指出："在学术方面，逻辑、数学、科学，在集团生命之组织方面，国家、政治、法律，此两系为同一层次者，而其背后之精神俱为'分解的尽理精神'。而此精神之表现必依于'知性主体'之彰显，精神之'理解形态'之成立。此恰为中国之所缺，西方文化生命之所具。故在中国历史发展中，其精神之表现，国家法律一面之'主体自由'（此可简称曰'政治的主体自由'）亦隐而不彰。"（参见牟宗三《历史哲学》，台湾学生书局 1984 年版，"自序"，第 5 页。）张世英对于主客二分的分析精神与现代科学、民主之关联，亦有精辟的肯定（参见张世英《天人之际：中西哲学的困惑与选择》，人民出版社 2007 年版）。

③ 储昭华：《明分之道——从荀子看儒家文化与民主政道融通的可能性》，商务印书馆 2005 年版，第 137 页。

涵义所浓缩的那样开始沿着两个层面，且朝着两个方向展开。其一是认识论的层面。首先是具有自我意识的人从认识上将主体与客体、自我与对象区别开来……；其次，对客体即万物本身的分别：明于天人之分的人，当然能辨识万物，明于万物之别；最后，为之"制名"，通过概念、语言界定、言说万物，即所谓"制名以指实"。其二，当这种自我意识转向人与人所构成的族群、社会时，则依次体现为对人我（贵贱与亲疏的辨别、区分）、对人自身的逐层分析。①

"明分"思维方式成为荀子认识人与世界关系，论万物、论人性和礼义之道的核心精神。由前之所论，戴震"论'性'、论'道'、论'天地'，都以'分殊'的概念为前提，指出人类万物之相异，并在此人类万物彼此相异之基础上，畅论自然秩序及伦理秩序"②，戴震这种"明其区分"的精神与荀子"明分"的思维方式是高度一致的。

在戴震那里，作为"明其区分"方法论的认识成果而提出的概念是"分理"，此种分理包括自然世界事物的属性和规律，也涵盖人类社会的伦理和政治法则。"分理"概念的凝结和提出，既是"明其区分"的方法论的成果，又使得"明分"的方法论有了存在论的坚实基础。在荀子思想之中，我们亦可找到与此颇可对应的因素。除了前述"明其区分"与"明分"的对应，戴震的"分理"观与荀子的"统类"观颇可沟通，二者都是表达一类事物之共性的概念，不过二者在具体理解的侧重上面仍有重大不同。

荀子的"类""统类"概念自牟宗三、唐君毅、陈大齐、韦政通诸人揭示出来以后，已经成为理解荀子思想的一把核心钥匙。牟宗三言道：

---

① 储昭华：《明分之道——从荀子看儒家文化与民主政道融通的可能性》，商务印书馆 2005 年版，第 137 页。

② 郑吉雄：《戴东原"分殊""一体"观念的思想史考察》，载《戴东原经典诠释的思想史探索》，台大出版中心 2008 年版，第 24 页。

荀子诚朴笃实之心表现而为明辨之理智,……理智之心之基本表现即为逻辑,此是纯智的。逻辑之初步表现即在把握共理,由之以族类辨物。故荀子喜言统类也。①

在其看来,荀子的逻辑心灵重视对于事物的分类,进而把握此类事物之共理,以此作为认识万事万物的方法,尤其是在对于"礼仪三千、威仪三百"之礼的认识上面,更是屡提"知通统类"的要求。"类"以"理"显,牟宗三谓"每一类有其成类之理。理即成类之根据。握其理,则可以通"②。东方朔对此详细解说道:"在这个意义上,'类'也可以叫做理。但这种'理'在荀子的思想系统中有其特殊的规定,此即指的是同类事物的共同原理,牟宗三称之为'共理'。所谓'共理'乃具有统领贯通同类的一切事物的作用,所以荀子又称之为'统类''道贯'。"③作为一类事物之共理的"类"概念,因其统领、贯通此一类事物的作用又被称之为"统","类"概念就进一步被表达为"统类"了。以"统类"称"类",强调"类"以"共理"而显,是牟宗三理解的荀子之"类"的重要特征。唐君毅则言荀子的"统类心",并在与墨子、孟子和庄子的比较中,辨析甚为详密。其言"荀子言心之知,不只是一知类心,而兼是一明统心"④。又言:"人心之一于道,即能赞稽物。此一于道,以赞稽物之心,即为一纯粹之统摄数一而贯之之心。"⑤可见,他重视的亦只是"类"概念中所表达的事物之统一性的面向。韦政通亦由"统类"概念的这一面向,强调"齐一、秩序、条理乃统类必有之属性"⑥。

依据以上学者所论,荀子言"类",重其表达自类事物之内的统

① 牟宗三:《名家与荀子》,台湾学生书局1979年版,第199—200页。

② 同上书,第199页。

③ 东方朔:《合理性之寻求:荀子思想研究论集》,"国立"台湾大学出版社2011年版,第332—333页。

④ 唐君毅:《中国哲学原论·导论篇》,霍韬晦编,中国社会科学出版社2005年版,第74页。

⑤ 同上书,第75页。

⑥ 韦政通:《荀子与古代哲学》第二版,台湾商务印书馆1992年版,第24页。

一性的涵义，而未能很好地认识到："类"作为对于一类事物共理的揭示，必有区分此类与彼类的"分类"功夫存在才能得以成立，所以"类"还具有标示事物之差别的涵义存在。在此意义上，"类"由以成的"理"，不仅具有"共理"的意涵，还具有"分理"的意涵存在，二者本来就是统一的。当然，在荀子思想中，提示"类"的概念，是为了举统类以应变的礼义实践之需求——注重的是以"不变"应"万变"、以"一"统"多"、以简驭繁、以已知应付未知，故而重视对于类之"共理"的把握以为"推类"之基础，只有这样才能"以类行杂，以一行万"[1]。因为，礼虽繁多，但总是具体、有限的，要想强调礼之普遍的作用，必须通过对于其统类的把握来应付各种不同情境之下的万变之事为，所以"知通统类"是礼之应用不竭的一个保证。

荀子的"统类"到了戴震这里变成了"分理"，由重视"类"之"共理"的涵义，转移到重视"类"之"分理"的涵义，这一侧重面向的转移，具有重要的认识论和伦理学意义。[2] 由以"共理"来理解礼义的精神到以"分理"来理解礼义的精神，带来了礼义之性质、内涵的重大更新。这就是由重视礼义的秩序和稳定义，转移为重视礼义之权利和自由、平等义。用储昭华的话讲，从荀子到戴震，"礼义无论在内容上还是在形式上都进一步朝着成为促进和保障每个人的自由发展的工具的方向又大大跨进了一步"[3]。荀子在论述礼义时，虽然重视"明分"，但同时又强调"使群"，"明分"不过是"使群"的一个手段而已。而且，在荀子的"明分"之中，不是强调"分均"，相反

————

① 《荀子·王制》。

② 戴震"分理"学说在自然科学和伦理政治两个方面均具有的重大意义，前已所述。由于荀子的"统类"意识，并未着墨于自然事物的认识，戴震的"分理"则有强调对于事物分门别类的认识。这当然是戴震思想对于荀子思想的重大补充、完善和发展。这是由"统类"到"分理"的转移在认识方面的意义。不过在二人之中，一有一无，并未形成直接对应的关系，故而本书在正文此处不加详细论述，后面所述这一转移的意义只是就伦理方面而言。

③ 储昭华：《明分之道——从荀子看儒家文化与民主政道融通的可能性》，商务印书馆2005年版，第325页。

在"维齐非齐"①的意义上，强调尊卑、贫富、贵贱之等级分别的必要。但是戴震的人伦分理——"以情絜情"的提出，却以肯定人与人之间在情、欲追求和实现上的平等地位为前提。"尊者以理责卑，长者以理责幼，贵者以理责贱，虽失谓之顺；卑者、幼者、贱者以理争之，虽得，谓之逆"②的不平等状况，正是戴震所严厉反对的。储昭华以为戴震"这既是对包括荀子在内的传统儒家的礼义之分原则中所蕴含的尊卑之别的不平等倾向的尖锐批判，也指明了改造这一思想的方向和准则，这就是转而以平等的原则来赋予礼义之分以新的解释，即通过礼义的分界使每个人的本性需求都得到充分的实现。……从这种改造的方向和过程中，在某种程度上甚至已初步可以看出民主政道的曙光"。③此言甚为有理，荀子的"明分""统类"重在通过等级名分的安排来达致群体正理平治之秩序，而戴震的"分理""以情絜情"则强调通过平等权利的肯定以实现人人得以遂情达欲的道德之盛，进一步若寻求其在政治领域之实现机制，则必通向民主政道。戴震"分理"学说对于荀子"统类"思想的此一转换，体现了中国传统思想文化自身之现代化更新的努力和成果，这对于我们今天继续从事中国传统思想之现代阐释和转化的工作，具有重大的典范意义。

第二节　戴震性善论对于荀子
心性论之批评与综合

　　戴震的人性论以其天道观为基础，故而在论述完戴震的天道观

---

　　①　《荀子·王制》言曰："分均则不偏，势齐则不一，众齐则不使。有天有地，而上下有差；明王始立，而处国有制。夫两贵之不能相事，两贱之不能相使，是天数也。势位齐，而欲恶同，物不能澹则必争；争则必乱，乱则穷矣。先王恶其乱也，故制礼义以分之，使有贫富贵贱之等，足以相兼临者，是养天下之本也。《书》曰：'维齐非齐。'此之谓也。"荀子过于强调秩序必须建立在等级之上，而不能意识到在一定的平等关系之中亦可建立秩序与和谐。

　　②　（清）戴震：《孟子字义疏证卷上》，载《孟子字义疏证》，何文光整理，中华书局1982年版，第10页。

　　③　储昭华：《明分之道——从荀子看儒家文化与民主政道融通的可能性》，商务印书馆2005年版，第326页。

后，我们可以来考察戴震的人性论，继而论述其与荀子心性论之关系。不同于在天道观方面的情况，戴震对于荀子心性论明确做过不少的点评，既有批评也有肯定。另外，比较戴震自身的人性论与荀子心性论，二者之间的关系亦颇多纠缠之处。在此问题上，学者们意见纷纭，远未趋于一致。

举凡讨论一个思想家的人性论，首先须得厘清其人性概念具体所指，如此方有一切认识和评论之前提，否则只能导致误读、误解。譬如说，历来对如孟子、荀子人性论之异同的评论，首先得要注意到孟子与荀子之人性概念的不同——孟子是在"人之异于禽兽"的人之本质的意义上论说人性，荀子则是在"生之所以然"的天生本性意义上界定人性；有此认识之后才能对孟、荀性善、性恶之不同判断及由此而阐发之不同道德养成途径，或协调其差异或突显其对立或做其他理解。盖从逻辑层次上讲，人性之界定乃是进一步判断人性与道德之关系的前提。分清这两个问题的不同层次及其逻辑的先后关系，此种认识已为许多的人性论研究者所普遍遵循。所以本节分为人性之内容与性之善恶两个子题，以戴震的相关评论为引子，全面比较二人在这两个方面的相关理解，试图就其关系给出本书的一个厘正和判定。

一　人性之内容："血气、心知"的一本论与"性""心"分言

在人性之界定这一子问题内部，其实我们也是可以进一步区分问题的两个层次。依照现代逻辑学对于概念的考察，概念可以从内涵与外延两个方面来加以规定和理解。概念的内涵与外延，虽是对于相同对象的规定，但是表达的却是对象之不同的侧面，从而可以说是对于对象的不同的规定方式。概念之内涵与外延之间在一定意义上可以分离开来，任何一方均能独立地给出概念而为人所理解。但是同一概念之内涵和外延，因其为共同的对象所联接，它们之间毕竟存在一种必然的联系，即由此可以达彼——给出一概念之内涵的说明我们必然能够列出和划定其外延所指对象之范围，反过来给出对象之范围我们也必定能够从中抽象、归纳出概念之内涵。就其能够分离而独立地给出概念之理解而言，内涵与外延之间存在着一种并列的关系；而在由此

— 63 —

可以及彼、一方可以由另一方给出的意义上，则可说内涵与外延之间存在着一定的层次关系。在人性的概念上，我们同样可以从其内涵与外延两个方面加以分析和综合的考察，而且人性概念的这两个方面之间也存在着一定的层次关系。在人性问题中，由于对于概念之作用及概念提出之目的的不同理解，不同的思想家往往界定了不同的人性概念的内涵，进而在此内涵理解上赋予人性以不同的内容规定而形成人性概念相应不同的外延。下面就按照由内涵至外延的逻辑顺序给出本书对于戴震哲学中人性概念的一个考察。

（一）性之内涵：来源与功用

戴震考察人性概念，当然是为了考察道德问题提供一个基础。所以他从来源和功用两个方面给出对于人性概念之内涵的规定。

关于性之来源，戴震屡言：

> 性，言乎本于天，征为事能也。①
> 性，言乎本天地之化，分而为品物者也。②
> 其体物者，道也，五行阴阳，得之而成性者也。③
> 苟知阴阳气化之为天道，则知性也。④

性来源于天道之阴阳气化，这就决定了戴震"以气言性"的理解。这里需要进一步阐明的问题是：同为阴阳气化之产物，人之性与物之性的差别是如何产生的，人之不同个体之间的差异性与普遍性又如何理解？对此戴震进一步引入气化之分流、限定的原则来加以说明。其言：

> 性，言乎本天地之化，分而为品物者也。限于所分，曰命；

---

① （清）戴震：《原善卷上》，载《孟子字义疏证》，何文光整理，中华书局1982年版，第176页。
② 同上书，第61页。
③ 同上书，第62页。
④ （清）戴震：《孟子私淑录卷上》，载《孟子字义疏证》，何文光整理，中华书局1982年版，第129页。

成其气类，曰性；各如其性以有形质，而秀发于心，征于貌色声，曰才。①

命、性、才作为从不同侧面来论述同一人性的概念，它们都是阴阳气化之分化和赋形的结果。在气化之分化、赋形过程中，人类与物类的不同、人类之不同个体之间的不同都得以其分得于道之一曲的不同气禀而获得解释。戴震言曰：

> 《记》有之："分于道，谓之命；形于一，谓之性。"言分于五行阴阳也。天道，五行阴阳而已矣，分而有之以成性。由其所分，限于一曲，惟人得之也全。曲与全之数，判之于生初。人虽得乎全，其间则有明闇厚薄，亦往往限于一曲，而其曲可全。②

万物分于阴阳五行，各限一隅，而人则赋得五行阴阳之全，故人性不同于物性。人虽皆赋得五行阴阳之全，但个体之间仍然存在明闇厚薄的差异，所以人与人不同。这样戴震对于人性的来源的说明可以用"分于阴阳五行"一语概之。而且戴震认为人性从阴阳五行之中分化出来是在人之生初就完成的，所谓曲全之数判于生初，又所谓：

> 气禀之不齐，各限于生初。③

这一关于人性之来源的说明，用于"命""性"和"才"都是可以的。所以，戴震又以人性在人之后天的全体生命活动中的奠基作用，来对以"性"称的人性概念的内涵做了进一步的限定，以此区别于"命"和"才"。村濑裕也于此指出，"戴震规定性概念，说明

---

① （清）戴震：《原善卷上》，载《孟子字义疏证》，何文光整理，中华书局1982年版，第61页。

② 同上书，第65页。

③ （清）戴震：《孟子字义疏证卷中》，载《孟子字义疏证》，何文光整理，中华书局1982年版，第34页。

'性以本始言''据其为本始而言',又说'举凡既生以后所有之事,所具之能,所全之德,咸以是为其本',他的这个概念很明显是被限于天生的本性这一古典意义上使用的"①。正是因为戴震将人性理解为生初对于五行阴阳的分有,又将此一生初的气禀看做人生以后一切事为的基础,所以使得他的人性概念具有了"天生本性"的涵义。这样通过对来源与功用两个方面的限定,戴震的人性概念之内涵就明晰和确定下来了。

戴震人性概念之内涵的此种规定,是近于荀子"生之所以然者谓之性"②的人性概念的,而不同于孟子在人之所以为人的人之本质的意义上理解的人性概念。荀子屡言:

今人之性,生而有好利焉……;生而有疾恶焉……;生而有耳目之欲,有好声色焉……③

饥而欲食,寒而欲暖,劳而欲息,好利而恶害,是人之所生而有也,是无待而然者也,是禹桀之所同也。④

性者,本始材朴也。⑤

性者,天之就也。⑥

凡性者,天之就也,不可学,不可事。……不可学,不可事,而在人者,谓之性。⑦

所谓"生而有""天之就""无待而然""不可学、不可事""本始材朴",皆不过是说性乃人之天生本有的"生之所以然者"。戴震的"天生本性"的人性概念内涵的规定与荀子是一脉相承的。戴震

---

① [日]村濑裕也:《戴震的哲学——唯物主义与道德价值》,山东人民出版社1996年版,第193页。

② 《荀子·正名》。

③ 《荀子·性恶》。

④ 《荀子·非相》。

⑤ 《荀子·礼论》。

⑥ 《荀子·正名》。

⑦ 《荀子·性恶》。

对于荀子人性概念之内涵的发展在于：戴震引入分化和气类等观念，从存在论上说明人性来自于气化之道的分化和限定，人性论的理解与天道观的认识很好地沟通起来：一是，以气化说明人性之来源，为理解人性之内容奠定了存在论的基础；二是，以分限说明人物秉性之不同，在天生本性的理解上就包含了人禽之别的内容。①

（二）性之外延：构成与表现

戴震对于人性之分于阴阳五行的来源的说明，直接决定了他对人性之内容的理解。其言：

> 阴阳五行，道之实体也；血气、心知，性之实体也。有实体，故可分；惟分也，故不齐。古人言性惟本于天道如是。②
>
> 性者，分于阴阳五行以为血气、心知，品物区以别焉，举凡既生以后所有之事，所具之能，所全之德，咸以是为本。③

天道之内容为阴阳五行，性分于阴阳五行，而性之内容却为血气心知。何以阴阳五行之气的禀赋在人性之上却是表现为血气、心知，这之间具体的联通环节还有待说明。刘又铭注意到这个问题，其言：

> 戴震所谓的"血气心知"，其实预设着"血气"与"心气"的二分。有足够的证据显示，他根据古人"魄"与"魂"以及"阴之精气（灵）"与"阳之精气（神）"的二分，把跟味、声、色等相接的耳目鼻口等器官归于"血气"，而把心归于"心气"。④

---

① 戴震基本继承了"生之谓性"的传统，但是又特别重视将性之类别差异的理解纳入"生之谓性"，以明人禽之别。这大概是从疏解《孟子》"告子章"相关内容而来的对于"生之谓性"的改进。其言："孟子曰：'凡同类者举相似也，何独至于人而疑之！圣人与我同类者'，言同类之相似，则异类之不相似明矣；故诘告子'生之谓性'曰'然则犬之性犹牛之性，牛之性犹人之性与'，明乎其必不可混同言之也。"参见（清）戴震《孟子字义疏证卷中》，载《孟子字义疏证》，何文光整理，中华书局1982年版，第25页。

② （清）戴震：《孟子字义疏证卷中》，载《孟子字义疏证》，何文光整理，中华书局1982年版，第21页。

③ 同上书，第25页。

④ 刘又铭：《理在气中：罗钦顺、王廷相、顾炎武、戴震气本论研究》，第二版，五南图书出版有限公司2000年版，第147页。

这提示我们所谓血气、心知（心气的功能、作用）不过是在身的气之阴、阳而已。刘又铭这一理解在《孟子字义疏证》中有着充分的证据，譬如戴震有言：

> 味也、声也、色也在物，而接于我之血气；理义在事，而接于我之心知。血气心知，有自具之能：口能辨味，耳能辨声，目能辨色，心能辨夫理义。味与声色，在物不在我，接于我之血气，能辨之而悦之；其悦者，必其尤美者也；理义在事情之条分缕析，接于我之心知，能辨之而悦之；其悦者，必其至是者也。子产言"人生始化曰魄，既生魄，阳曰魂"；曾子言"阳之精气曰神，阴之精气曰灵，神灵者，品物之本也"。盖耳之能听，目之能视，鼻之能臭，口之知味，魄之为也，所谓灵也，阴主受者也；心之精爽，有思辄通，魂之为也，所谓神也，阳主施者也。主施者断，主受者听，故孟子曰："耳目之官不思，心之官则思。"是思者，心之能也。精爽有蔽隔而不能通之时，及其无蔽隔，无弗通，乃以神明称之。①

在这里，戴震从外物与主体之接触关系中分别论列了人之血气和心知的作用和表现，其结构如下：

> 血气：口、耳、目之在我者—魄之为—灵—阴之主受—味、声、色之在物者；
> 心知：心知之在我者—魂之为—神—阳之主施—理义之在事情者；

首先，戴震在气本论的立场上，将人之血气、心知的作用都奠基于气的基础上来理解。所谓"心者，气通而神；耳目口鼻者，气

---

① （清）戴震：《孟子字义疏证卷上》，载《孟子字义疏证》，何文光整理，中华书局1982年版，第5页。

融而灵"①。耳目口鼻之官在人之身为主受者,属于在身的阴之精气的作用;心知能够对事物主动施予判断的作用,乃为在身的阳之精气的表现。这样,血气和心知在共同的气的基础上得以统一,不过是在人身之气的两种作用而已。其次,人性的阴、阳这两个系列的作用不是处于对等的地位,而是阳为主、阴为辅,二者相反而又相成。这种主从的关系体现在"阳主施""阴主受","主施者断,主受者听"上面;而其相反相成的关系则体现为,二者各具所能,相互依赖而不能相互取代,所谓"心能使耳目口鼻,不能代耳目口鼻之能,彼其能者各自具也,故不能相为焉"。②

血气、心知均为在人身之气的作用,故而可以合称并提。不过,刘又铭又注意到,"在'血气心知'一词中,'血气'表明的固然是实体,'心知'则兼表着'心气'这个实体及其作用,两者其实是不对称的构词"③。戴震关于"心气"的说法,见于以下文字:

> 孟子曰,"理义之悦我心,犹刍豢之悦我口",非喻言也。凡人行一事,有当于理义,其心气必畅然自得;悖于理义,心气必沮丧自失,以此见心之于理义,一同乎血气之于嗜欲,皆性使然耳。耳鼻口之官,臣道也;心之官,君道也;臣效其能而君正其可否。理义非他,可否之而当,是谓理义。④

此言心气对于理义具有如同血气之于嗜欲同样的"辨之而悦之"的功能,二者都是性之作用表现。以此,真正与"血气"对应的概念是"心气"。只不过"心气""血气"既然以"气"言之,重在好

---

① (清)戴震:《答彭进士允初书》,载《孟子字义疏证》,何文光整理,中华书局1982年版,第166页。

② (清)戴震:《孟子字义疏证卷上》,载《孟子字义疏证》,何文光整理,中华书局1982年版,第7页。

③ (清)戴震:《孟子私淑录卷中》,载《孟子字义疏证》,何文光整理,中华书局1982年版,第148页。

④ (清)戴震:《孟子字义疏证卷上》,载《孟子字义疏证》,何文光整理,中华书局1982年版,第7页。

恶、迎拒的情感、意志的一面。因为气者，阴阳五行也，具有相摩相荡、相生相克的基本作用在内，比较容易与情感、欲求、意志等具有方向性的人性要素联接起来。但是"心气"的特异之处在于还能辨知，故又谓之"心知"。当然"血气"亦具有感知的功能，所谓"耳之能听，目之能视，鼻之能臭，口之知味"，也即在心气、血气之接物的过程中同样都具有认知的作用在内。但是当戴震在概念上需要兼取心与耳、目、口、鼻两方内容来表达性之全体时，其于一方取"血气"，于另一方则取"心知"，表现了其在二者理解上的侧重。戴震理解人性，于血气的面向重视其嗜欲的内容，而于心的面向则重其辨知的功能，此于其"欲生于血气，知生于心"① 一语见之无遗。合此血气、心知，戴震讨论人道的基础也就具备了。其言：

> 人之血气心知，原于天地之化者也。有血气，则所资以养其血气者，声、色、臭、味是也。有心知，则知有父子，有昆弟，有夫妇，而不止于一家之亲也，于是又知有君臣，有朋友；五者之伦，相亲相治，则随感而应为喜、怒、哀、乐。合声、色、臭、味之欲，喜、怒、哀、乐之情，而人道备。②

戴震的血气、心知有时又分而为欲、情、知三者。欲对应于血气，知对应于心知，而情则似乎具有沟通、综合欲与知的作用③。这

---

① （清）戴震：《孟子字义疏证卷上》，载《孟子字义疏证》，何文光整理，中华书局1982 年版，第 9 页。

② （清）戴震：《孟子字义疏证卷中》，载《孟子字义疏证》，何文光整理，中华书局1982 年版，第 37 页。

③ 戴震的哲学中，大多数的情况下"欲"与"情"是同与"血气"相联系的概念，"欲"偏就主体的对外之需要而言，"情"则偏就主体感物之反应而言。但是有些情况下，情又同时包括了知的因素在内。刘又铭对此言曰："戴震在许多地方又把'情'与'欲'放在一起，作为与'知'相对的另一端；看来'情'的性质跟'欲'比较接近，似乎也是出于血气的。不过戴震又说：'有心知，则知有父子有昆弟有夫妇……又知有君臣有朋友。五者之伦，相亲相治，则随感而应为喜、怒、哀、乐。'据此则情或许可以看做血气与心知两者的综合作用。"参见刘又铭《理在气中：罗钦顺、王廷相、顾炎武、戴震气本论研究》，第二版，五南图书出版有限公司 2000 年版，第 149 页。

样欲、知和情三者一起构成人性的内容。戴震言道：

> 人生而后有欲，有情，有知，三者，血气心知之自然也。给于欲者，声色臭味也，而因有爱畏；发乎情者，喜怒哀乐也，而因有惨舒；辨于知者，美丑是非也，而因有好恶。声色臭味之欲，资以养其生；喜怒哀乐之情，感而接于物；美丑是非之知，极而通于天地鬼神。声色臭味之爱畏以分，五行生克为之也；喜怒哀乐之惨舒以分，时遇顺逆为之也；美丑是非之好恶以分，志虑从违为之也；是皆成性然也。有是身，故有声色臭味之欲；有是身，而君臣、父子、夫妇、昆弟、朋友之伦具，故有喜怒哀乐之情。惟有欲有情而又有知，然后欲得遂也，情得达也。天下之事，使欲之得遂，情之得达，斯已矣。①

欲为感性欲求，情为际遇感受，知有价值认知和判断的意涵。欲、情、知三者构成人性之自然的内容和表现，人道的事情皆可于此三者铺开而言之。然而归结起来，性之外延实不出血气、心知二者，人之后天生命的一切事为，情、欲之追求、满足活动，以及君臣、父子、夫妇、兄弟、朋友等人伦之关系，包括个体德性的成就等等人道的内容，皆由人之血气、心知而来，都是以此人性为资始。

戴震以血气、心知论人性，一般认为来源于《礼记·乐记》"夫民有血气心知之性，而无哀乐喜怒之常，应感起物而动，然后心术形焉"。② 鲜少有人注意到《荀子》亦有"血气""知虑"的说法，更不用说发现荀子之"性""心"实与戴震之"血气""心知"有一对应之关系。

荀子的"性"主情、欲为言，戴震之"血气"亦表现为情、欲，二者的内容十分一致。李哲贤说道："荀子所言性之内容，实含自然

---

① （清）戴震：《孟子字义疏证卷下》，载《孟子字义疏证》，何文光整理，中华书局1982年版，第40—41页。
② （清）孙希旦：《礼记集解》下，中华书局1989年版，第998页。

情欲、自然本能及能思之心也。"① 东方朔以为："荀子言性散见于各篇，内容繁杂，但其性概念大致包含了人的本能、欲望和情性等几个方面。"② 陈礼彰分析出"荀子赋予性字的义涵共有四个面向：一是就人的感官知觉而说性，……二是从人的生理本能而说性，……三是就人的心理欲求而说性，……四是就人的情绪反应而说性，……"③。学者对于荀子所言之性的内容分析颇多，或粗或细，但总感觉尚不如用荀子以下一语概之精核而妥当。荀子言道：

> 性者，天之就也；情者，性之质也；欲者，情之应也。④

徐复观于此言道："性、情、欲，是一个东西的三个名称。而荀子论性的特色正在于以欲为性"。⑤ 戴震以欲、情出于血气，荀子以情、欲出于性；前文已经指出戴震的血气概念实际包含耳目鼻口的知觉作用，而荀子也以人的感官知觉为性之内容，二者的相同毋庸繁言而可见矣。

于此"性"的理解之外，荀子又有"心"的概念，亦与戴震的"心知"相当。荀子言曰：

> 天职既立，天功既成，形具而神生，好恶喜怒哀乐臧焉，夫是之谓天情。耳目鼻口形能各有接而不相能也，夫是之谓天官。心居中虚，以治五官，夫是之谓天君。⑥

---

① 李哲贤：《荀子之核心思想：礼义之统及其现代意义》，文津出版社1994年版，第68页。

② 东方朔：《合理性之寻求：荀子思想论集》，"国立"台湾大学出版社2011年版，，第144页。

③ 陈礼彰：《荀子人性论及其实践研究》，花木兰文化出版社2011年版，第61—63页。

④ 《荀子·正名》。

⑤ 徐复观：《中国人性论史·先秦篇》，载《徐复观文集》第3卷，李维武编，湖北人民出版社2004年版，第213页。

⑥ 《荀子·天论》。

所谓天情、天官和天君，都是在"形具而神生"的意义上而有的，都是人之形质所具有的一种神妙的功能；又人之赋形乃是天职、天功的表现和成果，那么天情、天官、天君归结起来亦是天职、天功的结果。荀子特别强调天君——心对于天官——耳目口鼻身的主宰统治功能。在《解蔽》篇中，荀子进一步从形、神的关系之中说明心的这种突出特征和地位。其言道：

> 心者，形之君也，而神明之主也，出令而无所受令。自禁也，自使也，自夺也，自取也，自行也，自止也。故口可劫而使墨云，形可劫而使诎申，心不可劫而使易意，是之则受，非之则辞。故曰：心容，其择也无禁，必自现，其物也杂博，其情之至也不贰。①

在荀子"性伪相分""天人相分"的架构之下，"性"主情、欲，其呈现属于"天"；而"心"主志意、思虑，其发用属于"人"。情、欲之自然发用需要心之自觉节制，否则即易产生人际争夺，导致偏险悖乱而流为恶，所以需要"化性起伪""以心治性"②。

到了戴震这里，荀子的"性""心"分言变成了合"血气""心知"为一本的人性概念。戴震以血气言性之欲，又以心知言性之觉，以为必如此才为"性之全体"③。戴震强调血气、心知合为一本，不可分割。其言曰：

> 人之精爽能进于神明，岂求诸气禀之外哉！④
> 就人言之，有血气，则有心知。⑤

---

① 《荀子·解蔽》。
② 牟宗三语，学者多依其言以解说荀子思想。
③ （清）戴震：《孟子字义疏证卷中》，载《孟子字义疏证》，何文光整理，中华书局1982 年版，第 32 页。
④ （清）戴震：《孟子字义疏证卷上》，载《孟子字义疏证》，何文光整理，中华书局1982 年版，第 6 页。
⑤ 同上书，第 18 页。

> 天下惟一本，无所外。有血气，则有心知；有心知，则学以
> 进于神明，一本然也……苟岐而二之，未有不外其一者。①
> 凡血气之属，皆有精爽。②

心知之作用随着血气而具，并无独立存在的地位，可以说心知不过是血气之属的一种精爽作用而已。而且戴震敏锐地指出，若无血气的情、欲之感，心知之节制、导引作用实亦无从发挥。他认为：

> 所谓恻隐、所谓仁者，非心知之外别"如有物焉藏于心"
> 也，己知怀生而畏死，故怵惕于孺子之危，恻隐于孺子之死，使
> 无怀生畏死之心，又焉有怵惕恻隐之心？推之羞恶、辞让、是非
> 亦然。使饮食男女与夫感于物而动者脱然无之，以归于静，归于
> 一，又焉有羞恶，有辞让，有是非？此可以明仁义礼智非他，不
> 过怀生畏死，饮食男女，与夫感于物而动者之皆不可脱然无之，
> 以归于静，归于一，而恃人之心知异于禽兽，能不惑乎所行，即
> 为懿德耳。③

戴震借用孟子的四端之心为说，以为若无主体自身的情、欲之感，必不可能有感通他人的恻隐之心，推之羞恶、辞让、是非之心皆是如此，因为前者乃是后者的基础。反之，视自己的情欲之感、以生以养之事为可以脱然无之，亦将对他人的情、欲之需漠然视之。所以戴震又言：

> 欲遂其生，亦遂人之生，仁也；欲遂其生，至于戕人之生而
> 不顾者，不仁也。不仁，实始于欲遂其生之心；使其无此欲，必

---

① （清）戴震：《孟子字义疏证卷上》，载《孟子字义疏证》，何文光整理，中华书局1982年版，第19页。
② （清）戴震：《孟子字义疏证卷中》，载《孟子字义疏证》，何文光整理，中华书局1982年版，第30页。
③ 同上书，第29页。

无不仁矣。然使其无此欲，则于天下之人，生道穷促，亦将漠然视之。已不必遂其生，而遂人之生，无是情也。①

怀生畏死的情欲之感对于恻隐、羞恶、辞让、是非之心之发显的必不可少，也即是情、欲之感对于心知作用发显的必不可少。戴震将恻隐、羞恶、辞让、是非统统纳入心知的作用范畴，其言："人之心知，于人伦日用，随在而知恻隐，知羞恶，知恭敬辞让，知是非，端绪可举，此之谓性善。"② 而心知所有这些作用的发挥绝离不开情欲之感。戴震所谓的心知实已具有了远较单纯认知更为广泛的内容。

戴震此处的理解，虽是以诠释孟子理论的形式而提出，但是我们若将其视为对于荀子"以心治性"之说的改造和完善，亦无不可，甚至更为恰当。戴震所谓的知恻隐、羞恶、辞让、是非之心知绝非是孟子意义上之良知、本心，而实与荀子的"心之所可"更为一致。戴震表达过与荀子十分一致的见解，其言曰："耳目鼻口之官，臣道也；心之官，君道也。臣效其能而君正其可否。理义非他，可否之而当，是谓理义。"③ 这种论断与荀子关于心为天君的理解完全相同。可见，戴震所谓由己之情、欲之感而有的知恻隐、羞恶、辞让、是非，亦只能理解为"可否之而当"意义上的"理义"了，这也是近于荀子的理解的。犹为值得指出的是，戴震关于心知作用之发挥离不开情、欲之感的理解，可以对于荀子"以心治性"所存在的否定"意志无力"的理论困难，给予一种新的可以说得通的解决。

荀子分言"性"与"心"。"性"乃先天本具之情、欲，"心"乃后天发用之思虑、志意；前者不可恃，后者应须为。荀子由前者以显后者之必要，故而特别强调"性伪之分"，也即强调性、心之分，进而重视心之可道、守道对于性之情、欲的单向主宰和导引（以心治

①　（清）戴震：《孟子字义疏证卷上》，载《孟子字义疏证》，何文光整理，中华书局1982 年版，第 8 页。

②　（清）戴震：《孟子字义疏证卷中》，载《孟子字义疏证》，何文光整理，中华书局1982 年版，第 29 页。

③　（清）戴震：《孟子字义疏证卷上》，载《孟子字义疏证》，何文光整理，中华书局1982 年版，第 7 页。

性），但却由于情、欲成为负面的对治对象，使得荀子未能充分重视其对心知之发用的正面积极作用。荀子只能片面强调"心之所可"来实现对于情、欲的节制。其言：

> 欲不待可得，求者从所可。欲不待可得，所受乎天也，求者从所可，受乎心也。……故欲过之而动不及者，心止之也。……欲不及而动过之，心使之也。①

心对于欲的节制，其所依据的是理和道，进一步则理、道具体化和寄托于礼。但是心对于礼义的知晓何以返回自身即能节欲以行道？荀子言曰："凡人莫不从其所可而去其所不可。知道之莫之若也，而不从道者，无之有也。"②倪德卫由此以为，在荀子这里"意志无力的可能性已被明确地否定"③。但是我们的道德经验却告诉我们，我们经常心能"可道"却身不能"行道"，并且在许多情况下往往只是由于一点点微不足道的个人欲望所致。荀子为了自己的理论能够周全，对于人之心知作用显然承诺了不太符合实际的过强理解。所以关于荀子"心之所可"对于性之情、欲的节制，我们必须寻求新的更加完善的解释，既能说明"心"对于"性"的一定的制约作用，又与我们对于"意志无力"存在的道德经验相符。戴震以为"心知"对于"情欲"的节制、导引作用的发挥离不开本身的情、欲之感，所谓"心知"对于"情、欲"的节制，实质是一个"以情絜情"的过程，不过是我们感通到的他人之情、欲对于我之情、欲的限制而已。这样，心知对于血气（情、欲）的节制作用，实际上是一个"欲以欲寡"④的过程。荀子"以心治性"过程若亦能如此理解，那么"心"对于"性"的节制作用就比较好理解了，而且偶有节制失

---

① 《荀子·正名》。
② 同上。
③ ［美］倪德卫：《儒家之道：中国哲学之探讨》，［美］万白安编，周炽成译，江苏人民出版社2006年版，第106页。
④ 参见本书第三章第一节论述焦循的内容。

败的"意志无力"的情况发生，理论上亦可允许了。

总之，戴震"血气""心知"既区别又相互联系的人性理解，与荀子"性""心"分言的心性论说，存在着内容上的一致和对应的关系；但是在对"血气""心知"之关系阐述上，戴震既见及"心知"对于"血气"之节制、导引作用，又见及"血气"为"心知"发用之基础，较之荀子的"以心治性"偏于强调心之道德理性的单向主导作用更为周全。荀子之心作为思虑和志意的作用，不能自作血气之主宰，必外寻礼义以为依据，所以荀子的"以心治性"其实是通过心对于礼义的认知来实现的，虽然荀子理解的礼义亦得依据人与人之情、欲的协调来制定。戴震的"心知"对于"血气"的范导则不必远寻之礼义，而于具体行为关系中通过"以情絜情"功夫直接寻得人我情、欲实现之协调即可，虽然戴震亦不废礼义之作用。实际上，"以情絜情"已经成了礼义之道的新的衡量和制定准则了。

二 性善之证成：戴震的性善论与荀子潜藏的性善观

戴震合血气、心知为一本而言性善。其性善的主张虽是通过疏解孟子的性善论而表达出来的，而其证成性善的具体理路实已不同于孟子，而接近于荀子。我们知道荀子主张性恶，何以戴震的性善理解反而近于荀子呢？首先需要疏通的就是荀子对于心、性善恶的理解。

荀子区别"性"与"心"，从"性"其"性"就情、欲而言，容易流于放纵，故而主张"性恶"。一些学者注意到荀子的人性论具有更为复杂的面向，认为若是将其"心"之作用纳入进来，通观以"性""心"来考察的人之整体，在荀子那里实则潜藏着一种人性善的理解。

徐复观注意到，"荀子对性的内容的规定，如前所说，有官能的欲望，与官能的能力两方面；而他的性恶主张，只是从官能欲望这一方面立论，并未涉及官能的能力那一方面"。[①] 就着官能的能力，实

---

① 徐复观：《中国人性论史·先秦篇》，载《徐复观文集》第三卷，李维武编，湖北人民出版社2002年版，第217页。

可引出荀子思想中潜藏的一种性善观点。荀子言：

> 涂之人也，皆有可以知仁义法正之质，皆有可以能仁义法正之具。①

徐复观以为"前者指的是心，后者指的是耳目等官能的能力、作用"。②"知"是"心"之作用，而作为官能能力来理解的"心"，依照荀子"生之所以然"的定义，亦得谓之为"性"。荀子本人即言："凡以知，人之性也；可以知，物之理也。"③ 关于"能"，徐复观谓其为耳目等官能的能力，大概是指耳目等官能能够改变自己的表现方式以符合仁义法正的要求，即具有道德上的可塑性。但是二者之中，徐复观以为荀子的心知在道德实践上的地位和作用更为关键，"'能'依然要靠心知的判断，所以心，在他是由恶向善的通路"④。依据徐复观的诠释，荀子实已从心的认知作用及其对于官能欲望的选择、塑造能力方面肯定了人性为善的可能性。

刘又铭则更为鲜明地主张："从'蕴谓'的层次来看（这点是必须再一次强调的），荀子的'性'，就其表现或作用的内涵来说，可以扩大地包括'情——欲'与'心知'两个方面。"⑤ 接着他就从此两个方面论述荀子的"性善观"的体现。刘又铭认为，人性"其中'情——欲'部分一般处在混沌的不见有善的状态，如果没有'心知'进一步活动的介入，便将逐渐走向混乱失序（这正是荀子在'意谓'层主张性恶的原因）；可是就在这个'情——欲'的混沌状态里面，其实已经蕴藏着一个可以使种种欲望、情感的冲突达到'本

① 《荀子·性恶》。
② 徐复观：《中国人性论史·先秦篇》，载《徐复观文集》第三卷，李维武编，湖北人民出版社 2002 年版，第 218 页。
③ 《荀子·解蔽》。
④ 徐复观：《中国人性论史·先秦篇》，载《徐复观文集》第三卷，李维武编，湖北人民出版社 2002 年版，第 218 页。
⑤ 刘又铭：《从"蕴谓"论荀子哲学潜在的性善观》，载"国立"政治大学学院编《孔学与21世纪国际学术研讨会论文集》，2011 年。

末终始莫不顺比'的潜在的礼义秩序，这个潜在的礼义秩序跟'情——欲'的混沌状态是兼容相涵的关系，而不是紧张相斥的关系。这里，这个内在地潜存于人的'欲'与'情'当中的'礼义秩序'便是荀子性善观的基本面"。① 这是从人之情、欲内涵一定的律则和秩序来讲人性善。刘又铭又对荀子的"心知"做了新的理解，他不同意牟宗三等人将其断为"逻辑思辨"和"知性层的认识心"，认为"就'心知'来说，除了一般的认知、思虑的功能外，它还具备了一种（跟孟子不一样的型态的）非通透性的'依他型'道德直觉或者说道德良知。只不过这个'依他型'的道德良知不能（也许更应该说是不愿意）直接地、通透地对'情——欲'的部分发出道德律令。事实上它跟一般的认知、思虑作用以及'情——欲'的部分都是相依相涵的辩证关系。它必须依赖认知、思虑的操作性配合，在后者的帮助以及它自己的直觉认知下，才能找出足以调节、安顿情感和欲望的内在准则——也就是潜存在情感和欲望之内的'礼义之道'，然后进一步做出意志的抉择和遵行。这里，这个蕴含在整体的'心知'当中，而跟心的认知功能相依相涵地综合为一的'依他型'道德良知可说就是荀子性善观的积极面"②。这是认为，荀子之"心知"同样具有道德价值意识。经此两方面的判定，刘又铭主张"在荀子的'蕴谓'层次里面确实包含着一个性善观——一个荀子所不曾意识到却又是十足荀学性格（而非孟子型态）的性善观"③。

综合前人的以上认识，荀子关于人性善恶的理解，我们也许可以把握如下：在以官能之情、欲理解的狭义的"性"概念上，可谓荀子主张"性恶"；而在"心"与"性"合观而论的广义人性理解上，荀子实则主张一种"性善"的观点——肯定人具有道德上为善的可能性并落实在心知的认识和择取功能对于人之情、欲的塑造作用（化性起伪）上面来证成。

---

① 刘又铭：《从"蕴谓"论荀子哲学潜在的性善观》，载"国立"政治大学文学院编《孔学与 21 世纪国际学术研讨会论文集》，2011 年。

② 同上。

③ 同上。

戴震以血气、心知来理解人性之内容，其中的血气的方面表现为情、欲，大致同于荀子的"性"；其心知的面向，大致同于荀子的"心"。戴震虽然肯定人之情、欲须加合理节制，同于荀子，但其并不就着人之情、欲而言人之血气之性为恶，这是戴震不同于荀子的地方。其背后的原因至少可以从以下几个层面来认识。一是，戴震认为血气、心知不过是在身的阴阳之气的表现，强调二者的相互依赖、不可分离，故不肯单独抽离血气而言其善恶。二是，荀子倡言"性恶"，在于强调道德修养、道德教化的必要性，自有荀子其时的理论和实践上的针对性；而在戴震，他所要处理的主要问题是和宋明理学争论对于道德修养、道德教化的性质和途径的不同理解，圣王、礼义之必要性的问题在戴震的时代里无论是在理论上或实践上都已不再成为需要处理的问题了。三是，由于肯定人之情、欲具有其自身内在的分理作为节度，且情、欲之感对于"以情絜情"而获得的理义之悦实具有不可或缺的奠基作用，戴震对于情、欲在道德上的意义比荀子抱有更为正面的看法。戴震具有更加明确的对于天地、人物、事为内在理则的肯定理解，这种理则就其具有标示不同种类事物之差别性的意义而被称为分理，但是它还具有标示类内事物统一性的意义，因此又有"条理"的意义。戴震在《孟子字义疏证》中起首即言："理者，察之而几微必区以别之名也，是故谓之分理；……得其分则有条而不紊，谓之条理。"[1]"条理"即具有秩序的意义，肯定每一事物的各自不同的"分理"亦即"条理"，实即肯定不同性质的各类事物在共同的世界之中自然具有一种和谐秩序而共在。吴根友由此指出戴震具有一种前定和谐论的理论前提[2]。在此整体和谐的世界之中，每一事物遵循自己类的规定性而存在和活动即自然地表现为彼此之间一定的秩序性。落实到人伦领域可以理解为，每个人遵循自身情、欲的内在分理而行动，即能自然符合社会秩序的要求，从而这种情、欲的分

---

① （清）戴震：《孟子字义疏证卷上》，载《孟子字义疏证》，何文光整理，中华书局1982 年版，第 1 页。

② 吴根友：《分理与自由——戴震伦理学片论》，《明清哲学与中国现代哲学诸问题》，中华书局2008 年版，第 110 页。

理具有了一种道德上的正面意义。此即戴震所喜引用的"天生烝民，有物有则；民之秉彝，好是懿德"。

戴震没有单以血气论人性之恶，此其不同于荀子；但在合血气心知为一本的性之全体上面，戴震的性善学说颇同于荀子以"性""心"合观的广义人性理解上面的性善主张。戴震疏解孟子的性善主张，皆从人之知觉的作用来证成之。其言曰：

> 人则能扩充其知至于神明，仁义礼智无不全也。仁义礼智非他，心之明之所止也，知之极其量也。知觉运动者，人物之生；知觉运动之所以异者，人物之殊其性。孟子曰："心之所同然者，谓理也，义也；圣人先得我心之所同然耳。"于义外之说必致其辨，言理义之为性，非言性之为理。性者，血气心知本乎阴阳五行，人物莫不区以别焉是也，而理义者，人之心知，有思则通，能不惑乎所行也。"孟子道性善，言必称尧舜"，……人之心知，于人伦日用，随在而知恻隐，知羞恶，知恭敬辞让，知是非，端绪可举，此之谓性善……孟子言"人无有不善"，以人之心知异于禽兽，能不惑乎所行为善。①

孟子言性善，以人之异于禽兽的四端之心为表现，以理义之性为其基础。戴震则尽归于心知之作用，以为乃人之知觉大远于物的体现和结果。其言曰：

> 专言乎血气之伦，不独气类各殊，而知觉亦殊，人以有礼义异于禽兽，实人之知觉大远乎物则然，此孟子所谓"性善"。②

可见戴震用以证成性善的人之心知，实不同于孟子所谓的道德本心、良知良能。所以戴震能够主张"其所谓善也，初非无等差之善，

---

① （清）戴震：《孟子字义疏证卷中》，载《孟子字义疏证》，何文光整理，中华书局1982年版，第28—29页。

② 同上书，第35页。

即孔子所云'相近'"。① 性善可分等差，正以性善以知觉言；若以本心言，则不可言等差。人之心知能通理义，从而能不惑于所行，也即心知具有认知理义和遵循理义而行的功能，此与荀子"心"之功能完全相同。荀子因肯定此心知的作用而蕴含一种"性善"理解，戴震则明确以此心知来证成性善。其言：

> 孟子之所谓性，即口之于味、目之于色、耳之于声、鼻之于臭、四肢于安佚之为性；所谓人无有不善，即能知其限而不踰之为善，即血气心知能底于无失之为善；所谓仁义礼智，即以名其血气心知，所谓原于天地之化者之能协于天地之德也。②

此处"知其限"即荀子所谓"心"之"知道"，"知其限而不踰"即荀子所谓"心"之"可道""守道"。戴震以"心知"能于"血气"之表现——官能的情、欲追求上面"知其限而不踰"即为"性善"，这与荀子心能"知道""可道"而"守道"理解隐含的性善主张基本一致。

戴震由此性善理解出发，对于荀子的心性论亦有所肯定；但又终于囿于荀子"性恶"之语，批评荀子论"性""不知性之全体"。其言曰：

> 荀子非不知人之可以为圣人也，其言性恶也，曰："涂之人可以为禹。""涂之人者，皆内可以知父子之义，外可以知君臣之正。""其可以知之质，可以能之具，在涂之人，其可以为禹明矣。""使涂之人伏术为学，专心一志，思索熟察，加日县久，积善而不息，则通于神明，参于天地矣。故圣人者，人之所积而致（也）【矣】。""圣可积而致，然而皆不可积，何也？""可以而不可使也。""涂之人可以为禹则然，涂之人能为禹，未必然也；

---

① （清）戴震：《孟子字义疏证卷中》，载《孟子字义疏证》，何文光整理，中华书局1982 年版，第 35 页。

② 同上书，第 38 页。

虽不能为禹，无害可以为禹。"此于性善之说不惟不相悖，而且若相发明。终断之曰："足可以徧行天下，然而未尝有能徧行天下者也。""能不能之与可不可，其不（可）同远矣。"盖荀子之见归重于学而不知性之全体。①

这里戴震对于荀子的人性理解，表达了两层意思：一是肯定荀子从心之知、能方面对于人之可以为禹的确认，认为这实质是一种性善论的主张；一是批评荀子在现实性上对于人能为圣人的否认。前者容易明白，在这点上，戴震对于荀子的理解没有问题，戴震也是同意荀子的观点的。关于后者，则犹须加以说明。《荀子·性恶》言曰："圣可积而致，然而皆不可积。"这句话表面看来矛盾，实则可通。"圣人"在荀子那里是一个标示道德修养的终极理想的符号，荀子必须肯定这个目标是可以达到的，这是从可能性上的肯定；但是荀子又不愿让人以为，"圣人"的终极目标意味着道德修养的功夫是十分容易的和存在可以终止的时候，他强调成为圣人的道德修养应该是个无限的积累过程，完成态的圣人是不可能有的，这是就现实性上讲，由此才有了上面看似矛盾的话语。荀子这样的理解本无问题，但是问题就出现在荀子此处所言是一般的"圣人"，下文所言则是具体的"禹"。其言："涂之人可以为禹，则然；涂之人能为禹，则未必然也。"禹被认为是个现实存在过的圣人，人不能皆为禹，但毕竟还是有人（禹本人）成为了禹。成为圣人的修养功夫应该是永无止境的，现实中不存在完成态的圣人；但是成为禹的修养功夫却不是永无止境的，因为历史上的确存在一个已经成为完成态的禹。以一般的"圣人"与以具体的"禹"来说人之为善的可能性与现实性这个问题，情况有些不同，不可将后者看做是对于前者的例证。荀子的"足可以徧行天下，然而未尝有徧行天下者也"②的譬喻可以用来说明就"圣人"而言的"圣可积而致，然而皆不可积"；但是不能用来说明就

---

① （清）戴震：《孟子字义疏证卷中》，载《孟子字义疏证》，何文光整理，中华书局1982年版，第31—32页。

② 《荀子·性恶》。

"禹"而言的"涂之人可以为禹，则然；涂之人能为禹，则未必然也"。"未尝有"与"未必然"明显是不一样的。以"成圣""为禹"来讲人之道德上"为善"的可能性与现实性，实具有不同的涵义，不可一概同之。就一般的"为善"而言，只能以"为禹"来例之，而不能以"足行天下"来譬之。因为荀子"足可以徧行天下，然而未尝有能徧行天下者也"显然不能理解为"人可以为善，然而未尝有能为善者"。如果细辨荀子两种话语的区别，荀子的论述并不存在什么问题。戴震赞许荀子对于人之为善的可能性的肯定，但却反对荀子在现实性意义上对于人之皆能为善的否定，应该是二人对于现实性与可能性本身的具体理解不同所致。

荀子论"为善"的可能性与现实性分别从先天和后天来讲，以为先天之"可"不必然意味着后天之"能"；戴震则认为在"为善"上面肯定人性之"可"即蕴含着肯定人性之"能"，均从先天本性上讲。戴震诠释的"可"大概从"血气"上面理解，而其所言的"能"大致从"心知"上面体现。血气表现为情、欲，而道德上的善即存在情、欲的一定理想状态之中，所以血气是道德上的善得以可能的基础；而心知则能知晓并择取情、欲的合适表现方式，使得情、欲的一定理想状态能够现实地实现出来。"血气""心知"均为人性之先天要素，相互依恃而有，分别就其而论的人性之为善的可能性与现实性亦必须一致地给予普遍肯定。戴震肯定的人性为善之"能"，实际上相当于荀子在人人皆具的心之"知"、"能"的能力上面所肯定的人性为善之"可"。而荀子所言人性为善之"能"则落在心之知、"能"的发用上面理解。荀子此一从后天的作为上面说的心之知、"能"，已不属于天生本性意义上的人性的要素了，而是后天工夫的事情。不是强调其能力的必然本具，而是重在其后天的可能发用，人性"能为善"在现实性上之不可为必亦不言而喻了。

荀子把道德行为之现实性实现的保障，放在人之后天的选择和作为上面，所以人之为善的现实性不是必然的。这其实是一种十分理性和成熟的态度，戴震当不会非之。戴震所不满者仅仅在于，荀子没有明确将心知这一人人必然本具的能力纳入其人性概念之中，以此作为道德实践之可能性的人性之必然性的基础保证。所以戴震讲荀子论"性""不知性之全体","举其小而遗其大"①,"遗理义而以为恶"②。心知从荀子重视的后天工夫义转为戴震所强调的先天能力义,进而纳入戴震的人性概念之中,人之为善的可能性就成为必然的了。人之为善的可能性既然是一种必然意义上的可能性,戴震也就倡言性善了。

综上所论,在性善的证成方面,戴震的思想亦是与荀子潜藏的性善观一脉相承。当然,戴震的理解和表达较之荀子更为周延和明确了,侧重亦有所转移。这主要表现在荀子以心知来论证的人之为善的可能性,在心知能力为人人所本具的意义上,它的必然性被戴震加以强调和发展了,戴震由此将心知亦纳入人性概念之中而主张性善。

第三节　礼义与功夫：戴震对于荀子
道德论的批评与吸收

关于戴震思想中"性与天道"的方面与荀子思想的关联如上所述,在"人道本于性,性原于天道"的逻辑认知顺序之下,本节可以处理戴震对于人道的认识了,而这主要表现为对于礼义的性质及如何实现礼义之途径、要求的理解。本节写作的顺序依然是先述戴震本人相关思想,再谈其和荀子思想之关联及其意义。

一　礼义观："归于必然适完其自然"与"养人之欲,给人之求"

荀子多言"礼义",戴震于此之外又言"理义"。无论"礼义"或"理义",都主要是对于伦理、政治规范的表达。对于二人思想在此规范性之理解上面的关系,学者的意见颇不一致。

章太炎曾谓:"以欲当为理,莫察乎孙卿。孙卿为《正名》一篇,其言曰:'凡语治而待去欲者,无以道欲,而困于有欲也。……'极

---

① （清）戴震：《孟子字义疏证卷中》,载《孟子字义疏证》,何文光整理,中华书局1982年版,第33页。

② 同上。

震所议,与孙卿若合符。"① 钱穆亦言:"东原谓理者就人之情欲求之,使之纤悉无憾之谓理,正合荀卿'进近尽,退节求'之旨。"② 章、钱二人均认为,在主张欲不可绝、欲当即为理上,戴震与荀子的理解是一致的。

不过在进一步涉及对于欲望之节度原理的性质和来源的理解问题时,一些学者认为戴震思想和荀子存在不容忽视的差别。冯友兰以为:"东原与荀子不同者,荀子之宇宙论中,无客观的理。礼义道德皆人伪以为人之生活工具者。东原则以为有客观的理,礼义道德皆此客观的理之实现。"③ 马积高亦指出:"荀子特重礼。戴氏亦曰:'一阴一阳,盖言天地之化不已也,道也。一阴一阳,其生生乎,其生生而条理乎。……条理之秩然,礼至著也;条理之截然,义至著也。'(《原善》)'礼者,天地之条理也'(《孟子字义疏证》)。""这与荀子在《礼论》中所言,礼之意是'养人之欲,给人之求',其要在制'度量分界',其大旨是相同的,只是荀子纯从人为言,戴氏则推本于天罢了。"④ 冯、马意见大体一致,均以为荀子的礼义作为欲望的节度原理全在人文理性的发明,而戴震则为理义寻求存在论的客观依据。美国汉学家倪德卫的意见与此则稍有不同。他将戴震与荀子都理解为一种结构论的自然主义。在这种思想体系看来:"天只是存在,它没有像对人类有目的那样的东西,而人是世界的因果过程之自然的产物。但是,人类被如此地构造和如此地处于一种与其他的东西和动物的关系之中,以致于人有多种(外在经济的或内在心理的,或者两者的)需要,这些需要只能通过社会——道德秩序来满足,而人类使这些秩序逐渐形成或者创造了它们(如果是后者,人类接受他们创造的规则,不仅作为精明的劝告,而且作为道德义务)。"⑤ 倪德卫所使

---

① 章炳麟:《释戴》,载《章太炎全集》第 4 册,上海人民出版社 1985 年版,第 123—124 页。

② 钱穆:《中国近三百年学术史》上,商务印书馆 1997 年版,第 394 页。

③ 冯友兰:《中国哲学史》,中华书局 1961 年版,第 1007 页。

④ 马积高:《荀学源流》,上海古籍出版社 2000 年版,第 307 页。

⑤ [美] 倪德卫:《两类"自然主义":戴震与章学诚》,载《儒家之道:中国哲学之探讨》,[美] 万白安编,周炽成译,江苏人民出版社 2006 年版,第 328 页。

用的话语与我们中文学界使用的话语有所不同，但其所谓"结构论的自然主义"的意涵是明确的，它主张社会道德秩序是人们创造出来的为生活所必需的工具系统，但是人们可以而且应当将其接受为目的本身。倪德卫讲"荀子为'采纳'一种道义论的道德主张而提供一种结果主义的论辩"①，"基本上属于结构论的自然主义"②。倪德卫认为，在这上面荀子的观点经过有趣的发展以后，也成为了戴震的观点。冯友兰、马积高认为戴震与荀子不同，在戴震那里存在客观的价值和规范，而在荀子那里价值和规范则纯属人伪的建构；倪德卫则肯定，在荀子和戴震那里，道德的价值和规范，都是人为建构的工具，客观的宇宙世界并不具有道德的性质。冯友兰、马积高强调戴震与荀子的不同，虽然的确有见于二人对于道德规范之客观依据的强调程度和具体理解的不同，但对此差异过于夸大而未能见其基本理路上的一致。倪德卫虽然亦注意到，在荀子那里仍然残留一些因素，让人以为他的宇宙"不仅是美的而且是在道德上善的，即使荀子的'天'不是能关心人类的神圣的存在"③，但是其终于肯定荀子"基本上属于结构论的自然主义"，放过了对于这些内容的质疑和追问。在对于戴震的诠释上面，倪德卫更是完全无视其利用道、理、自然、必然等概念对于理义从存在论的角度给予的大量说明和论证，对于戴震的礼义（理义）仅从人伦的恕道来理解，其不足更是显然易见。笔者以为，在戴震和荀子的理解中，作为伦理、政治规范的礼义或理义，都既是人文理性创制的工具性法则，又具有客观世界的存在论依据。

戴震以为，道德的终极目标不过人人皆能达情遂欲而已。其言曰：

> 惟有欲有情而又有知，然后欲得遂也，情得达也。天下之事，使欲之得遂，情之得达，斯已矣。惟人之知，小之能尽美丑

---

① ［美］倪德卫：《荀子论人性》，载《儒家之道：中国哲学之探讨》，［美］万白安编，周炽成译，江苏人民出版社2006年版，第256页。

② ［美］倪德卫：《两类"自然主义"：戴震与章学诚》，载《儒家之道：中国哲学之探讨》，［美］万白安编，周炽成译，江苏人民出版社2006年版，第330页。

③ 同上书，第331页。

之极致，大之能尽是非之极致。然后遂己之欲者，广之能遂人之欲；达己之情者，广之能达人之情。道德之盛，使人之欲无不遂，人之情无不达，斯已矣。①

如何才能使得"人之欲无不遂，人之情无不达"，这就需要道德理义对于各人遂欲达情活动的调节和导引作用。具体来说，即是要反对个体遂欲达情活动中"遂己之好恶，忘人之好恶，往往贼人以逞欲"的自我中心化的倾向，向行为的主体提出"以情絜情"的要求，以求得人伦领域的分理。戴震言曰：

> 理也者，情之不爽失也；未有情不得而理得者也。凡有所施于人，反躬而静思之："人以此施于我，能受之乎？"凡有所责于人，反躬而静思之："人以此责于我，能尽之乎？"以我絜之人，则理明。天理云者，言乎自然之分理也；自然之分理，以我之情絜人之情，而无不得其平是也。②

这种"以情絜情"的要求始于对于个人的情感、欲望的正当性的自我反思、追问。在"有所施于人""有所责于人""遂己之好恶"的时候，我们应该"反躬而静思"，向自己提出"人以此施于我，能受之乎""人以此责于我，能尽之乎"的问题。"以情絜情"迄于情得其平即为"理明"——人我之间的情感、欲望的平衡和协调也就是双方各自行为的正当性边界、范围所在。由此可见，"以情絜情"就是道德主体的一个思想检验程序，个人之情感、欲望在其中经过调整达到一种与他人之情感、欲望相和谐的状态，由此个人从中获得关于自己情感、欲望正当性之边界、范围的认识。③ 总之，"以情絜情"

---

① （清）戴震：《孟子字义疏证卷下》，载《孟子字义疏证》，何文光整理，中华书局1982年版，第41页。

② （清）戴震：《孟子字义疏证卷上》，载《孟子字义疏证》，何文光整理，中华书局1982年版，第2页。

③ 参见邓国宏《戴震"以情絜情"说辨析》，《安徽大学学报》（哲学社会科学版）2012年第5期。

既是一种寻求人伦分理的方法，也是一种人伦分理的标准，可以保障人们彼此达情遂欲的活动不致相互冲突和妨害，最终更好地实现各自追求情、欲实现的目标。

戴震还进一步从"自然"和"必然"之间的辩证统一关系来说明，通过"以情絜情"得出的"理义"与"情欲"的一致关系。其言道：

> 欲者，血气之自然；其好是懿德也，心知之自然，此孟子所以言性善。心知之自然，未有不悦理义者，未能尽得理合义耳。由血气之自然，而审察之以知其必然，是之谓理义；自然之与必然，非二事也。就其自然，明之尽而无几微之失焉，是其必然也。如是而后无憾，如是而后安，是乃自然之极则。若任其自然而流于失，转丧其自然，而非自然也；故归于必然，适完其自然。①

理义是心知求得血气之"自然"中的"必然"，理义之"必然"表面上对于血气之"自然"是一种约制，但是实际上是对其更好的一种保护和实现，所谓"归于必然，适完其自然"，否则"任其自然而流于失，转丧其自然，而非自然也"。

综上所论，在戴震看来，为了更好地实现每个人的情感、欲望的满足，必须对于情感、欲望的追求活动中人与人之间的的关系进行协调，理义就是社群为了追求其所有成员的遂欲达情而发展和建构出来的对于个体之情、欲进行节制从而实现人际协调的一种规范体系。而且理义的终极目的在于促进和保护每个人的情感、欲望的更好实现，与人之情、欲是统一的，而不是外在对立的。

回过头来再看荀子，我们发现在其关于礼义的论述中存在着与戴震上述理解颇为相应的一些主张。荀子论礼同样着眼于人之情、欲的

---

① （清）戴震：《孟子字义疏证卷上》，载《孟子字义疏证》，何文光整理，中华书局1982年版，第18—19页。

满足，所谓"养人之欲，给人之求"。其言：

> 礼起于何也？曰：人生而有欲，欲而不得，则不能无求。求而无度量分界，则不能不争；争则乱，乱则穷。先王恶其乱也，故制礼义以分之，以养人之欲，给人之求。使欲必不穷乎物，物必不屈于欲。两者相持而长，是礼之所起也。①

人们在追求各自情、欲满足的活动中，必须维持彼此之间一定的和平秩序，否则只会相互妨害，最终导致大家的情、欲满足都得不到实现。礼义的产生就在于通过规定人们各自情、欲满足的一定的度量分界，提供维持人群秩序的规范，以达到保护每个人的情、欲的需求都能得到一定实现的目标。这是荀子对于礼义之起源和依据的论述。

在这样的起源理解之下，荀子之礼义的性质归结到"养"和"别"二字上面。其言：

> 刍豢稻粱，五味调香，所以养口也；椒兰芬苾，所以养鼻也；雕琢刻镂，黼黻文章，所以养目也；钟鼓管磬，琴瑟竽笙，所以养耳也；疏房檖貌，越席床第几筵，所以养体也。故礼者养也。君子既得其养，又好其别。曷谓别？曰：贵贱有等，长幼有差，贫富轻重皆有称者也。②

荀子的"养"并不仅仅意味着身体口腹之物质需要的满足，而是有着更为广泛的涵义，如审美的需求亦被包括在内。荀子的"别"虽然强调等差的存在，这是其"维齐非齐"思想的一个必然的要求，但是对于"相称"的强调表明其背后亦有一种正义的理解存在。

礼之目标在"养"，而其实现这一目标的手段则在"别"。"别"的手段，从个体的当下看是对于个人情、欲满足的一定限制，但是从

---

① 《荀子·礼论》。
② 同上。

社群的长远和整体存续看，却能更好地实现"养"之目标。关于"养"与"别"的这种手段和目的之间的一致关系，荀子亦有很好的说明。其言：

> 孰知夫出死要节之所以养生也！孰知夫出费用之所以养财也！孰知夫恭敬辞让之所以养安也！孰知夫礼义文理之所以养情也！①

从正面讲了之后，荀子又从反面来讲。其言：

> 人苟生之为见，若者必死；苟利之为见，若者必害；苟怠惰偷儒之为安，若者必危；苟情说之为乐，若者必灭。故人一之于礼义，则两得之矣；一之于情性，则两丧之矣。故儒者将使人两得之者也，墨者将使人两丧之者也，是儒墨之分也。②

总之，礼义文理与情性是一致的，而不是对立的。所以，建构和进入一种伦理、政治秩序之中，对于人之情、欲的满足是一种明智和必然的选择。

礼义或理义均为情感、欲望的一种必需的协调原则，都有助于人之情感、欲望的更好实现，戴震与荀子的理解甚为一致，本不应发生龃龉。不过，在戴震的文本里，我们却发现了他对于荀子"礼义"理解的严厉批评。戴震批评荀子"不得礼义之本"③"于礼义与性视若阂隔而不可通"④。其言曰：

> 荀子知礼义为圣人之教，而不知礼义亦出于性；知礼义为明

---

① 《荀子·礼论》。
② 同上。
③ （清）戴震：《孟子字义疏证卷上》，载《孟子字义疏证》，何文光整理，中华书局1982年版，第19页。
④ （清）戴震：《孟子字义疏证卷中》，载《孟子字义疏证》，何文光整理，中华书局1982年版，第32页。

于其必然，而不知必然乃自然之极则，适以完其自然也。①

戴震的话语极其简奥，他在这里表达的意思究竟是什么，又该如何评价？

倪德卫以为，戴震是在批评荀子将礼义揭示的义务与性之情、欲的需要对立起来。所以他认为，"戴误读了荀子。他认为，荀子把性与礼义对立起来，并以之作为其体系的二'本'。实际上，荀子在《礼论》和其他地方主张，称心如意的是：源于我们之'性'的欲望应当被满足，但是人们只有通过接受仪礼的约束才能满足之，这是一种由我们的理智行为（伪）的能力给予我们的见解。欲与知才是荀子思想的两个'本'，二者结合起来产生礼义。经过有趣的发展以后，这种观点成为戴自己的观点"②。若如倪德卫那样理解戴震对于荀子的批评，戴震此处确实误解了荀子。我们知道，荀子虽然没能像戴震那样提出"自然"和"必然"的概念作为自己的理论分析工具，对于礼义与人之情性的统一关系的论述不如戴震那样深切著明，但是类似"必然"与"自然"之统一的理解，在荀子那里还是明确存在的。荀子有言"人一之于礼义，则两得之矣；一之于情性，则两丧之矣"，这与戴震"任其自然而流于失，转丧其自然，而非自然也；故归于必然，适完其自然"在意思上是完全一致的。荀子同样认为，礼义实是情性实现之必然法则，就如同戴震以为理义乃遂情达欲之必然法则一样，而且这种礼义（理义）的必然都是对于情性（血气）之自然的完成和保障，而不是它的对立。依此理解，荀子所谓的礼义，就其内容方面来理解，实为来自性之情、欲实现的要求，可谓"亦出于性"。戴震于此即使就着荀子的"性"概念讲荀子"不知礼义亦出于性"，也将是一个巨大的误解。

但是本书不愿意就这样仅仅以"误解"简单打发掉戴震对于荀子

① （清）戴震：《孟子字义疏证卷中》，载《孟子字义疏证》，何文光整理，中华书局1982年版，第32页。
② ［美］倪德卫：《儒家之道：中国哲学之探讨》，［美］万白安编，周炽成译，江苏人民出版社2006年版，第332—333页。

思想的这一核心批评。戴震不是一个可以理解得太过于简单的思想家。一向思维缜密的戴震怎么会在荀子的理解上面产生如此浅薄的误解呢？何况荀子在道德行为之义务的面向上，认为礼义来源于人性之情感、欲望实现的要求，其思想主张颇为明显，本不难被发现和理解。这就不得不让人怀疑，戴震此处的批评并不针对荀子关于道德之义务面向的理解，而是另有所见，认为在荀子以"性""心"理解的人性里面，的确遗漏了某些在他看来是礼义之实践必不可少的东西。有相当的理由认为，戴震讲荀子"不知礼义亦出于性"，既是就着道德之义务面向的理解说的，也是就着道德之动机的面向来讲的①——他以为礼义的实现在荀子理解的道德主体的人性结构中，缺少动机的来源。

我们可以联系戴震在其他地方对于荀子思想的评论来理解他此处的批评意见。戴震关于荀子曾有言道：

> 荀子以礼义生于圣心，常人学然后能明于礼义，若顺其自然，则生争夺。弗学而能，乃属之性；学而后能，不得属之性，故谓性恶。而其于孟子言性善也辩之曰："性善，则去圣王，息礼义矣；性恶，则兴圣王，贵礼义矣。"此又一说也。荀子习闻当时杂乎老、庄、告子之说者废学毁礼义，而不达孟子性善之旨，以礼义为圣人教天下制其性，使不至争夺，而不知礼义之所由名。②

在荀子那里，礼义之实践必待后天之学习而知之、积伪而成之，故而不属于"弗学而能"的"性"，即不"出于性"。这是就道德实践之发生意义上讲礼义不出于"性"，属于从道德行为之动机方面理

---

① 徐向东以为伦理学的核心任务在于探究道德义务的本质及其动机基础。道德义务的说明提供我们应当依循道德而行动的理由，道德动机的说明告诉我们能够遵循道德而行动。一项完整的为道德奠定基础的工作，必须具有道德义务和道德动机两个方面的理解。参见徐向东《道德哲学与实践理性》，商务印书馆2006年版。

② （清）戴震：《孟子字义疏证卷上》，载《孟子字义疏证》，何文光整理，中华书局1982年版，第14页。

解礼义与人性的关系。在动机的方面，荀子强调礼义不在"性"之中，戴震对于荀子的把握本不为错。但是戴震从自己合血气、心知为一本而理解的人性来看，即使从动机的面向来说，人性之中亦有礼义的根源。因为戴震理解的心知不仅具有辨知理义的能力，而且具有悦慕理义的倾向。其言：

> 理义之悦心，犹味之悦口，声之悦耳，色之悦目之为性。味也、声也、色也在物，而接于我之血气；理义在事，而接于我之心知。血气心知有自具之能：口能辨味、耳能辨声、目能辨色、心能辨夫理义。味与声色，在物不在我，接于我之血气，能辨之而悦之，其悦者必其尤美者也；理义在事情之条分缕析，接于我之心知，能辨之而悦之，其悦者必其至是者也。①

戴震又将这种心对于理义的"悦"称之为"心知之自然"，以为孟子理解的性善即在于此。其言曰：

> 欲者，血气之自然；其好是懿德也，心知之自然，此孟子所以言性善。心知之自然，未有不悦理义者，未能尽得理合义耳。②

这种"心知之自然"亦被包括在戴震所谓"性之自然"之中。其言："就孟子之书观之，明理义之为性，举仁义礼智以言性者，以为亦出于性之自然，人皆弗学而能，学以扩充之耳。"③ 可见，戴震从孟子那里接受了人性天生本具悦慕理义、仁义礼智的自然倾向的预设④。

---

① （清）戴震：《孟子字义疏证卷上》，载《孟子字义疏证》，何文光整理，中华书局1982年版，第5页。

② 同上书，第18页。

③ （清）戴震：《孟子字义疏证卷中》，载《孟子字义疏证》，何文光整理，中华书局1982年版，第32页。

④ 荀子的人性理解没有这种过强的预设，所以倪德卫以为，相较于荀子，"孟子给了自己更多的预设"（参见［美］倪德卫《儒家之道：中国哲学之探讨》，［美］万白安编，周炽成译，江苏人民出版社2006年版，第331页）。

他以此作为理义实践之动机来源。有了这一理解，戴震不仅可以像荀子一样，在义务的面向，主张理义出于人性；而且可以超出荀子，在动机方面同样主张理义出于人性，这是戴震思想吸取了孟子思想的结果。戴震就是在后者的意义上批评荀子"不知礼义亦出于性"——不知礼义乃为心知之自然。

戴震以为自己的人性理解之中有理义之"悦"作为道德行为之动机方面的来源、基础，批评荀子的人性理解之中没有，这是否表明戴震与荀子思想存在着重大的实质差别呢？倪德卫颇为敏锐地指出，就在这理义之"悦"当中，戴震的实质理解仍然是近于荀子而远于孟子的。倪德卫发现戴震虽然引用了孟子的话语，但实际上戴震和孟子对于"悦"的理解是不同的。他说："'悦'一词指两种东西。我想戴并未注意两者的区别。（1）它可以指：我的心，像一个感官一样，发现礼义（他人行礼义和我自己行礼义）本身是妙味的（delicious）。（2）它也可以指：我考虑人们可能采取的行为方式，并认识到，我们所有人都接受有秩序的行为规则，由此导致：我们每个人得到的一份平均的好处要大于不接受之而得到的好处，并且，没有忧虑地，这种好处会给我对我能过的生活的最大满足；明白这一点，我就会许可这样做；对牵涉到许可的活动，我会有一种好的或正面感觉；这样，我就'喜欢'之。"① 倪德卫肯定孟子说的是第一种意思，但以为戴震的意思更接近第二种。倪德卫引用《孟子字义疏证·理》中的一条内容为证："耳目口鼻之官，臣道也；心之官，君道也。臣效其能而君正其可否。理义非他，可否之而当，是谓理义。"② 由此理解出发，倪德卫对于戴震的理义之"悦"评论道：

> 戴震把孟子之"悦"理解成"在总体上判定唯一之可"，而把"可"理解为"接受义务"。……也许，公平地看，戴震所说

① ［美］倪德卫：《儒家之道：中国哲学之探讨》，［美］万白安编，周炽成译，江苏人民出版社2006年版，第333页。

② （清）戴震：《孟子字义疏证卷上》，载《孟子字义疏证》，何文光整理，中华书局1982年版，第7页。

的一切无非意味着：每当一个人根据理义行事时，他心里就总有快乐与满足。①

倪德卫以为，戴震将心的理义之"悦"看做依据正确的道德规范行事之后自然就会产生的心理满足。理义之"悦"本是理义实践之结果，但是人们并不是为了这样的愉悦而去从事遵循理义的行为，所以它并不能够成为人们道德行为之开端的动机②，但它在人们遵循理义而行的活动中不断的出现，确实有助于激励人们对于理义的遵循。不过，理义之"悦"的事后存在反过来说明理义的实践为人的"心知之自然"所欢迎，意味着人性之中自然具有一种合于理义的倾向。这一人性之自然所具有的合于理义的倾向，虽还不能保证为个体的每一道德行为提供动机来源，但实已足够成为人之德性生长的起点。这就是戴震所谓"有于内而资于外"，其言曰：

就孟子之书观之，明理义之为性，举仁义礼智以言性者，以为亦出于性之自然，人皆弗学而能，学以扩而充之耳。荀子之重学也，无于内而取于外；孟子之重学也，有于内而资于外。③

戴震以为，孟子主张理义为出于性之自然，所以其学是有于内而资于外；而荀子之学则是无于内而取于外，可见他实以为荀子思想之中没有礼义出于性之自然的理解。

由前所论，虽然戴震与荀子在礼义之必然与人性之自然二者之间

---

① ［美］倪德卫：《儒家之道：中国哲学之探讨》，［美］万白安编，周炽成译，江苏人民出版社2006年版，第334页。

② 倪德卫批评戴震的道德理论之中，"相信我应当做某事"与"感到我要做某事"之间，没有动机上的区别，其结果是："任何种类的道德无力（软弱）都是不可想象的；假如你认为你有某种认知的通道达到'我应当做某事'的真理，那么，以'认真'来培养'道德性情'就成为类似于中世纪宗教的胡说。"（参见［美］倪德卫《儒家之道：中国哲学之探讨》，［美］万白安编，周炽成译，江苏人民出版社2006年版，第334页。）如果戴震的理义之"悦"并不能被理解为道德行为之动机，那么倪德卫的这个批评是不能成立的。

③ （清）戴震：《孟子字义疏证卷中》，载《孟子字义疏证》，何文光整理，中华书局1982年版，第32页。

关系的理解上还有些许不同，但是戴震主张为了实现"人之欲无不遂，人之情无不达"的道德之盛，必须遵循"以情絜情"方法而求得人伦之"分理"，这与荀子为了"养人之欲，给人之求"必须"制礼义以分之"的理解是接近的。二人都将礼义（理义）理解为协调人的情、欲实现活动关系的必然要求，是为了满足每一个人自然情、欲需要的终极目标而由人文理性营构出来的一种规范原理。对于人类道德共同体的整体而言，礼义（理义）之必然是为了实现人性之自然而有的，它的性质是工具性的；虽然在礼义（理义）产生之后，人群之中的个体具有将其接受和想象为目的本身的能力。需要特别注意的是，戴震和荀子都以为，礼义（理义）正在于通过人际关系的协调来实现对于情、欲实现的促进和保障作用，且都以"分""别"来理解这种协调的具体要求和手段，不过戴震毕竟生活在荀子之后两千余年的近世，荀子的"分""别"强调名分的等级差别，重视"维齐非齐"的理解；而戴震的"以情絜情"则强调权利的人我对等，暗含一种平等和自由的精神。①

礼义（理义）除了具有人性之实现的手段及原理的意义，还在广泛的客观世界之中具有自己超越的存在论依据。戴震的理义观在这方面的理解与荀子的礼义观亦是一致的。

戴震在以通过"以情絜情"实现的情、欲追求活动的人际协调来理解礼义（理义）对于情欲的节制之外，又引入"自然"和"必然"的范畴来对理义和情、欲的关系进行说明。这对范畴除了具有上文论证理义与情、欲之统一关系的作用之外，它还表明作为情、欲协调的人际原则而对个人之情、欲进行节制的礼义（理义），不完全是人为的任意建构，这种人为建构背后的依据只能是情、欲"自然"本身内在的"必然"，礼义（理义）同样也是"有物有则"意义上的客观性"物则"。戴震言曰：

①　这些内容在论述戴震的"分理"概念与荀子的"统类"概念的关系及其理论意义时已有提及，故而此处不再详细阐发。

有天地，然后有人物；有人物，于是有人物之性。人与物同有欲，欲也者，性之事也；人与物同有觉，觉也者，性之能也。事能无有失，则协于天地之德，协于天地之德，理至正也。理也者，性之德也。言乎自然之谓顺，言乎必然之谓常，言乎本然之谓德。①

"理"本身即是"自然"，又是"必然"，它们只不过是从不同方面对于同一个"理"的说明。戴震又言：

天地、人物、事为，不闻无可言之理者也，《诗》曰"有物有则"是也。物者，指其实体实事之名；则者，称其纯粹中正之名。实体实事，罔非自然，而归于必然，天地、人物、事为之理得矣。……尽乎人之理非他，人伦日用尽乎其必然而已矣。推而极于不可易之为必然，乃语其至，非原其本。②

天地、人物、事为之理无不是由"自然"而归于"必然"，人事之理义亦为如此，不过是饮食日用之"自然"背后的"必然"而已。人文理性寻得的人之情、欲所应遵循的理义，非由主观任意而来的强制，实是情、欲自身的理则，在客观的世界有其存在论的依据。戴震言道：

耳目鼻口之官，臣道也；心之官，君道也；臣效其能而君正其可否。理义非他，可否之而当，是谓理义。然又非心出一意以可否之也，若心出一意以可否之，何异强制之乎！是故就事物言，非事物之外别有理义也；"有物必有则"，以其则正其物，如是而已矣。③

① （清）戴震：《读易系辞论性》，载《孟子字义疏证》，何文光整理，中华书局1982年版，第180页。
② （清）戴震：《孟子字义疏证卷上》，载《孟子字义疏证》，何文光整理，中华书局1982年版，第12页。
③ 同上书，第7页。

　　礼义（理义）对于人之情、欲的规范不过是以情、欲自身的理则（"必然"）来导正其表现（"自然"）而已。

　　在这里，需要注意的是戴震就着人道与天道的差别而表达出来的对于"自然"与"必然"二者关系的进一步论述。戴震有言：

> 善，其必然也；性，其自然也；归于必然，适完其自然，此之谓自然之极致。天地人物之道于是乎尽。在天道不分言，而在人物分言之始明。①

　　在天道，自然万物的"必然"及其"自然"处于直接同一的状态，所以不得分言；在人道，"自然"与"必然"可以分离，因此必须分言，要求通过"必然"对于"自然"的导正再次实现二者的统一。礼义（理义）属于人道特有之规范，其本质即在于以人性自身的"必然"有意识地导正其"自然"。

　　"有物有则""自然"之"必然"的论述表明，礼义（理义）作为个人之情、欲的节度和协调规范，虽是人文理性通过人之心知的功夫寻绎出来的人文建构，但其并不是可以任意而定的，而是有其存在论的客观依据，具体即是在人身而言的"分理"。不过，"这种在人的类本性意义上理解的'分理'并非表明存在一种先天的道德秩序，因为'事实'并不同于'应当'，所以它并不天然地直接具有道德的正当性，而是因为它能通过'以情絜情'的检验才间接地具有了道德秩序的意义"②。在每个人身上内具的情、欲之分理，并不直接地具有道德意义上的规范性，而是就着其能通过"以情絜情"的验证，能够表现对于他者的尊重和实现人际的协调而言，间接地才对于个人具有了道德规范的意义。这或许可称为从"理"到"理义"的转换。冯友兰讲"东原则以为有客观的理，礼义道德皆此客

---

　　① （清）戴震：《孟子字义疏证卷下》，载《孟子字义疏证》，何文光整理，中华书局1982 年版，第 44 页。

　　② 关于"以情絜情"的更为具体的理解，参见邓国宏《戴震"以情絜情"说辨析》，《安徽大学学报》（人文社科版）2012 年第 5 期。

观的理之实现"①，马积高则从戴震"条理之秩然，礼至著也；条理之截然，义至著也"（《原善》），"礼者，天地之条理也"（《孟子字义疏证》）等话语，谓其言礼"推本于天"②，虽然都能见及戴震言理义（礼义）重视寻求其客观存在论上的依据，但是他们并没有认识到，戴震由性与天道之"分理"而推论人道之"分理"并非直接连续下贯而来，而是经过了一个从"理"到"理义"的转换机制。若依冯、马理解，则戴震理解的人道之理义仍然不免与程朱理学的天理一样，成为一种客观意义上的价值存在。③

对照上述戴震的礼义观，在荀子的思想中，我们同样看到，在对于礼所具有的"明分使群"的手段、规则意义的说明之外，也存在着对于礼之超越的存在论依据的论述。其中最著名的当为"礼有三本"之中"天地者，生之本"的说法。其次荀子又说："天地以合，日月以明，四时以序，星辰以行，江河以流，万物以昌，好恶以节，喜怒以当，以为下则顺，以为上则明，万变不乱，贰之则丧也。礼岂不至矣哉！"④ 一些学者以此认为，荀子之礼具有"自然法"的地位，甚或谓荀子具有一种"礼宇宙观"。如台湾学者张匀翔所说：

> 天地展现的自然规律有一道德之意义，而落实于人事之规范与制度在本源上与天地同，人道之极的落实即为"礼"的实现，即对于天地的参与。整个天地的规律即客观之"礼"的表现，因此"智"德者制礼不是任意的，而是有所本的、有所据的，这为落实于人事的规范与制度提供了普遍性及有效性的保证，社会的秩序性即此道德性、超越性、绝对性之天的具体化。⑤

---

① 冯友兰：《中国哲学史》，商务印书馆 2001 年版，第 1007 页。
② 马积高：《荀学源流》，上海古籍出版社 2000 年版，第 307 页。
③ 虽然戴震的"分理"强调的具体事物之中存在的不能与之分离的内在法则，程朱理解的"天理"则是创生一切、主宰一切的价值本体，但就作为客观的存在而言，二者是一致的。
④ 《荀子·礼论》。
⑤ 张匀翔：《摄王于礼、摄礼于德——荀子之智德及伦理社会建构之意涵》，花木兰文化出版社 2010 年版，第 83—84 页。

认为圣王制礼不是任意的，而是于天道有所本据的，这种理解没错；但是以人道为天道之直接下贯与落实，则是不可以的。荀子的礼义只能理解为"能参"，所谓"天地以合，日月以明，四时以序，星辰以行，江河以流，万物以昌，好恶以节，喜怒以当……"，不过是对于人以礼义之道参赞天地之极致效果的描述和赞扬，与《中庸》"致中和，天地位焉，万物育焉"之意相似。虽然论述不多，但此种天人相参的理解在荀子思想中是有充分和明白表达的。其言：

> 天有其时，地有其财，人有其治，夫是之谓能参。①
>
> 天地者，生之始也；礼义者，治之始也；君子者，礼义之始也；为之，贯之，积重之，致好之者，君子之始也。故天地生君子，君子理天地；君子者，天地之参也，万物之总也，民之父母也。②

礼义（理义）不过是参天道以为人道的结果，天道成为圣人创制礼义的重要依据，但是礼义不是对于天道的完全摹写，而是掺入了作为主体的人的目的性和能动性在内。虽然戴震和荀子在天道、分理之中为其作为情欲的人际协调原则的礼义（理义）寻找存在论的超越依据，但是二人并没有以天道、分理即为道德之规范。在荀子那里，天道的自然规律并不直接具有道德意义，就如同戴震的"分理"本身也不具有道德规范的意义一样。

综上所述，在礼义（理义）的基本理解上，戴震与荀子一样，都视礼义（理义）为参天道以为人道的结果，也是人道以参天道的凭借和工具。就前者而言，他们的礼义（理义）都有自己超越的存在论的依据；就后者而言，二人的礼义（理义）又都具有人性之实现的工具价值，属于人文理性主动营构之成果。以上两个方面缺少任何一个方面，都将是对二人思想的一个片面理解。戴震思想稍与荀子思

---

① 《荀子·天论》。
② 《荀子·王制》。

想有所不同的是，戴震更为重视在客观世界之中寻求一个天地生生之"条理"作为礼义（理义）之内容由以引出的一般存在论依据，以及在人性结构之中寻求一种悦慕礼义的自然倾向作为礼义（理义）之实践的心理动机基础；荀子更多阐述了圣王因民之需创制礼义以及凡人由学习、接受外铄而知礼义的人文努力，二人理解和论述的侧重有所不同。另外，在对于礼义（理义）之道的具体理解之上，二人都通过人之情、欲实现分际的划定来谋求实现人际关系的正义与和谐，强调礼义作为"明分之道""分理"的涵义，但在"分"的具体理解之上，荀子强调等级名分的差别，戴震则已隐约提出自由权利和平等的要求，就此而言戴震思想可算是对于荀子相关思想做了一个现代性的转换与发展。

二 功夫论："学以去蔽""恕以去私"与"重学崇礼"

戴震不满荀子倡言"性恶"，又谓"荀子不知礼义亦出于性"，在人性和道德的理解上面，均对荀子提出了批评。但是在为学功夫方面，戴震却较多肯定荀子的相关论述，称其"善言学"。

戴震认识到，荀子言性恶，不以礼义（理义）积伪为人之本性[①]，其实是要凸显学习圣人和礼义在一般人的成德过程中的必要性。其言："盖荀子之见，归重于学，而不知性之全体。其言出于尊圣人，出于重学崇礼义。"[②] 以"重学崇礼"来讲荀子思想之归宿，是十分精当的。而且戴震对于荀子这一学习以知礼义的核心主张也基本表示认同，以为"荀子谓常人之性学然后知礼义，其说亦足以伸"[③]。

不过，由于在人性与道德上戴震对于荀子思想的误解和不满，戴震依然批评荀子重学"无于内而取于外"，其言曰：

[①] 《荀子·性恶》。

[②] （清）戴震：《孟子字义疏证卷中》，载《孟子字义疏证》，何文光整理，中华书局1982年版，第32页。

[③] （清）戴震：《孟子字义疏证卷上》，载《孟子字义疏证》，何文光整理，中华书局1982年版，第15页。

荀子之重学也，无于内而取于外；孟子之重学也，有于内而资于外。夫资于饮食，能为身之营卫血气者，所资以养者之气，与其身本受之气，原于天地非二也。故所资虽在外，能化为血气以益其内，未有内无本受之气与外相得而徒资焉者也。问学之于德性亦然。有己之德性，而问学以通乎古贤圣之德性，是资于古贤圣所言德性埤益己之德性也。冶金若水，而不闻以金益水，以水益金，岂可云己本无善，己无天德，而积善成德，如缶之受水哉！①

戴震以养身为喻来说养德，以为人之能够通过学习礼义的过程以养成自身的伦理德性，必在其自身之内即具有一定的品质、倾向为之基础和有以应之。由前之所论，戴震以为这种内在的可以接引礼义之外来形塑的正是"心知之自然"的理义之"悦"。荀子虽然也有"性者、本始材朴也；伪者、文理隆盛也。无性则伪之无所加，无伪则性不能自美。性伪合，然后成圣人之名，一天下之功于是就也"②的说法，对于"性"与"伪"之间的联系有所肯定，但他把"性"基本看作是一被动的、待治的对象。与此相较，戴震显然对于"性""伪"之间的联系有更多的强调，认为"伪"之所以可能，正是因为"性"能为之接引，"性"不只是被动、待治的质料，而是有主动接受"伪"之功夫的内在基础。戴震"有于内而资于外"的这一认识，实可看作是对荀子那里不太被强调的"性伪之合"的思想面向的进一步发展与完善。当然，戴震能够针对荀子做出这一改革和发展，与他糅合荀子那里的"性"与"心"的内容，合"血气""心知"为一本来理解人性是相关的。

以上只是戴震自己主动提及并加以评论的荀子论学的内容，通过更进一步比较二人论学之异同，戴震的功夫论与荀子之间还有更多的隐藏联系需要进一步地发掘，而且我们希望从中可以探索一下戴震何

---

① （清）戴震：《孟子字义疏证卷中》，载《孟子字义疏证》，何文光整理，中华书局1982年版，第32—33页。

② 《荀子·礼论》。

以如上那样评论荀子为学思想的原因。

荀子肯定人"皆有可以知仁义法正之质,皆有可以能仁义法正之具",但是却也承认人未必皆能为善。人人为善的质素必然肯定地具备了,但是恶的现实与善的理想之间的背离仍然存在。荀子给出的原因是"可以而不可使也",其言曰:

> 小人可以为君子,而不肯为君子;君子可以为小人,而不肯为小人。小人君子者,未尝不可以相为也,然而不相为者,可以而不可使也。故涂之人可以为禹,则然;涂之人能为禹,则未必然也。虽不能为禹,无害可以为禹。足可以遍行天下,然而未尝有遍行天下者也。①

人人为善的知、能都具备了,但是实际是否能够为善,主要还在于其意愿和行为之能否落实、实现。由此推论,荀子论学应该重在为善意愿的培养和实事践履的强调。关于为善之意愿从何而来的问题,在荀子那里,由于其"性"概念主于情、欲来理解,又其"心"概念对于孟子"四端之心"的先天道德情感的否认,只能从其"心"之"知"的面向来加以回答了。其言:

> 心知道,然后可道;可道然后守道以禁非道。以其可道之心取人,则合于道人,而不合于不道之人矣。以其可道之心与道人论非道,治之要也。何患不知?故治之要在于知道。②

心"知道"则能"可道""守道","知道"即是"可道""守道"的前提和保证。荀子对此由"知道"到"可道""守道"的联接,有一很强意义的理解。其言:

---

① 《荀子·性恶》。
② 《荀子·解蔽》。

凡人莫不从其所可，而去其所不可。知道之莫之若也，而不从道者，无之有也。①

荀子否定了"知道"而不"可道"和"可道"而不"行道"的可能性。这是为他的思想体系所必需的。否则人之道德行为从认知到意愿到行为的一系列环节的发动不能通贯下来，道德行为的践履就得不到必然的保证。荀子认为自己的这种理解是能够成立的，因为在其看来，道是人之最优的生活方式，如果人们知道什么是最优的生活要求的个人的行为方式，而实际却不那么去做，那是不可能有其他的解释的，只能说明他们的"知道"并不是真正的"知道"。倪德卫于此指出，"荀子似乎同意苏格拉底的说法：没有人会故意地选择小于最好的东西。当人们事实上选择恶的时候，他们纯粹是混乱的：在某种意义上说，他们不能做加减，并以一种直接的满足代替多种长远的满足"②。所谓认知上的"混乱""不能做加减"只是倪德卫西式的话语，在荀子那里，说明这种认识上的不足和缺陷的概念是蔽，所以荀子重视"解蔽"。"解蔽"本来针对认知而发，乃是"知道"的要求，可"知道"又是"可道""守道"以成德的保证，这样"解蔽"也就具有了"由智达德"的意义。

荀子的功夫论采取"由智达德"的进路，由此提出"解蔽"的要求，而其论述所以"解蔽"则在二端：一是对内而言，要求做"虚一而静"的养心功夫；二是在外而言，要求以道为衡。关于后者，荀子言曰：

圣人知心术之患，见蔽塞之祸，故无欲、无恶、无始、无终、无近、无远、无博、无浅、无古、无今，兼陈万物而中县衡焉。是故众异不得相蔽以乱其伦也。何谓衡？曰：道。故心不可

---

① 《荀子·正名》。

② ［美］倪德卫：《荀子论人性》，《儒家之道：中国哲学之探讨》，［美］万白安编，周炽成译，江苏人民出版社 2006 年版，第 256 页。

以不知道。①

以道为衡，具体而言即是以礼义为行为的指导，所谓"先王之道，仁之隆也，比中而行之。曷为中？曰：礼义是也"②。而"心不可以不知道"，实际上即是提出了学习礼义的要求。至于心如何知道，除了向外学习礼义之外，荀子还提出了心之本身的修养要求，其言：

> 人何以知道？曰：心。心何以知？曰：虚一而静。心未尝不臧也，然而有所谓虚；心未尝不两也，然而有所谓一；心未尝不动也，然而有所谓静。……虚一而静，谓之大清明。万物莫形而不见，莫见而不论，莫论而失位。坐于室而见四海，处于今而论久远。疏观万物而知其情，参稽治乱而通其度，经纬天地而材官万物，制割大理而宇宙理矣。……夫恶有蔽矣哉？

"虚一而静"能致心之"大清明"，有助于对于道的认识，同样具有"解蔽"的作用。这样，外在的"知道"重在对于礼义的学习；内在的"虚一而静"重在对于心的涵养，荀子从心之内外两个方面就比较全面地论述了"解蔽"以"知道"的功夫，一条"由智达德"的功夫路径得以坚实地挺立起来。

相较荀子上述主张，戴震的成德功夫更是偏向于"由智达德"一途。韦政通和倪德卫曾对此做出明白的揭示。韦政通分析戴震的功夫论述，认为"这是一条'由智达德'之路，在儒家传统里首先开启了这条路子的，是荀子，他早已认识到知识或经验的学习在道德实践中的必要……"③。倪德卫亦讲"当戴谈德的修养的时候，他将其看做一个理智的过程"④。二人都肯定，戴震和荀子在为学功夫上走的

---

① 《荀子·解蔽》。

② 《荀子·解蔽》。

③ 韦政通：《中国思想史》下，商务印书馆2001年版，第1430页。

④ ［美］倪德卫：《德可以自学吗？》，载《儒家之道：中国哲学之探讨》，［美］万白安编，周炽成译，江苏人民出版社2006年版，第66页。

是同样一条"由智达德"的途径。

当然，肯定戴震功夫论主张与荀子思想的这种总体取向的一致，并非意味着问题就完全解决了。在二人为学功夫论的关系上，其间还有一些具体的问题可以进一步分疏。

戴震对于荀子论学的许多主张提出表彰，以为"圣人复起岂能易其言哉"！其言：

> 首之以《劝学》篇，有曰："诵数以贯之，思索以通之，为其人以处之，除其害者以持养之。"又曰："积善成德，神明自得，圣心循焉。"荀子之善言学如是。且所谓"通于神明，参于天地"者，又知礼义之极致，圣人与天地合其德在是，圣人复起岂能易其言哉！①

值得注意的是，戴震这里除了对于荀子"诵数""思索"等具体学习途径、方法的一般肯定之外，先后两次大加赞扬荀子对于"神明"的阐发。"神明"实即"智德"，而"荀学理想生命的实现进路，以'智'德的发展与成就为方法"②。所以戴震对于"神明"的称赞，即是对于荀子"由智达德"的功夫主张的肯定，因为他自己亦是主张"由智达德"的成德路径的。

戴震以为人有"心知"，所谓"凡血气之属，皆有精爽。而人之精爽可进于神明"③。动物之属皆有精爽即知觉，而人之"心知"更是通过积学则可进于"神明"，所谓"学以进于神明"④。进于"神明"之盛则于事物靡不得理，此即戴震屡屡所言："人则能扩充其知

---

① （清）戴震：《孟子字义疏证卷中》，载《孟子字义疏证》，何文光整理，中华书局1982年版，第32页。

② 张匀翔：《摄王于礼、摄礼于德——荀子之智德及伦理社会建构之意涵》，花木兰文化出版社2010年版，第44页。

③ （清）戴震：《孟子字义疏证卷中》，载《孟子字义疏证》，何文光整理，中华书局1982年版，第30页。

④ （清）戴震：《孟子字义疏证卷上》，载《孟子字义疏证》，何文光整理，中华书局1982年版，第19页。

至于神明，仁义礼智无不全也。仁义礼智非他，心之明之所止也，知之极其量也"[1]；"心之精爽，学以扩充之进于神明，则于事靡不得理"[2]；"心之神明，于事物咸足以知其不易之则，譬有光皆能照，而中理者乃其光盛，其照不谬也"[3]。

如果说以上仍属对于进于神明的途径及进于神明之后的功效的分别说明，那么下面一段文本之中，戴震则对由"心知""神明"再到"仁义礼智"伦理德性的成就之全程做了一完整的论述。戴震言曰：

> 孟子曰："耳目之官不思，心之官则思。"是思者，心之能也。精爽有蔽隔而不能通之时，及其无蔽隔，无弗通，乃以神明称之。凡血气之属皆有精爽，其心之精爽，巨细不同，如火光之照物，光小者，其照也近，所照者不谬也，所不照（所）【斯】疑谬承之，不谬之谓得理；其光大者，其照也远，得理多而失理少。且不特远近也，光之及又有明闇，故于物有察有不察；察者尽其实，不察斯疑谬承之，疑谬之谓失理。失理者，限于质之昧，所谓愚也。惟学可以增益其不足而进于智，益之不已，至乎其极，如日月有明，容光必照，则圣人矣。此《中庸》"虽愚必明"，《孟子》"扩而充之之谓圣人"。神明之盛也，其于事靡不得理，斯仁义礼智全矣。[4]

心知通过学习不断扩充自己，最后达到通达无蔽的状态，就以神明称之。这种学习以增益心知的过程，就如同火光照物一样，只要火光足够明亮就能照察事物不缪，人之心知同样只要进于神明就能于事皆得其理，从而实现仁义礼智之德行的养成。这种由"心知"到"伦理德性"的成德路径以"神明"为中介，以学习、扩充为手段，

---

① （清）戴震：《孟子字义疏证卷中》，载《孟子字义疏证》，何文光整理，中华书局1982年版，第28页。

② （清）戴震：《孟子字义疏证卷上》，载《孟子字义疏证》，何文光整理，中华书局1982年版，第6页。

③ 同上书，第7页。

④ 同上书，第5—6页。

其"由智达德"的意涵十分明显。这与荀子主张学习礼义以知道、可道、行道的"由智达德"的成德路径是如出一辙的①。只不过荀子主要在伦理、政治规范的学习上，即道德认知的意义上讲"智德"的培养，由此去论伦理德性的养成；而戴震的论述则更具有一般认知意义，不止局限于道德认知的意义。

荀子"由智达德"的成德主张，以"知道"（包括随之而来的可道、行道）为正面的论述，以"解蔽"为反面的论述，进一步以"虚一而静"和学习礼义为内外两个方面的落实功夫。戴震没有类似荀子"虚一而静"的养心方法，或许因为"虚""静"这些词汇与其所批评的老庄释氏、程朱陆王太过相似，戴震不愿仔细理会，亦或是他对作为主体的人之心性的这一面向理解不透、重视不够所致。但是，戴震在对于"学习"与"解蔽"的理解上面，相较荀子有着重要的推进。

荀子所言的"蔽"，即是所谓"蔽于一曲而闇于大理"②。依陈礼彰的解读，"'蔽于一曲'有心知为一曲之情欲所蒙蔽，与心知为一隅之见所蒙蔽的分别"。③ 荀子分别对于上述两个方面的蔽塞，给出了自己的解蔽方法。这让我们自然地想到了戴震学以去蔽、恕以去私

---

① 倪德卫认为，戴震"将道德看作只是知识的结果"，并从"道德无力"的存在批评了戴震的这种认识。其言："如果在（1）相信我应当做某事与（2）感到我要做某事之间没有动机上的区别，那么任何种类的道德无力（软弱）都是不可想象的；假如你认为你有某种认知的通道达到'我应当做某事'的真理，那么，以'认真'来培养'道德性情'就成为类似于中世纪宗教的胡说。"（参见［美］倪德卫《儒家之道：中国哲学之探讨》，［美］万白安编，周炽成译，江苏人民出版社 2006 年版，第 334 页。）他进一步推测，"戴的兴趣可能主要不在于我如何能变得有德。可以看到，他没有以王阳明的学生们费力于和拼命于功夫那样的方式来做语言学。他的兴趣在于对义和善给出一个理论的解释，使我们暴露意见，从而使其不能成为真正的道德原则"。（参见［美］倪德卫《儒家之道：中国哲学之探讨》，［美］万白安编，周炽成译，江苏人民出版社 2006 年版，第 66 页。）成德路径上的智识主义，是否存在倪德卫所言的不能解释我们关于"道德无力"的经验，是否不要求对于道德性情的培养，都还值得探讨。起码，在荀子和戴震的智识主义里，不仅强调心知对于道德义务的认识，而且强调道德性情的培养，戴震将其追溯到"心知之自然"对于礼义的"悦"，认为它的基础就存在于人性之中；荀子则是强调"治气养心"之术对于人之血气、志意的引导和形塑作用。

② 《荀子·解蔽》。

③ 陈礼彰：《荀子人性论及其实践研究》，花木兰文化出版社 2011 年版，第 107 页。

的理解，二者之间颇可对应。不过戴震在"去蔽"与"去私"的关系上面，有着自己的重要理解。其言：

> 圣人之言，无非使人求其至当以见之行，求其至当即先务于知也。凡去私不求去蔽，重行不先重知，非圣学也。孟子曰："执中无权，犹执一也。"权，所以别轻重；谓心之明，至于辨察事情而准，故曰"权"。学至是，一以贯之矣，意见之偏除矣。①

戴震以为宋明儒者重视无私之行，而忽略无蔽之知，故而往往以意见之偏当做天理之大公，妨害了道德。② 其言曰：

> 即其人廉洁自持，心无私慝，而至于处断一事，责诘一人，凭在己之意见，是其所是而非其所非，方自信严气正性，嫉恶如雠，而不知事情之难得，是非之易失于偏，往往人受其祸，己且终身不寤，或事后乃明，悔已无及。呜呼，其孰谓以此制事以此治人之非理哉！③

戴震认为，即使是一个无私的人，其行事若不重视对于具体道德情境的认知，仍然会产生道德上的偏差。所以他提出去私先求去蔽，重行先须重知的理解。其所谓"知"不再是程朱所谓天理之知，其所谓"蔽"也不是程朱所谓人欲所蔽，他的"去蔽"之"知"要求

---

① （清）戴震：《孟子字义疏证卷下》，载《孟子字义疏证》，何文光整理，中华书局1982年版，第57页。

② 至于宋明理学家"存天理，灭人欲"的主张，最后流入为"无欲"的要求，戴震更是认为它本身就是错误的，是佛老的思想，应该以"无私"的主张加以代替。戴震言道："圣贤之道，无私而非无欲；老、庄、释氏无欲而非无私；彼以无欲成其自私者也；此以无私通天下之情，遂天下之欲者也。"[（清）戴震：《孟子字义疏证卷下》，载《孟子字义疏证》，何文光整理，中华书局1982年版，第55页。]可见"无私"的要求本身并没有错，戴震也强调"去私"，但关键在于"去私"必以"去蔽"为先行的基础，这样人们的道德行事才不会产偏差。

③ （清）戴震：《孟子字义疏证卷上》，载《孟子字义疏证》，何文光整理，中华书局1982年版，第4页。

于事情"辨察而准"。戴震的"去私"、"去蔽"，虽然针对宋明理学而发，特别注意到单言"去私"的弊端，强调"去私"必先"去蔽"，有其伦理学上的深意在焉；不过，若是将其看作是对于荀子解蔽思想的进一步细化，亦无不可。荀子笼统而言"去蔽"，其所谓"蔽"包括内容甚广，未加仔细分类区别。戴震则在其中区分"私"与"蔽"，其言："人之患有私有蔽；私出于情欲；蔽出于心知；无私仁也，不蔽智也。"① 戴震又将二者与"行"与"知"联系起来："私"妨碍的主要是"行"，"蔽"妨碍的主要是"知"，二者分主"知""行"而言，"去私""去蔽"分属仁、智范围内的功夫。戴震的思想实较荀子的思想有了重大的发展，更为明晰和邃密了。另外，戴震以孟子的"权"论来讲"去蔽"和"学"，主张因时因地体察道德实践的具体情境，权衡行为之轻重是非，以避免认识固着于一时一地的蔽塞②，更是融合孟子思想和荀子思想来进行哲学创造的典范。

正是因为戴震自己的论学主张的许多内容实为沿着荀子的"由智达德"径路的进一步发展，所以首先戴震称扬荀子"善言学"，认为"其说亦足以伸""圣人复起岂能易其言哉"！其次，戴震认为人之为学乃是顺着人性——血气、心知之自然倾向的长养，而荀子主张的为学则为外在地增加礼义之饰，所以戴震又批评荀子之学是"无于内而取于外"。当然，这是由于二人在人性与礼义的关系上面的理解不同，戴震此处对于荀子的批评与其认为荀子"于礼义与性视若隔阂不可通"的认识是一贯的。肯定和批评的面向都有，这就是戴震对于荀子论学思想的完整认识和评价。

---

① （清）戴震：《孟子字义疏证卷下》，载《孟子字义疏证》，何文光整理，中华书局1982年版，第54页。

② 《荀子·解蔽》有言："始为蔽，终为蔽，远为蔽，近为蔽，博为蔽，浅为蔽，古为蔽，今为蔽"。其中古、今之蔽，远、近之蔽即有固执一时一地之见解的意涵，而"权"则是要求打破一时一地的固化理解，根据具体的实践情境来重新决定行为的择取。发现荀子的"解蔽"与孟子的"权"之间的联系，再以"学"概括之，是戴震哲学的重大创发。

第二章　章学诚与荀子思想关系

　　戴震与荀子的思想关系为诸多的学者论及，与之相较章学诚与荀子思想的关联则鲜有人提及。[①] 这或许是因为章学诚在其文本中提到荀子的地方不多，而其思想的表现形态[②]与荀子又是如此的不同，学者难以想到章学诚与荀子思想的联系还是一个可以值得考察的课题。本章拟先就章学诚文本中明确涉及荀子的地方，考察一下其对于荀子思想学术的一般看法；然后再分别在伦理、政治秩序的的起源和圣人的地位与经典的性质两个关键问题上，将章学诚思想与荀子思想做一

---

　　① 侯外庐认为，"学诚的天道思想，是唯物主义的自然史观；这一思想是揉合了老子、庄子、荀子的学说而成的"（参见侯外庐《中国思想通史》第五卷，人民出版社 1956 年版，第 524 页）。他还注意到，章学诚论圣王创制与人道秩序的起源和荀子礼论的相关思想是相近的。董平也以为，章学诚关于"道"自"未形"而"形"而"著"之论，"原本于荀子之说"［参见董平《章学诚与南宋浙东学派》，《华东师范大学学报》（哲学社会科学版）第 39 卷，2007 年第 4 期］。对于章学诚与荀子之思想联系最为详细和精辟的见解，则是由美国汉学家倪德卫做出的。除此而外，提及章学诚思想与荀子思想之关联的学者就难以觅见了。

　　② 余英时认为，"章学诚是以'文史校雠'之学——也就是由厘清古今著作的源流，进而探文史的义例，最后由文史以明'道'，来对抗当时经学家所提倡的透过对六经进行文字训诂以明'道'之学"（参见余英时《论戴震与章学诚：清代中期学术思想史研究》，生活·读书·新知三联书店 2005 年版，第 160 页）。余英时此一理解大体来自其师钱穆。钱穆、余英时注意到章学诚"文史校雠"背后的追求，而一般的学者则远没有达到这样的认识高度，总是以一个文史学家来看待和研究章学诚。正如日本学者山口久和所言，从内藤湖南特别强调"六经皆史"说开始，"'六经皆史的史家章学诚'形象决定了后来的章学诚思想研究的方向"（参见［日］山口久和《章学诚的知识论——以考证学批判为中心》，上海古籍出版社 2006 年版，第 6 页）。不过，在这之中山口久和排除了余英时和倪德卫两人，其言："虽说如此，余英时的专论和倪德卫的研究是我最经常依据并引用的书。其理由是，在这两个人的书中，不赞成将实斋的全部思想强加入'六经皆史'说中。"（参见［日］山口久和《章学诚的知识论——以考证学批判为中心》，第 10 页。）

具体比较以见二者之联系，这种联系将表明章学诚的思想同样具有鲜明的荀学性格。

第一节　章学诚关于荀子思想学术的一般评论

一　荀子思想的新诠与重估

章学诚认为，荀子与孟子一样，都是孔子和六经代表的儒家之道的继承人；且二人思想未可遽分高下，不过各有侧重而已。其言：

> 圣门身通六艺者七十二人，然自颜、曾、赐、商，所由不能一辙。再传而后，荀卿言《礼》，孟子长于《诗》《书》，或疏或密，途径不同，而同归于道也。后儒途径所由寄，则或于义理，或于制数，或于文辞，三者其大较也。三者致其一，不能不缓其二，理势然也。知其所致为道之一端，而不以所缓之二为可忽，则于斯道不远矣。①

由这段文字可以看出，章学诚的儒学史观是比较包容的。他肯定儒学的传承和发展"所由不能一辙"，自孔子身传弟子即是如是；孟、荀之儒各自侧重之经典互有差异；后世之儒者更是发展出分别偏重"义理""制数"和"文辞"的三种不同的儒学研习和传承路径，这些都是一种历史的必然。儒学的这些途径和发展，都是儒道之一端，只要保持一种对于自我有限性的自觉意识和对于他者的开放性，都是不违离道的，所谓"知其所致为道之一端，而不以所缓之二为可忽，则于斯道不远矣"。持着这种多元包容的儒学史观，章学诚将荀子重新纳入了儒学的道统之中，认为孟、荀对于六经各有所长而已，"途径不同，而同归于道"。

对于荀子"非孟"的思想史事实，章学诚亦从一般理论的层面加

---

① （清）章学诚：《文史通义·博约下》，吕思勉评，李永圻、张耕华整理，上海古籍出版社 2008 年版，第 51 页。

以调和、融通。其言：

> 道，公也；学，私也。君子学以致其道，将尽人以达于天也。人者何？聪明才力，分于形气之私者也；天者何？中正平直，本于自然之公者也。故曰道公而学私。道同而术异者，韩非有《解老》《喻老》之书，列子有《杨朱》之篇，墨者述晏婴之事，作用不同，而理有相通者也。术同而趣异者，子张难子夏之交，荀卿非孟子之说，张仪破苏秦之从，宗旨不殊，而所主互异者也。①

章学诚称荀子之"非孟"，乃是"术同而趣异""宗旨不殊而所主互异"，实即谓其同属儒家故而根本宗旨一致，只不过具体主张不同而已。至于荀、孟具体地如何"宗旨不殊"，又如何"所主互异"，章学诚没有展开论述。

但是章学诚对于荀子思想之具体内容的把握亦是十分到位的。他抓住荀子"化性起伪"的核心学说，说道：

> 荀子著《性恶》，以谓圣人为之"化性而起伪"。伪于六书，人为之正名也。荀卿之意，盖言天质不可恃，而学问必藉于人为，非谓虚诞欺罔之伪也。而世之罪荀卿者，以谓诬圣为欺诳，是不察古人之所谓而遽断其是非也。②

章学诚通过在训诂上将"伪"释为"人为"，认为荀子"化性起伪"学说"盖言天质不可恃，而学问必藉于人为"，为荀子思想遭受的误解做了一个澄清。采取这种策略为荀子思想作出辩护的乾嘉学者不止章学诚一人，其前有钱大昕、《四库全书总目》中《荀子》提要

---

① （清）章学诚：《文史通义·说林》，吕思勉评，李永圻、张耕华整理，上海古籍出版社 2008 年版，第 105 页。
② 同上书，第 111 页。

的撰写者①，其后又有郝懿行。章学诚的论述表面上似乎并没有什么特别之处，不过结合前述其言荀子长于礼来看，章学诚对于荀子重学崇礼之核心思想的把握还是十分准确的。两处文字一言荀子优于礼，一言其重视学，并非随意从《荀子》之中拈出一个题目而发表的无关宏旨的泛泛之论。

二　文史校雠学中的荀子学术研究

除了对于荀子思想做了以上简明而扼要的理解、判定之外，章学诚还在其文史校雠学中对于《荀子》之中的一些问题进行了研究。

章学诚首先对于荀子重视学术源流考察的做法表示了肯定。其言：

> 《汉志》最重学术源流，似有得于太史《叙传》及庄周《天下篇》、荀子《非十子》之意。（韩婴《诗传》引荀卿非十子，并无讥子思、孟子之文。）此叙述著录所以有关于明道之要，而非后世仅计部目者之所及也。②

此处高度赞扬《汉志》重视学术源流，有助于明道。但是《汉志》此一优长，章学诚认为其又有渊源，《荀子·非十二子》即是其一。章学诚在多处强调史家著作必须辨别学术源流时，都提及《荀子·非十二子》作为依据和榜样。如：

> 史家著作成书，必取前人撰述汇而列之，所以辨家学之渊源，明折衷之有自也。司马谈推论六家学术，犹是庄生之叙禽

---

① 依据仓修良的认识［（清）章学诚：《说林》，《文史通义新编新注》，仓修良编注，浙江古籍出版社 2005 年版，第 221 页］，《说林》作于乾隆五十四年（1789）。钱大昕《〈荀子笺释〉跋》至迟应在其书刊刻之前写成，当不迟于乾隆五十一年（1786）。《四库全书总目提要》"初稿完成于乾隆四十七年（1782），后随着《四库全书》的补充和抽换，几经增改，于乾隆五十四年（1789）写定"（参见《工具书词典》"四库全书总目提要"条）。故而二者"伪"为"人为"理解的提出均应在章学诚之前。

② （清）章学诚：《校雠通义通解·补校汉艺文志第十》，王重民通解，傅杰导读，田映曦补注，上海古籍出版社 2009 年版，第 47 页。

墨、荀子之非十二家言而已。①

又如:

夫经师有《儒林》之传,辞客有《文苑》之篇,而史氏专家渊源有自,分门别派,抑亦古今得失之林,而史传不立专篇,斯亦载笔之阙典也。夫作史而不论前史之是非得失,何由见其折中、考定之所从?昔荀卿非十二子,庄周辨关尹、老聃、墨翟、慎到之流,诸子一家之书犹皆低昂参互衷其所以立言,况史裁囊括一世,前人成辙岂可忽而置之?②

可见,章学诚是高度肯定荀子重视学术源流的考察,认为这是后世史家著述的榜样。这种肯定是与章学诚"辨章学术、考镜源流"的目录学核心宗旨互为表里的。

其次,章学诚在其目录学的具体研究中,亦有几点涉及荀子的内容。

第一,辨"六经之名"的起源不一定来源于《荀子》,虽然《荀子·劝学》有"学始乎诵经,终乎读礼"的说法。其言:

六经之名,起于后世,然而亦有所本也。荀子曰:"夫学始乎诵经,终乎读礼。"庄子曰:"丘治《诗》、《书》、《礼》、《乐》、《易》、《春秋》六经。(荀、庄皆孔氏再传门人,二子皆子夏氏门人,去圣未远。)其书明著六经之目,则《经解》之出于《礼记》,不得遂谓剿说于荀卿也。③

章学诚以为,《礼记·经解》之中"六经"的说法不一定出自荀

---

① (清)章学诚:《(乾隆)永清县志》卷二十五,清乾隆四十四年(1779)刻本。
② (清)章学诚:《(嘉庆)湖北通志检存稿》卷四,民国刘氏嘉业堂刻章氏遗书本。
③ (清)章学诚:《校雠通义通解·汉志六艺第十三》,王重民通解,傅杰导读,田映曦补注,上海古籍出版社2009年版,第75页。

子，因为《庄子》文中就有"六经"的说法，且明列六经之名，较之《荀子》仅言"学始乎诵经"更为具体和详明。

第二，以《礼记》相关篇目与《荀子》篇目之关系，说明古书裁篇别出的流通体例。

> 韩非之《五蠹》、《说林》，董子之《玉杯》、《竹林》，当时并以篇名见行于当世；今皆荟萃于全书之中，则古人著书，或离或合，校雠篇次，本无一定之规也。《月令》之于《吕氏春秋》，《三年问》、《乐记》、《经解》之于《荀子》，尤其显焉者也。然则裁篇别出之法，何为而不可以著录乎？①

王重民注释此段文字，认为"这是指《礼记》中的《三年问》全出《荀子》的《礼论篇》，而《荀子》的末一卷《宥坐》《子道》《法行》《哀公》《尧问》五篇，多记孔子与弟子言行，和《礼记》的《经解篇》很有关系"②。但是王重民又注意到自己的此种理解似与上引章学诚"《经解》之出于《礼记》，不得遂谓剿说于荀卿"的意见不一致。其实这两处文字未尝不可以调和。可以这样解释：《诗》《书》《礼》《乐》《易》《春秋》六经的观念在儒家经典中首次由《礼记·经解》予以明白系统的阐发，虽然《礼记·经解》与《荀子》存在文本上的密切联系，但是其中"经"之名号并不一定来自《荀子》（因为《庄子》书中六经的说法比《荀子》泛提读经更为具体）。这样两处文字就并不矛盾。

第三，关于《荀子》一书在文本上对于他书的影响，章学诚还注意到："史迁《礼书》采用荀卿《礼论》，撷取大旨。至于笾豆笙磬之数、揖让跪拜之文，迁例自谓存之有司。"③认为《史记·礼书》采取了《荀子·礼论》的文字来论述礼之大旨。章学诚对于《礼记》

---

① （清）章学诚：《校雠通义通解·焦竑误校汉志第十二》，王重民通解，傅杰导读，田映曦补注，上海古籍出版社 2009 年版，第 70 页。

② 同上。

③ （清）章学诚：《（乾隆）永清县志》卷十一，清乾隆四十四年（1779）刻本。

《史记》相关文本之于《荀子》关系的论述，可与汪中的相关论述合观。另外，章学诚在对《汉志·诗赋略》进行研究时，对于荀子的《赋篇》《成相》发表了自己的意见。他提出《汉志·诗赋略》所录《荀卿赋》十篇是不是可能为《荀子·赋篇》的裁篇别出的问题。[①]关于《成相》，章学诚认同杨倞"盖亦赋之流"[②]的看法，但是他又认为其杂论一些内容，还应互见于诸子杂家的类目之下。[③]

第二节　伦理、政治秩序的起源与性质：章学诚对于荀子礼论的吸收与深化

上节简单介绍了章学诚文本之中对于荀子思想、学术的有限涉猎，由此我们可以窥见章学诚与荀子思想关系一二。不过我们还得从章学诚思想与荀子思想之整体比较着手，进一步挖掘章学诚与荀子思想联系之更为丰富、深入的内容。在这方面，美国汉学家倪德卫作为著名的章学诚研究专家，"神解精识能窥及前人所未到处"[④]，对于章学诚与荀子思想的关系做了精辟独到的揭示。在一篇讨论清代中期两位代表性思想家戴震、章学诚与孟、荀思想关系的文章中，其言曰：

> 章在任何意义上都不是孟子主义者，虽然他草率地接受了孟子的人性观（例如，在《原学（上）》中），虽然《原道》以董仲舒（汉代的孟子主义者）和孟子的话开头。章在那里认为："天地之前，则吾不得而知也"，因此，我们只能从人类生活的实在开始。这也是荀子的看法。如果章认为，戴虽自称为孟子主义

---

① （清）章学诚：《校雠通义通解·汉志诗赋第十五》，王重民通解，傅杰导读，田映曦补注，上海古籍出版社 2009 年版，第 119 页。

② （清）王先谦：《荀子集解》，沈啸寰、王星贤点校，中华书局 1988 年版（2010 年重印），第 454 页。

③ （清）章学诚：《校雠通义通解·汉志诗赋第十五》，王重民通解，傅杰导读，田映曦补注，上海古籍出版社 2009 年版，第 120 页。

④ （清）章学诚：《家书三》，载《章学诚遗书》卷九，文物出版社 1985 年版，第 92 页。

者而实际上像荀子一样思考，那么在回应戴的过程中，章更直率地发展了一种荀子主义的观点，这是不奇怪的。①

受倪德卫论述的启发，本节拟就以下两个问题：伦理、政治秩序的起源与性质、圣人与经典的地位与价值，不拘泥于章学诚文本之中有否明确提到荀子，将其理解与荀子相关思想做一比较，考察其与荀子思想的联系，并加以简要评论。

一 "道之大原出于天"——章学诚道论的基本内容

章学诚著有《原道》上、中、下三篇，是其《文史通义》之中最为重要的篇目。这几篇文章写于乾隆五十四年（1789 年），被认为是集中地表达了章学诚的哲学思想。② 本节主要依据这些文献，来探讨一下章学诚对于人类社会的伦理、政治秩序之起源与性质的理解。这是这三篇文献的中心主题，从其篇名"原道"二字就可以看出。当然章学诚的"道"概念具有天道、人道的多方面的内涵，即使就其人道的理解而言，亦不得仅以伦理、政治秩序概括③，但本书只将

---

① ［美］倪德卫：《两类"自然主义"：戴震与章学诚》，载《儒家之道：中国哲学之探讨》，［美］万白安编，周炽成译，江苏人民出版社 2006 年版，第 336 页。

② 倪德卫认为，章学诚是一个体系性的思想家。他"试图将他知道和相信的关于历史、政治和社会秩序、学术与写作生活、他自身的角色的所有东西"，"融会到一个体系当中"。在章学诚的文本之中，"最长同时也是最富深意的文章是《原道》，其他文章似乎只是在扩展和延续它的论断"（参见［美］倪德卫《章学诚的生平及其思想》，杨立华译，江苏人民出版社 2008 年版，第 102—103 页）。

③ 《中国思想学说史·明清卷》指出："章学诚向人们展示了某种人文主义理论，他以文史为基础和渊源，逐层向后代展示人类文明（特别是思想学说）的起源与变迁过程。"（参见张岂之主编，方光华、肖永明、范立舟分卷主编《中国思想学说史·明清卷》，广西师范大学出版社 2007 年版，第 621 页。）而编者的学生刘延苗更是明白地指出章学诚的《原道》"乃是有关社会形成的一种考察"（参见刘延苗《章学诚史学哲学研究》，中国社会科学出版社 2012 年版，"导论"，第 1 页。）倪德卫更为具体地阐发了《原道》篇中"道"的广泛涵义，其言："章学诚并不直接指明什么是道。道在逐渐发展以减轻或阻止混乱的社会生活的所有方面中显现自身，这些方面包括：道德法则（忠、孝、仁、义）、法律、劳动分工、土地占有、教育、政治结构、文化等。"（参见［美］倪德卫《章学诚的生平及其思想》，杨立华译，江苏人民出版社 2008 年版，第 102—103 页。）也即是说，章学诚在《原道》中实际是论述了人类社会及其文明秩序的起源与变迁的广泛课题，而伦理与政治不过只是其中的一个方面而已。

论述聚焦于伦理、政治秩序这个方面，因为它毕竟是章学诚所谓"人道"的核心内容。

《原道》开篇即言："道之大原出于天"，随而立即设问：它是指"天固谆谆然命之乎"吗？这是章学诚借用董仲舒的话，以图引出自己的理解。其言：

> "道之大原出于天"，天固谆谆然命之乎？曰：天地之前，则吾不得而知也。天地生人，斯有道矣，而未形也；三人居室，而道形矣，犹未著也；人有什伍而至百千，一室所不能容，部别班分，而道著矣。仁义忠孝之名，刑政礼乐之制，皆其不得已而后起者也。①

天地之前，不得而知；"天地生人，斯有道矣"，可见此处所谓"道"为人道。它主要指的是人类社会的伦理、政治秩序，所谓"仁义忠孝之名，刑政礼乐之制"。这一伦理、政治秩序的产生和形成有一由"未形"到"形"到"著"的过程，是人类社会生活之必然的发展结果。紧接着，章学诚对于伦理、政治秩序的此一形成和发展过程，给出了更为详细的说明。其言：

> 人生有道，人不自知。三人居室，则必朝暮启闭其门户，饔飧取给于樵汲，既非一身，则必有分任者矣。或各司其事，或番易其班，所谓不得不然之势也，而均平秩序之义出矣。又恐交委而互争焉，则必推年之长者持其平，亦不得不然之势也，而长幼尊卑之别形矣。至于什伍千百，部别班分，亦必各长其什伍而积至于千百，则人众而赖于干济，必推才之杰者理其繁，势纷而须于率俾，必推德之懋者司其化，是亦不得不然之势也；而作君、作师、画野、分州、井田、封建、学校之意著矣。故道者，非圣人智力之所能为，皆其事势自然，渐形渐著，不得已而出之，故

---

① （清）章学诚：《文史通义·原道上》，吕思勉评，李永圻、张耕华整理，上海古籍出版社 2008 年版，第 33 页。

曰"天"也。①

此段文字推演人道之伦理、政治秩序的产生和发展之过程，于其每一步骤屡言其为"不得不然之势"，强调了道之发展的必然性。对于此一必然的人道伦理、政治秩序的发展过程，章学诚又言其为"理势之自然"。其言：

> 人之初生，至于什伍千百，以及作君、作师、分州、画野，盖必有所需而后从而给之，有所郁而后从而宣之，有所弊而后从而救之。羲、农、轩、颛之制作，初意不过如是尔。法积美备，至唐、虞而尽善焉，殷因夏监，至成周而无憾焉。譬如滥觞积而渐为江河，培塿积而至于山岳，亦其理势之自然。②

综上所引，关于人类社会文明秩序之起源与发展过程中产生的各种伦理、政治的施设，章学诚言其"皆不得已而后起者"，又数言"不得不然之势也"，又言其"非圣人智力之所能为"，这些都是在突出其产生与发展的客观必然性；但是这一伦理、政治秩序的产生与发展，又具有自然性的一面，所以章学诚又言，"人生有道，人不自知"，"皆其事势自然，渐形渐著"，"譬如滥觞积而渐为江河，培塿积而至于山岳，亦其理势之自然"，正如倪德卫所说，章学诚把人类的道德秩序"完全视为自然的、逐渐展开的"③。至此，章学诚就回答了自己《原道》篇首的设问。章学诚的所谓"天"，显然丝毫不具"谆谆然命之"的人格之天的涵义。章学诚所讲的"道"在这里仅指人道，所谓"道之大原出于天"主要是指人类社会及其文明秩序乃一客观存在之过程而已，而这存在又可以从"自然"和"必然"两

---

① （清）章学诚：《文史通义·原道上》，吕思勉评，李永圻、张耕华整理，上海古籍出版社 2008 年版，第 33 页。

② 同上书，第 34 页。

③ ［美］倪德卫：《章学诚的生平及其思想》，杨立华译，江苏人民出版社 2008 年版，第 102—103 页。

个方面来理解①。

但是"道之大原出于天"的"天"是不是具有实体意义？抑或"天"在这里完全不过是指其自然而然的性征？就如同老子"道法自然"并非指"道"之上还有一个实体"自然"存在，"自然"不过是指"道"本身如此、自然如此的特性而已。其实章学诚的"道"除了具有从形下理解的具体"人道"涵义而外，还有从形上理解的普遍之"道"的涵义。此种意义上的"道"，章学诚有时又称其为"天"。

章学诚《原道》有言曰：

> 《易》曰："一阴一阳之谓道。"是未有人而道已具也。继之者善，成之者性。是天著于人而理附于气。故可形其形而名其名者，皆道之故而非道也。道者，万事万物之所以然，而非万事万物之当然也。人可得而见者，则其当然而已矣。②

未有人而已具的一阴一阳之道，显然并非前之所言人道了，而是更为广泛意义上的一般天道了。由天道下贯而生人的"继善成性"过程，被章学诚称为"天著于人而理附于气"。可见此种意义的道，又被章学诚称为天。不过章学诚此处"天著于人而理附于气"的说法，加以"道者，万事万物之所以然"的规定以及"道"无形、无名的特点，很容易使人将其所谓"天"或"道"理解为"理""天理"③。章

---

① 吴根友亦曾说道："章学诚主要通过'天'的概念来说明道的客观性，非人为性和普遍性。……当他说'故道者，非圣人智力之所能为，皆其事势自然，渐形渐著，不得已而出之，故曰天也'。这一段话时，是在阐述'道'的客观性，其中'天'字代指自然而然的状况，不是人力所为的过程与结果。"参见吴根友《乾嘉时代的"道"论思想及其哲学的形上学追求》，载《比较哲学视野里的中国哲学》，中国社会科学出版社 2012 年版，第 251 页。

② （清）章学诚：《文史通义·原道上》，吕思勉评，李永圻、张耕华整理，上海古籍出版社 2008 年版，第 33—34 页。

③ 仓修良就认为，章学诚的"道"不同于"天"："在章学诚看来，天不外乎是一个'充实光辉'的物质世界"；"所谓'所以然'，指的是事物之理（即道）。"（参见仓修良、叶建华《章学诚评传》，南京大学出版社 1996 年版，第 132 页。）只不过由于章学诚明确的"道寓于器"的观点，仓修良没有在程朱之天理的意义上理解章学诚的"道"，而是在事物的规律意义上把握"道"。不过，仓修良似乎漏掉了章学诚对于"道"不可见、无形无名的规定，我们可以向其提问：事物的规律总是具体的，又如何当得章学诚此种意义上的"道"呢？

学诚的说法，的确表面上很难与朱熹"阴阳既生，太极在其中，理复在气之内也"①的说法相互区别，但实际上二者的差异是不容抹杀的。②朱熹所言乃是以为理能生气，在其此句之上正是"太极生阴阳，理生气也"的说法。章学诚显然倾向于同戴震一样认为一阴一阳的运行（气化）本身即是道③，此从其"一阴一阳之道"④"一阴一阳，往复循环者"⑤等说法可以见之。万事万物之"所以然"不过是

---

①　转引自（清）戴震《孟子字义疏证卷中》，载《孟子字义疏证》，何文光整理，中华书局1982年版，第22—23页。其言："后儒论阴阳，必推本'太极'，云'无极而太极，太极动而生阳，动极而静，静而生阴，静极复动。一动一静，互为其根；分阴分阳，两仪立焉'。朱子释之云：'太极生阴阳，理生气也。阴阳既生，则太极在其中，理复在气之内也。'"

②　倪德卫对于章学诚的"道"与程朱理学的"理"之区别，有一个比较好的说明。其言："道是个别事物背后的'所以然'，但它自身并不是一个外在于历史的非时间性的价值模型或标准。它不是'物之所当然'。在此，章学诚以一种非常重要的方式对程朱理学作了修正。'所以然——所当然'的区分在宋代哲学里是共同的，但程颐和他的追随者们认为无论是'所以然'还是'所当然'都是'理'的本质。程颐更进一步认为'理'作为事物的原则在事物存在之先就已经存在，事物消亡以后也并不随之消失；而章学诚则总是认为他的道与实际的事物和制度不可分割。"（参见［美］倪德卫《章学诚的生平及其思想》，杨立华译，江苏人民出版社2008年版，第104页。）倪德卫指出，章学诚的"道"只具有"所以然"的涵义，而无"所当然"的涵义，而程朱理学则将二者共同揉合在"理"的本质之中。但是他对于章学诚之"所以然"的具体涵义的理解则付之阙如。本书下文将不从倪德卫已经揭示的以上角度谈论章学诚之"道"与程朱之"理"的区别，而是就二者表面共同的"所以然"规定背后之内实的不同立说。

③　章学诚的《原道》写于1789年，其时他已读过戴震的《原善》，《读易系辞论性》《读孟子论性》诸篇，此从其"书〈朱陆〉篇后"（钱穆归之于1789年，倪德卫依据胡适年谱归之于1790年）所言"戴著《论性》《原善》诸篇，于天人理气，实有发前人所未发者，时人则谓空说义理，可以无作，是固不知戴者矣"可知。但是，章学诚是否读过戴震的《孟子字义疏证》，学界则有不同意见。钱穆、余英时认为，章学诚没有见过《孟子字义疏证》（参见钱穆《中国近三百年学术史》，第九章；参见余英时《论戴震与章学诚：清代中期思想学术史研究》）。倪德卫则认为，"章在1789年前读了已经完成的《原善》和《孟子字义疏证》"。（参见［美］倪德卫《两类"自然主义"：戴震与章学诚》，载《儒家之道：中国哲学之探讨》，［美］万白安编，周炽成译，江苏人民出版社2006年版，第323—324页。）但是，章学诚是否读过三卷本的《原善》和《孟子字义疏证》，对于此处的论题并不重要。因为在《读易系辞论性》之中，就着《系辞》"一阴一阳之谓道，继之者善，成之者性也"的理解，戴震已经提出了"一阴一阳，盖言天地之化不已也，道也"，"有天地，然后有人物；有人物，然后有人物之性"的理解。章学诚在写作自己的《原道》之时，显然是对戴震的这些思想加以了认同的。

④　（清）章学诚：《文史通义·原道上》，吕思勉评，李永圻、张耕华整理，上海古籍出版社2008年版，第34页。

⑤　同上。

讲万事万物之存在的本原和依据。一阴一阳之气化生成万物，万事万物由之而有，所以它也可以当得万事万物之"所以然"。一阴一阳之气化未成具体形质之前①，作为宇宙世界的浑一整体，也是无形、无名的。

章学诚对于普遍之"道"的这些理解与其对于"天"的理解是一致的。在《原道》之外，章学诚又著有《天喻》，二者相较，我们就颇可看出此点。《天喻》言曰：

> 夫天，浑然而无名者也。三垣、七曜、二十八宿、一十二次、三百六十五度、黄道、赤道，历家强名之以纪数尔。古今以来，合之为文质损益，分之为学业、事功、文章、性命。当其始也，但有见于当然而为乎其所不得不为，浑然无定名也。其分条别类，而名文、名质、名为学业、事功、文章、性命而不可合并者，皆因偏救弊，有所举而诏示于人，不得已而强为之名，定趋向尔。后人不察其故而徇于其名，以谓是可自命其流品，而纷纷有入主出奴之势焉。汉学宋学之交讧，训诂辞章之互诋，德性学问之纷争，是皆知其然而不知其所以然也。②

本篇以天之浑一③为喻，说明学业、事功、文章、性命等皆不过举其一端示人而已，故而不可偏废。历来《文史通义》的注释、评点者④，皆以本篇论学而已，而对其所以借天为说不明所以，不置一言。其实《天喻》与《原道》主旨及论述方式颇为接近，一以道为据，一以天为喻，都是借道、天之浑一和整全来"诊断和治疗当时的

---

① 此虽不免有以戴震之思想来补充章学诚论述的意味在，但是将其放在章学诚的整个论述体系之中并不突兀和矛盾。

② （清）章学诚：《文史通义·天喻》，吕思勉评，李永圻、张耕华整理，上海古籍出版社 2008 年版，第 92 页。

③ 此处的"天"不可理解为具体的自然世界之现象，而是应被理解为宇宙之整体，二者之间的层次需要区别。

④ 叶瑛、吕思勉、仓修良等人。

思想分歧"①。不同的是,《原道》论"道"颇详,只在最后归宿于论学;而《天喻》则不过以论天为简短接引,大部文字则在论学。二者合观,《天喻》对于天的理解,虽然简短,不够显明,但却可补充《原道》对于"道"的说明。《天喻》言天"浑然而无名"②,显然是指形上整体之天,因其混一、大全的性质故而无以名其名。在这个意义上,天即是《原道》篇的不可形其形、名其名的道。学业、事功、文章、性命皆为"不得已"而强为"分条别类",举天之一端以示人。这和《与陈鉴亭论学》书中所述《原道》旨在揭示"考订、义理、文辞"皆为"道中一事",《博约》篇所言义理、考据、文辞"所致为道之一端"皆为同一义趣。

经此分析,章学诚"道之大原出于天"的理解,在人道原于天道的意义上,一方面强调人类社会伦理、政治秩序的产生与演化的客观必然性;一方面又点出人道之于天道(宇宙整体的普遍之道)的自然连续性。

不过,肯定人道原于天道并不意味着人类社会与自然世界的区别在章学诚那里没有得到明白的认识。人道之伦理、政治等施设的发展,受制于人类各种自然需要和社会需求的推动,是其不得不然的结果,并非人类的杰出英雄人物所能任意选择和创设的。在这个意义

---

① ［美］倪德卫:《章学诚的生平及其思想》,杨立华译,江苏人民出版社 2008 年版,第 113 页。倪德卫向我们提示,"章学诚的'原道'以对现代思想分歧的性质和发展的分析结尾"(上揭书,第 111 页),此足以表明章学诚论道并非纯粹地表现其形上学的兴趣,而是最后归宿于论学。倪德卫又提及章学诚的《与陈鉴亭论学》对于《原道》宗旨的自我阐述和辩护。他将其概括为:"他承认他确实用了一个旧的标题。但他的目的并不像刘安在《淮南子》中那样谈论道家的神秘论,也不像刘勰那样讨论文学艺术的原则,更不是像韩愈一样地攻击佛教。实际上,他在讨论一些全新的东西——试图诊断和治疗当时的思想分歧。"(上揭书,第 113 页)其实我们引用一下章学诚自己的原话,其意旨已不用再赘述什么了。章学诚言道:"道无不赅,治方术者,各以所见为至。……其稍通方者,则分考订、义理、文辞为三家,而谓各有其所长。不知此皆道中一事耳。著述纷纷、出奴入主,正坐此也。鄙著《原道》,盖为三家之分畛域设也。"(参见(清)章学诚《与陈鉴亭论学》,载《文史通义新编新注》,仓修良编注,浙江古籍出版社 2005 年版,第 717 页。)

② 倪德卫对于《天喻》此处文字的理解,亦颇有启示。其言:"正如我们在《天喻》中发现的那样,他的世界是无形式的。如果一个作者将现成的概念加到世界之上,他将总是歪曲他,并且不可避免地以模糊的方式勾画它。"(参见［美］倪德卫《章学诚的生平及其思想》,杨立华译,江苏人民出版社 2008 年版,第 158 页。)

上，它是一种必然，也是一种自然。但是人类社会发展的这种自然和必然，显然不同于自然世界的自然和必然。在自然的世界里，自然与必然不必分言，二者是直接同一的。但在人类的世界里，二者是可分的。① 在普通人眼里，人类社会的一切都是"不知其然而然"的自然演变；但是具有高度历史自觉意识的杰出人物，将会知道这一切都是"不得不然"的必然发展。所以，章学诚有言曰：

> 道有自然，圣人有不得不然，其事同乎？曰：不同。道无所为而自然，圣人有所见而不得不然也。圣人有所见，故不得不然；众人无所见，则不知其然而然。②

圣人之有所见而不得不然，意味着文明秩序的产生和发展是人类有意识、有目的的活动的结果，但是这种有意识、有目的的创制又不是任意的。因为圣人的创制不过是对于人类各种客观需要的一种回应，所谓"必有所需而后从而给之，有所郁而后从而宣之，有所弊而后从而救之"，"犹暑之必须为葛，寒之必须为裘，而非有所容心"③。章学诚将天道运行之"自然"比作车轮，将人类应付此种需要的文明施设之"不得不然"看作是轨辙，对此言道：

> 此皆一阴一阳往复循环所必至，而非可即是以为一阴一阳之道也。一阴一阳，往复循环者，犹车轮也；圣人创制，一似暑葛寒裘，犹轨辙也。④

---

① 戴震《孟子字义疏证》："道（四条）"说道："善，其必然也；性，其自然也；归于必然适完其自然，此之谓自然之极致，天地人物事为之道于是乎尽。在天道不分言，而在人物，分言之始明。"所谓"在天道不分言"，即在天道自然与必然二者是直接同一的，所以"举其实体实事而道自见"。在人道，则有自然与必然之分，所以"此所谓道，不可不修"。"修道"，不过即其自然以求归于其纯粹中正之必然而已。参见本书第一章的相关论述。

② （清）章学诚：《文史通义·原道上》，吕思勉评，李永圻、张耕华整理，上海古籍出版社 2008 年版，第 34 页。

③ 同上。

④ 同上。

　　人类的伦理、政治秩序是天道阴阳往复运行的必然结果，人类历史不过是在自然历史的延长线上发展而来的。但是人类社会及其秩序毕竟不同于自然世界及其秩序，它是人类回应自然世界的有意识、有目的的活动形式。此即以人道参天道。① 虽然，在车辙与车轮相合的意义上，人道也不能任意违离天道，二者必须是相应的；但是，人道并不直接地即是天道的复制和投影②，而是有人的主动性参与在其中。

　　在人道所以参天道的意义上，章学诚强调了伦理、政治秩序形成和发展过程中"圣人体道"所代表的人类主体性之参与的重要意义。但是章学诚并不忽视普通百姓不知其然而然的自然生活的意义，认为它是圣人藉以见"道"的"道之迹（故）"。所以，在圣人和百姓之间，其言：

　　　　孰为近道？曰：不知其然而然，即道也。非无所见，不可见也。不得不然者，圣人所以合乎道，非可即以为道也。圣人求道，道无可见，即众人之不知其然而然，圣人所藉以见道也。故不知其然而然，一阴一阳之迹也。学于圣人，斯为贤人。学于贤人，斯为君子。学于众人，斯为圣人。非众可学也，求道必于一阴一阳之迹也。③

　　百姓之人伦日用，不知其然而然，是圣人所藉以见道的"道之故"，"一阴一阳之迹"。在这里，章学诚区分了道与道之迹（道之故），强调了道不可见（"见"即能如前文所言"形其形名其名"），只可以通过其迹（故）来直觉地加以体悟。用倪德卫的话来讲，"道

　　① 章学诚在《文史通义·易教》中对于易道的理解亦可佐证此处的解释。章学诚认为易道在于"悬象设教"，"悬象设教与治历授时，天道也；《礼》《乐》《诗》《书》与刑政、教令，人事也。天与人参，王者治世之大权也"。又言"《易》以天道而切人事，《春秋》以人事而协天道"。这样，六经之道皆不过只是天与人参的结果。

　　② 所以章学诚在讲"道无为而自然，圣人有所见而不得不然"之后，即推言："言圣人体道可也，言圣人与道同体不可也。"此句"大梁本"《文史通义》不见，《章氏遗书》本则保存着。

　　③ （清）章学诚：《文史通义·原道上》，吕思勉评，李永圻、张耕华整理，上海古籍出版社 2008 年版，第 34 页。

不能被抽象出来清晰地加以阐述"①。章学诚所谓道与道之迹（故）这两个层次的区别，我们或可称之为形上之道和形下之道，其理论的目的有二：一是在形而上保持道的超越性；二是在形而下确认具体人伦世界之价值规范的相对性。关于道之超越性，章学诚所说"道之大原出于天"已具此意。倪德卫敏锐地看到了这点，其言：

> "道之大原出于天"。但"天"对章学诚而言实际上是令人敬畏的自然秩序。因此，他的道君临于所有对宗教神的尊敬，尽管它不是超自然的。他坚持认为道本身必须与它在历史中的"形式"区别开来，而离开这些"形式"，人们又无从认识道。其结果是，章学诚对人类的道德秩序有着本质上是宗教的敬畏，而与此同时他又将它完全视为自然的、逐渐展开的。②

强调道（天）与具体世界现象的分离，是为了保持道的超越性。强调这种超越性的同时又指出其无形式的特征，则是为了保持道概念的批判性。正是因为道之浑一、整全，所以有所定趋而不得不言的义理、考据、辞章等学问形式所致都只是道之一端，这样道的概念就具有了对于乾嘉时期义理、考据、辞章强分畛域的思想学术现状的批判意义。关于这一区分所具有的确认具体价值规范的相对性的面向，倪德卫亦有很好的说明，其言：

> 整个被清晰构想出来的人类价值和道德规范的领域不是归属于道自身，而是属于变化中的物质存在领域。显然，没有任何一种道德规范本身是绝对的，尽管人类价值的整体揭示了人性中道的存在。③

---

① ［美］倪德卫：《章学诚的生平及其思想》，杨立华译，江苏人民出版社 2008 年版，第 104—105 页。
② 同上书，第 104 页。
③ 同上。

　　总而言之，"道"与"道之迹（故）"的区分是必要的，通过这种区分，章学诚既肯定了对于伦理、政治秩序之超越性来源的理解，又得以保持一种历史主义的眼光看待人类社会一切价值规范而不至陷入凝固僵化。

　　章学诚在强调"道"与"道之迹（故）"的区分之外，另一方面又不停地在强调"道不离器，犹影不离形"①"道因器而显"②"道寓于器"③"道器合一"④，反对"舍器而言道"⑤"舍器而求道"⑥，主张"即器而明道"⑦"即器而存道"⑧。道并非是在具体事物之外之上而存在，它就存在和显现于具体的万事万物之中。而且，在章学诚看来，"道寓于器"，而器非一成而不变⑨，它总是在历史的时间中不断变化的，所以道的显现也是一个历史的过程。余英时对此予以揭示道：

----

　　① （清）章学诚：《文史通义·原道中》，吕思勉评，李永圻、张耕华整理，上海古籍出版社 2008 年版，第 38 页。

　　② 同上书，第 39 页。

　　③ （清）章学诚：《文史通义·原道下》，吕思勉评，李永圻、张耕华整理，上海古籍出版社 2008 年版，第 40 页。

　　④ （清）章学诚：《与陈鉴亭论学》，《文史通义新编新注》，仓修良编注，浙江古籍出版社 2005 年版，第 717 页。

　　⑤ （清）章学诚：《文史通义·原道中》，吕思勉评，李永圻、张耕华整理，上海古籍出版社 2008 年版，第 39 页。

　　⑥ （清）章学诚：《文史通义·原道下》，吕思勉评，李永圻、张耕华整理，上海古籍出版社 2008 年版，第 42 页。

　　⑦ （清）章学诚：《文史通义·答客问上》，吕思勉评，李永圻、张耕华整理，上海古籍出版社 2008 年版，第 153 页；（清）章学诚：《校雠通义通解·补校汉艺文志第十》，王重民通解，傅杰导读，田映曦补注，田映曦补注，上海古籍出版社 2009 年版，第 48 页。

　　⑧ （清）章学诚：《文史通义·原道下》，吕思勉评，李永圻、张耕华整理，上海古籍出版社 2008 年版，第 40 页。

　　⑨ 戴震以一个自然科学家和语言文字学家，对于"器"的理解注重其不变的稳定性，对"理"的理解也是如此。而章学诚以史家的眼光，理解的"理"与"器"皆是变化的。余英时注意到，戴震的即事言理，"不出乎日用饮食"，"可见他所注重的是具有经常性与普遍性的'事'。这仍是经学家的见地"；而"实斋所说的'事'则是历史性的，所以有时亦说'事变'。……'事'即历史上演变不居的'人事'。……理之所以不能有定形者，正以其随事而见，而事则永远在流变之中"。（参见余英时《论戴震与章学诚》，生活·读书·新知三联书店 2005 年版，第 58—59 页。）

戴密微谓实斋之"道"即存乎具体的历史实际中；倪文孙（引者注：即倪德卫）亦言实斋所谓"道"是人性中企求文明生活的一种基本潜能，而在历史中逐渐展现者。总之，实斋的"道"具有历史的性质，是在不断发展中的。正因如此，实斋看重当前的现实过于以往的陈迹，主通今而不尚泥古。我们可以说，实斋所以最重视"道"，正由于他把"道"看成一种"活的现在"，而不仅是像多数考证学家一样，把"道"当作"古典的过去"。①

道的这种存在论上的性质体现在人类之认识上面的要求就是随时即器而明道了。章学诚进而由此提出和强调其"史学所以经世"② 的学术宗旨及上达必由下学③的为学途径。他以此劝诫学人重视形下经验世界之事功价值的追求，而不要片面沉湎于形上空头之性理化境的涵咏，因为形上之道就存在于当下具体的人伦日用事为之中，对其的认识和寻求也只能在形下之器的世界才能得到实现。否则，"舍天下事物人伦日用，而守六籍以言道"④，只能是"空言性命"⑤，而且容易陷入凝固僵化而不能应时济世，不能真正地在当下现实世界之中实现道之价值和理想。⑥

综上所述，章学诚以为道可区别为无形无名之道本身与具体世界中可见的道之迹、道之故。倪德卫以为章学诚之道与迹的区分就好比

---

① 余英时：《论戴震与章学诚》，生活·读书·新知三联书店 2005 年版，第 55 页。

② （清）章学诚：《文史通义·浙东学术》，吕思勉评，李永圻、张耕华整理，上海古籍出版社 2008 年版，第 170 页。

③ 章学诚的完整表述是："学于形下之器，而自达于形上之道。"参见（清）章学诚《文史通义·原学上》，吕思勉评，李永圻、张耕华整理，上海古籍出版社 2008 年版，第 43 页。

④ （清）章学诚：《文史通义·原道中》，吕思勉评，李永圻、张耕华整理，上海古籍出版社 2008 年版，第 39 页。

⑤ （清）章学诚：《文史通义·朱陆》，吕思勉评，李永圻、张耕华整理，上海古籍出版社 2008 年版，第 80 页。

⑥ 宋儒已有人认识到"舍器而言道，是道为无用之物矣"。参见（宋）姚勉《雪坡舍人集》卷三十八，民国豫章丛书本。

"物自体"与"现象"的区分，我们或可使用中国哲学自己的话语称之为形上之道与形下之道，形上之道就其具有普遍、超越的特性又可称为天或天道，形下之道则可因其领域的不同而有天道①与人道的分别。道即在其迹之中显现，这种显现和展开是一个永无止息的历史过程。就这一具体的历史过程而讲，存在一个由天道而人道的连续发展过程，人类社会之伦理、政治秩序由此而产生。在章学诚看来，人道之伦理、政治秩序的产生，是"以人事而协天道"②的结果，虽然乃是针对天道之必然而做出的不得不然的不断回应，但其如同天道一阴一阳的往复循环一样，也是一个客观自然的过程。

　　本书第一章已经依据储昭华的观点指出，荀子的天论把天区分为形上之天和形下之天，有类于康德之区分"物自体"与"现象"。章学诚的道论区分"道"与"道之迹（故）"，倪德卫亦谓其"好像是'物自体'与'现象'"③。又章学诚和荀子都强调了道之客观实在性和必然性的理解。这些都是章学诚思想与荀子思想的一致之处④，虽

---

　　① 储昭华关于荀子的"天道"概念指出，"正如天的概念一样，这里所谓的'天道'在荀子那里似乎也有形上与形下之别。形上意义的天道指的是主宰一切的大道，而形下意义的天道指的则是可见的天象如日月、星辰等运行的规律法则，这客观上不免有含混之嫌"（参见储昭华《明分之道——从荀子看儒家文化与民主政道融通的可能性》，商务印书馆2005年版，第168页，"注释2"）。本书此处亦认为，章学诚的天道有形上的"天道"，指的是范围天地人物而不遗的世界整体之道；形下的"天道"，则指具体的自然世界的运行过程及其规律，以与人类社会领域的人道相区别。其实，在戴震等其他中国思想家那里所言"天道"亦都有此两种含义。为示区分，本书这里建议两种办法：一是单以"道"标示形上之道，而以天道、人道为具体形下之道；二是区分"天地之道"与"天道"，分别指示形下、形上意义之天道。具体如何处理，尚待学者斟酌取舍。

　　② （清）章学诚：《文史通义·易教下》，吕思勉评，李永圻、张耕华整理，上海古籍出版社2008年版，第9页。

　　③ ［美］倪德卫：《两类"自然主义"：戴震与章学诚》，载《儒家之道：中国哲学之探讨》，［美］万白安编，周炽成译，江苏人民出版社2006年版，第337页。

　　④ 侯外庐也指出，"学诚的天道思想，是唯物主义的自然史观；这一思想是揉合老子、庄子、荀子的学说而成的"。除了列举数条材料来说明章学诚与荀子在自然天道观上的一致理解，侯外庐还引用章学诚称述荀子思想的文字对此加以佐证，其言："学诚极称庄荀'有关于明道之要'。他的哲学思想所以要'参取'庄荀，因为他们'每有得于大道之一端'。"（参见侯外庐《中国思想通史》第5卷，人民出版社1956年版，第524—527页。）仓修良亦谓章学诚哲学思想"远继先秦诸子朴素自然的天道观"（参见仓修良、叶建华《章学诚评传》，南京大学出版社1996年版，第130页），其中当主要包括荀子。

然章学诚自己对此也许没有什么意识。当然，章学诚是否已经能够如储昭华那样在《荀子》众多的关于天、天道的论述中分析出其形上、形下两层含义，显然是存在疑问的。与戴震的情形一样，章学诚对于形上、形下之道的区分，也是来源于《易传》的，我们不必将其归于荀子的影响。而且，章学诚对于形上、形下之道的联系的强调，以"道寓于器""道因器而显"的命题表达出来，更是二千年之前的荀子所没有的思想。

二　章学诚论伦理、政治秩序的起源、性质与荀子礼论之关联

在对章学诚的道论及其与荀子思想的关系有了一个整体性的一般把握之后，本节具体探讨一下其论述伦理、政治秩序的起源、性质与荀子礼论的关系。章学诚对于人道之伦理、政治秩序的起源、性质的论述与荀子礼论思想存在着高度的一致性。

荀子论礼以人之自然情欲的满足为出发点，其言曰：

> 礼起于何也？曰：人生而有欲，欲而不得，则不能无求。求而无度量分界，则不能不争；争则乱，乱则穷。先王恶其乱也，故制礼义以分之，以养人之欲，给人之求。使欲必不穷乎物，物必不屈于欲。两者相持而长，是礼之所起也。[①]

自然欲望满足的需要，产生了和平与秩序的需要。礼义直接地解决后一方面的需要，间接地却是要完成满足前一需要的任务。人是一种社会的动物，他们结成一定的人群，共同面对人与自然的关系，以从自然中获取满足自己需要的资源和产品。人类为了处理好与自然的关系，他们首先必须处理好人与人之间的关系，只有这样才能群居和一、力能胜物。礼义就在这种需要的激发之下而由对于这种需要有着自觉意识的人类的先王创制出来了。

在这样的理解之下，荀子进一步论述礼义的本质端在于"养"和

---

① 《荀子·礼论》。

"别"。其言曰：

> 刍豢稻粱，五味调香，所以养口也；椒兰芬苾，所以养鼻也；雕琢刻镂，黼黻文章，所以养目也；钟鼓管磬，琴瑟竽笙，所以养耳也；疏房檖貌，越席床第几筵，所以养体也。故礼者养也。君子既得其养，又好其别。曷谓别？曰：贵贱有等，长幼有差，贫富轻重皆有称者也。①

荀子的"养"并不仅仅意味着身体口腹之物质需要的满足，而是有着更为广泛的涵义，如审美的需求亦被包括在内。荀子的"别"虽然强调等差的存在，但是这是其"维齐非齐"思想的一个必然的结果②，对于"皆有称"的强调表明其背后亦有一种正义的要求存在。关于"养"与"别"的关系，荀子亦有很好的说明。其言：

> 孰知夫出死要节之所以养生也！孰知夫出费用之所以养财也！孰知夫恭敬辞让之所以养安也！孰知夫礼义文理之所以养情也！故人苟生之为见，若者必死；苟利之为见，若者必害；苟怠惰偷懦之为安，若者必危；苟情说之为乐，若者必灭。故人一之于礼义，则两得之矣；一之于情性，则两丧之矣。故儒者将使人两得之者也，墨者将使人两丧之者也，是儒墨之分也。③

礼之"别"对于欲之"养"是必要的保证。礼义从浅层看是对于人之情性需求的一种差别限制，但是从整体和长远的眼光看，却是一种成全和保障。"故人一之于礼义，则两得之矣；一之于情性，则

---

① 《荀子·礼论》。

② 《荀子·王制》说道："分均则不偏，势齐则不一，众齐则不使。有天有地，而上下有差；明王始立，而处国有制。夫两贵之不能相事，两贱之不能相使，是天数也。势位齐，而欲恶同，物不能澹则必争；争则必乱，乱则穷矣。先王恶其乱也，故制礼义以分之，使有贫富贵贱之等，足以相兼临者，是养天下之本也。《书》曰：'维齐非齐。'此之谓也。"

③ 《荀子·礼论》。

两丧之矣"。遵守伦理、政治秩序，对于每一个人之情欲的满足是一种"明智"的必然选择。

如果说上述荀子关于礼义起源的论述只是一个哲学的说明，那么章学诚的论述就不仅是一个哲学的说明，更是一个历史的说明了。人类从最小的三口之家到千百万人的复杂政治社会的历史发展过程，就是道之渐形渐著的过程。人类文明秩序的各种施设，就在这一历史过程中，从简单到复杂，一项项地被创制和发展出来。在由"三人居室而道形"开始的论述中，章学诚很好地具体分析了人类社会及其文明秩序的起源机制与过程。"在人类历史中，随着第一个人类家庭的出现，道开始'成形'，并随着人口的增加以及人类社会变得越来越复杂而延续着。"① 众人结成社会，是人道之起源的前提；而且从最小的社会到高度复杂化的社会，道"渐形渐著"。在这个过程之中，人类的自然物质需求是推动道之演化的最初动力。所谓"朝暮启闭其门户，饔飧取给于樵汲"，包括了饮食的需求、御寒的需求和环境安全的需求。为了更好地满足这些需求，结成社会的人群在其生产、生活中产生了分工的需要，"或各司其事，或番易其班"。由于分工的存在，为了避免争端，又产生了对于维持秩序的需求。总之，为了满足自然物质需求而又产生了协调人际关系的需求；为了应付这种需求，人类社会的伦理、经济、政治的施设发展了起来；最后，为了使人人都能够较好地遵守这些施设之规范，教化的任务又提了出来。

章学诚的这些思想与上述荀子论礼之起源的思想可谓是如出一辙。它不仅是章学诚对于人类伦理、政治秩序之起源的合理的哲学推演，而且历史学家的研究将会表明这也是符合实际的历史重述。当然，这种对于历史性的理解和强调，在荀子思想那里也不是没有。正如倪德卫已经指出的，在章学诚的理解中，"制度上的道德秩序的产生明确地是历史的和积累的，是圣人对于出现的人类需求的回应。荀子本人在谈及礼义作为圣人之'积伪'显示了类似的观点（《性

---

① ［美］倪德卫：《章学诚的生平及其思想》，杨立华译，江苏人民出版社2008年版，第103页。

恶》）。在这里，章可能说了他认为的荀子已说的或应该说的东西"①。

在指出章学诚和荀子关于伦理、政治秩序起源之认识上的一致性之后，下面本书将会处理二人在伦理、政治秩序之性质的理解上的关系，因为二者是紧密相关的。

在荀子那里，虽然伦理、政治秩序是由圣人的"明智"所见、"积伪"所成，但并非只具一种应付人类之物质需求以及由此而生的社会秩序需求的"工具"价值。②因为圣人"发明"了礼义，但是圣人却不是一无凭借和依据地任意"发明"了礼义。所以荀子不仅有"礼义者，圣人之所生"的表达，更有"礼有三本"的说法。其言：

> 礼有三本：天地者，生之本也；先祖者，类之本也；君师者，治之本也。无天地，恶生？无先祖，恶出？无君师，恶治？三者偏亡，焉无安人。故礼、上事天，下事地，尊先祖，而隆君师。是礼之三本也。③

荀子理解的礼的产生不仅有"本"，而且有"理"。其言：

> 礼之理诚深矣，"坚白""同异"之察入焉而溺；其理诚大矣，擅作典制辟陋之说入焉而丧；其理诚高矣，暴慢恣睢、轻俗以为高之属入焉而队。④

这些都是在论述礼之起源和依据，正是因为有着如此深广的根源，所以礼具有至为广大的意义，所谓：

---

① ［美］倪德卫：《两类"自然主义"：戴震与章学诚》，载《儒家之道：中国哲学之探讨》，［美］万白安编，周炽成译，江苏人民出版社 2006 年版，第 336 页。
② 牟宗三、韦政通、周群振等人便是如此批评荀子思想的。简要概述参见张匀翔《摄王于礼、摄礼于德——荀子之智德及伦理社会建构之意涵》，花木兰文化出版社 2010 年版，第 108 页。更进一步的理解参见牟宗三《名家与荀子》、韦政通《荀子与古代哲学》、周群振《荀子思想研究》等相关著作。
③ 《荀子·礼论》。
④ 同上。

> 天地以合，日月以明，四时以序，星辰以行，江河以流，万物以昌，好恶以节，喜怒以当，以为下则顺，以为上则明，万变不乱，贰之则丧也。礼岂不至矣哉！①

对于上述三则材料，首先需要加以特别解释的就是"天地者，生之本"。张匀翔于此认为：

> 荀学所谓"三本"，当以"天地"最为根本。"天地"一方面为人类生存的物质前提，他提供了生存的空间及需要的物质；一方面就"礼"根本之源来说，"天地"相较于"先祖"为"类之本"、"君师"为"治之本"，"天地"则为"生之本"，更为"礼"根本之所源。②

他实际上肯定了荀子是以天为礼之本原依据的。进一步他又依据《荀子》"天地以合，日月以明，四时以序，星辰以行，……礼岂不至矣哉"的文本，认为：

> 荀学的"天人之分"，是针对天之于人类社会不具有意志性之影响的强调；他并未否定天与人二者的相互关系。天与人二者之间，有着根源的统一，致使他们在目的上也是相同的、一致的。天地由礼而和谐、日月由礼而光明，四时由礼而有序、星辰由礼而运行、江河由礼而奔流，天地展现的自然规律有一道德之意义，而落实为人事之规范制度在本源上与天地同，人道之极的落实即为"礼"的实现，即对于天地的参与。③

张匀翔关于荀子之自然具有道德意义的目的论式理解，似乎与我

---

① 《荀子·礼论》。
② 张匀翔：《摄王于礼、摄礼于德——荀子之智德及伦理社会建构之意涵》，花木兰文化出版社 2010 年版，第 83 页。
③ 同上书，第 83—84 页。

们对于荀子自然天道观的认识不合，很难解释《荀子·天论》之中的许多文本。与张的此种观点正相反对的是伍振勋的理解。他以为"此一层面所见的人为自然界的物类之一，人的自然生命出于'天功'，其性情、官能、心智称为'天情''天官''天君'，其长养依赖于'天养'——自然资源的取用与分配，并顺着自然法则从事——是为'天政'，因此要'上事天，下事地'"。① 这样一来，天地为礼之一本，就被他仍然归入"天生人成"的框架之下理解了。天地为礼之一本，不过是说礼义具有人类与自然的对治关系之中的自然伦理的意涵。所以他对于荀子礼论的看法是：

> 荀子基于"天人合一"的传统信念，仍然相信宇宙和谐有序，自然秩序和人事秩序必然同时达成，而"礼"正是造就宇宙秩序的"至道""极则"，它具有"天下莫之能损益"的权威性。"礼"是构成宇宙秩序、而且是"足以为万世则"的伦理原则，这一点或可称为"礼宇宙观"。②

这是认为荀子的礼论仍然保有传统的天人合一信念，其所论之礼具有宇宙秩序的意义，所以称之为"礼宇宙观"。这种理解与张匀翔的理解似乎并不能区隔开来，但是在伍振勋对于荀子礼论之认识中真正重要的内容并不在此。他特别指出：

> 然而荀子的"礼宇宙观"强调"礼"是人文世界的自足法则。关于礼法的创始，"天生人成"的思想形态排除了"天生礼"一途，因此"礼义者，圣人之所生也"，圣人之"生"礼义并不是"发现"（discovery）某种自然法的礼；而且由于荀子的人性论并未赋予人的"智能才性"具有道德创造性，因此此"生"亦不是从"无"生"有"的创造（creation）；"礼"出自

---

① 伍振勋：《语言、社会与历史意义——荀子思想探义》，花木兰文化出版社 2009 年版，第 31 页。

② 同上书，第 17 页。

人为（"伪"），是在人类历史的时间序列当中，透过先圣后圣的辗转"发明"（invention），从各种生活经验的素材，"积思虑，习伪故"，组织营构出一套有道德目的的秩序法则。因此，"礼之理"不是反映超越的"宇宙法则"，也不是体现人的"心性法则"，而是人文理性的"大理"。①

礼是前圣、后圣的"发明""营构"之成果的累积，是人文理性的体现。伍振勋所论到此均不为错。礼义法度不是被"发现"的自然法，但是它也不是"无"中生"有"的"创造"，既然承认这一点，那么我们可以提出询问：礼义之"发明""营构"是依据什么原理，用什么材料来完成的呢？它仅具有"人文世界的自足法则"意义吗？

伍振勋和张匀翔的对立，可以说是对于荀子的礼论理解上的两极对峙②的最新代表了。倪德卫的看法则在二者之间有些徘徊不定。倪

---

① 伍振勋：《语言、社会与历史意义——荀子思想探义》，花木兰文化出版社 2009 年版，第 17 页。

② 这种对峙一方以牟宗三为代表，其言："荀子只言人道以治天，而天却无所谓道。即有道，亦只是自然之道也。人以礼义法度而行其治，则能参。参者治己而遂以治天也。……彼所见于天者惟是此，故礼义法度无处安顿，只好归之于人为。此其所以不见本源也。荀子惟是从对治上着眼。一面剌出去为被治，一面遂出来为能治，人造能治者，正所以治被治，则能治者之功用全在相对而见。相对而见，则能治之礼义法度亦唯是工具之价值，而无内在之价值。此则终不免于功利之窠臼。"（参见牟宗三《名家与荀子》，台湾学生书局 1979 年版，第 214—215 页。）相反的意见则有，龙宇纯认为荀子之意，"宇宙万有及一切人事无不涵摄于一礼字之中，礼不仅为人类行为及政治之纲纪，且亦为宇宙天地之本体"（参见龙宇纯《荀子思想研究》，《荀子论集》，台湾学生书局 1987 年版，第 70 页）。此种对立，在海外的汉学家中间，亦有体现。史华慈认为，荀子的礼"既能统治宇宙秩序，又能统治人事秩序"，"就其实质而言，'礼'相当于斯多葛派和中世纪意义上的'自然法'"。（参见［美］史华慈《古代中国的思想世界》，程钢译，江苏人民出版社 2003 年版，第 311 页）而倪德卫则倾向于认为，荀子"基本上属于结构论的'自然主义'"；而其对于结构论的"自然主义"的理解则是："天只是存在，它没有像对人类有目的那样的东西，而人是世界的因果过程之自然的产物。但是人类被如此地构造和如此地处于一种与其他的东西和动物的关系之中，以致于人类有多种（外在经济的或内在心理的，或者两者的）需要，这些需要只能通过社会——道德秩序来满足，而人类使这些秩序逐渐形成或者创造了它们（如果是后者，人类接受他们创造的规则，不仅作为精明的劝告，而且作为道德义务）。但是是非好坏之分是真实的。"（参见［美］倪德卫《儒家之道：中国哲学之探讨》，［美］万白安编，周炽成译，江苏人民出版社 2006 年版，第 329—330 页。）

德卫一方面认为荀子"基本上属于结构论的自然主义"。但是又提出在荀子那里，"在我最初的觉明状态中，我实在没有把'道德'作为道德。按这种观点，道德确实是幻觉，虽然世界是这个样子，以致于人类必须也应该（在实用主义意义上的'应该'）有道德"①，他由此向荀子提出一个难题，"有用性"是否就可以解释"道德之为道德"，也即是道德规范的非道德本性是否可以理解？倪德卫推测，"荀子这种明显的难题可能显示：我们必须把他的宇宙看作不仅是美的而且是在道德上善的，即使荀子的'天'不是能关心人类的神圣的存在。在他那里，我们可以说，有神论不仅被消融而且被冲掉；但是，留下了一条道德曲线，像总是露出牙齿笑的人的微笑。如果是这样，荀子就达到了目的论的自然主义的地步"②。

　　上述对于荀子的几种解读，都有其依据，但未免都拘于一偏。一是将人道看作天道之无差别的延伸，礼义秩序不过是宇宙秩序（自然法）在人事领域的体现和应用而已；二是以为礼义乃人文理性之创造、发明，是人事自足的法则。前者未能真正重视人道以参天道过程之中人的主动参与作用——人道并非是人毫无主体性地对天道的摹写和遵循，而是在天人互动中以人自身主体性的参与而提出来的人为的创设。后者则忽视了人道之"发明"终究受到天道的制约，不能不对天道有所反映，人道作用之实现也并不止于人类社会范围之内，而是具有"天地位焉，万物育焉"③的效果——在此意义上它不仅具有人道秩序的意义，而且具有天道秩序的意义。这些主张在荀子的思想里，虽然引而未发或发之未详，但都是存在的。许多研究者对于《荀子》文本不能细致体贴和全面考量，缺少见微知著的功夫，故而只能发其一端而舍弃另一端，如上述伍振勋、张匀翔等人；或者虽有见及两面，但不能对之协调统一而谓其

---

　　①　［美］倪德卫：《两类"自然主义"：戴震与章学诚》，载《儒家之道：中国哲学之探讨》，［美］万白安编，周炽成译，江苏人民出版社2006年版，第330页。
　　②　同上书，第330—331页。
　　③　此为《中庸》里面的话语，荀子亦有类似的"天地官而万物役"（《荀子·天论》）的表达，更有上引"天地以合，日月以明……"的话语。

存在矛盾的①，倪德卫即是代表。

荀子思想诠释上的这种纷争，表明在当代的荀学研究当中，的确存在着这么一个理解困难。如果说这个困难是因荀子思想的阐发和表达犹有不到之处有以致之的话，那么到了章学诚这里，我们可以看到荀子思想面临的这个所谓困难②其实早已得到了精当的解决。章学诚的办法是通过区分"自然"和"不得不然"来对圣人创制与道的关系做了一个很好的说明。其言：

> 道有自然，圣人有不得不然，其事同乎？曰：不同。道无所为而自然，圣人有所见而不得不然也；众人无所见，则不知其然而然。孰为近道？曰：不知其然而然，即道也。非无所见也，不可见也。不得不然者，圣人所以合乎道，非即以为道也。③

圣人对于伦理、政治秩序的发明、创制与道之自然流行而创生一切，二者性质毕竟不同。其不同在于，圣人所代表的人类创制是高度自觉的有意识、有目的的活动，所谓"道无所为"而圣人"有所见"。④ 但是人类之有意识、有目的的创制活动，又是受制于道的。道就其自身是一"自然"，圣人的创制却是"必有所需而后从而给之，有所郁而后从而宣之，有所弊而后从而救之"的"不得不然"。伦理、政治秩序是人类对于天道之主动回应，并不是直接地从天道引

---

① ［美］倪德卫：《两类"自然主义"：戴震与章学诚》，载《儒家之道：中国哲学之探讨》，［美］万白安编，周炽成译，江苏人民出版社 2006 年版，第 331 页。

② 荀子思想是否真的存在这个困难，还是可以再讨论的。本书倾向于认为，章学诚的一些思想已经在荀子那里存在了，只不过章学诚引入"自然"与"不得不然"两个概念，对于此一问题的论述更为透彻和明白。

③ （清）章学诚：《文史通义·原道上》，吕思勉评，李永圻、张耕华整理，上海古籍出版社 2008 年版，第 34 页。

④ 当然，此处圣人的"有所见而不得不然"是与众人的"无所见则不知其然而然"相对而言的，它并非指人类活动一般意义上的自我意识（此种自我意识圣人与众人皆有，乃是人区别于动物的标志之一），而是指的对于"道"的认识，是人类自我意识的最高表现和成就。圣人对于道的"有所见"，虽非即是人禽之别意义上所讲的人类之自我意识，但是它显然亦得以人人皆具的自我意识的能力为基础。

伸出来的，所谓"不得不然者，圣人所以合乎道，非可即以为道也"，它包含着人之主体性的需求和创造在里面。当然，人类的需求和从此需求出发的主体创制不是纯粹主观的，它也不能违离客观普遍的天道。章学诚最后有一个很好的譬喻："一阴一阳，往复循环者，犹车轮也；圣人创制，一似暑葛寒裘，犹轨辙也。"① 轨辙的延伸并不即是车轮的行进，但是二者又有一种相应的关系。这就譬如人道之发展并不即是天道之演变，但是二者又必须是相协的。就人道之必须协于天道，人道之伦理、政治秩序并不即是人文世界自足的法则，而是亦有其超越的依据和内在的价值；就人道之必涵有人之主体需求和创造在内，人道之伦理、政治秩序，并不即是天道之规律和目的在人事领域的摹写和落实，而是人文理性营构之工具。人道的这两个方面的理解在章学诚的譬喻中很容易地统一起来了，片面强调礼义所代表的伦理、政治秩序规范之属"人"的意义，或是属"天"的面向，都是不能成立的。荀子的礼义正如章学诚论述的伦理、政治秩序一样，也是"以人事而协天道"的结果，不能片面地从其属"人"的面向或是属"天"的面向来理解。

其实，如果接受储昭华对于荀子的诠释，章学诚上述的认识在荀子那里已经具体而微地存在了，章学诚的论述只是对于荀子相关思想的更进一步地精致化发展和表述，虽然其意义依然不可忽视。储昭华关于荀子思想中人道与天道的关系，说道：

> 人道之为人道，必然凝聚着人的意识与意志，是人能动选择、创设的结果，而不是直接决定于天。但就其根本源泉来说，同样是至上超越的天道的一种特殊的体现形态。人的活动同样必须遵循这种涵盖、统御一切的普遍法则，不得违背天道。其特殊之处则在于人能通过"天君"（心）即理性认识把握"道"，且积极的有所作为，参与到道的演化之中，达到二

---

① （清）章学诚：《文史通义·原道上》，吕思勉评，李永圻、张耕华整理，上海古籍出版社 2008 年版，第 34 页。

者的统一。①

他的这一解释是从《荀子》相关文本之中寻绎出来的，虽然有所拔高，但基本还是荀子的本意。而章学诚对于荀子此一思想的发展主要体现在，对于人事活动所受天道之制约的内容和性质以"不得不然"的概念表达出来，并进行了具体的阐释，另外，与此相关的包括道器关系理解、对于道之历史性的突出强调等方面，章学诚思想的精细程度均是两千多年前的荀子所不具备的。

总之，如果说在荀子那里人道与天道相别、相参的思想表现得还不够显明和集中，具体表达也许还有模糊甚或不一致的地方，那么这一思想经过章学诚之论述的补充和加强让我们很容易发现，牟宗三和龙宇纯、张匀翔和伍振勋等人所代表的对于荀子礼论思想的两极解释都是有片面性的，倪德卫所谓的荀子思想的困难亦自然消解了。由此可见，章学诚对于伦理、政治秩序的起源与性质的论述不过是对于荀子礼论相关思想的一个继承与深化，虽然他并不是有意识地在做这件事。②

第三节　圣人的地位和经典的性质：章学诚对于荀子思想的继承与发展

一　问题的来源：戴震"通经明道"的挑战

圣人与经典的性质、地位问题，在章学诚那里是一个必须处理的问题。在过去漫长的历史之中，包括章学诚身处的乾嘉时代，学者的工作价值一般都得联系到圣人和经典进而归宿于道才能获得最终的说明。章学诚所面临的乾嘉经学考据学风的压力，也需要他对于自己所

---

① 储昭华：《明分之道——从荀子看儒家文化与民主政道融通的可能性》，商务印书馆 2005 年版，第 173 页。

② 倪德卫也说，章学诚的思想"好像是对儒家伦理的荀子版本的一种得体的修正"，虽然"章并没有把自己声称为批评地修正了荀子，可能甚至也没想到自己在做这事"。（〔美〕倪德卫：《德可以自学吗》，《儒家之道：中国哲学之探讨》，〔美〕万白安编，周炽成译，江苏人民出版社 2006 年版，第 64 页。）

业之文史校雠工作的性质与价值做出一个解释。这都迫使章学诚必须具体地对于经典的性质、圣人的地位以及自己的学者工作与圣人、经典进而与道的关系做出自己的回应性说明。章学诚探索的最终结果是"六经皆史""文史不在道外"的经典性质、地位的判定和"官师合一"的经典产生之时代社会的理解。

余英时认为，章学诚提出"六经皆史"的命题是要和当时的经学考证相抗衡，认为"'六经皆史'可以看作是实斋对东原的'考证挑战'的一个最具系统性的反应"。① 此承其师钱穆"实斋著《通义》（《文史通义》），实为针砭当时经学而发"② 的结论而发扬光大之。余英时的考察，关注章学诚与戴震的思想学术交涉，无论是心理的还是历史的分析，均十分独到和精彩，在学术界产生了广泛的影响。

余英时不仅对于章学诚的"六经皆史"思想是为什么而提出来有着详细的说明，而且对于其是如何提出来的即章学诚之学思发展过程发表了明确的意见。他说道：

> 以我们今天对于章氏成学过程的了解，我们已可断定在1779年之前，即《校雠通义》四卷本初稿撰成之前，他的主要著作是以校雠之学为重点的。换句话说，他前期的工作重心是通过班固、刘向、刘歆的校雠方法来考辨文史之学的源流。这是他的学问的基础功夫。至于今本《文史通义·内篇》中的绝大理论如"六经皆史"，如道始于三人居室，不在政教典章人伦日用之外，如史学所以经世等等，都是1788年以后才逐渐发展出来的。这是他成学的最高境界，但并非一蹴即至，而是建立在长期的校雠功夫之上的。③

---

① 余英时：《章学诚的"六经皆史"说与"朱、陆异同"论》，载《论戴震与章学诚：清代中期学术思想史研究》，生活·读书·新知三联书店2005年版，第49页。
② 钱穆：《中国近三百年学术史》下，商务印书馆1997年版，第420页。
③ 余英时：《补论：章学诚文史校雠考论》，载《论戴震与章学诚：清代中期学术思想史研究》，生活·读书·新知三联书店2005年版，第168页。

此处余英时认为章学诚的"六经皆史"思想的形成与提出较晚，是在其前期的校雠工作之后提出来的。也就是说，章学诚基本上是先从事文史校雠的工作，而后才逐渐从中提炼和发展出一套"六经皆史""文史不在道外"等文史理论，对于自己文史校雠工作的性质和价值做了一个总结和论证。如果说"六经皆史"的提出才意味着章学诚学术的最终自立和对于戴震等人"考证挑战"的成功回应，依照余英时的这个看法，那么章学诚完成这个回应的时间是比较晚的，迟至 1788 年以后了。①

倪德卫的认识则不如此。他认为，章学诚对于六经性质的一些思考产生颇早，对于自己的文史校雠工作与六经、圣人和道之关系这个问题的求解，至迟在 1770 年就找到了答案。② 倪德卫注意到两条材料：一是"1764 年章给甄松年写信讨论六经的本性等问题。他试图把它们作为文体的原型，但尚未视之为历史过程的产物"③；二是"1770 年（或更早）章已经对刘歆的诸子出于王官说有兴趣。此由朱筠写给他的诗中显示之"。④ 倪德卫指出，在这两个年份之间是章学诚与戴震第一次见面的 1766 年，也就是余英时所讲的戴震给章学诚带来"'考证挑战'下的精神震荡"的那一年。倪德卫由此合理地推

---

① 后来余英时对其早年的观点有所修正。在《章实斋的史学观点之建立》中，他认为："我们比较章、戴 1766 年在北京的第一次晤谈和 1773 年在宁波、杭州的两度会面，很清楚地可以看出实斋在心理上的变化。1766 年实斋写信给章汝楠时，由于他尚未完全从'考证挑战'下的精神震荡中恢复过来，因此语气之间对他以往的治学途径表现出一种动摇和犹疑。至 1773 年，经过七年之久，实斋在学术上终于找到了自己要走的路，确定了毕生努力的方向。所以这一年两次与东原论学都能坚持己见，不为东原的凌人盛气所屈。这就表示实斋在这几年中思想已趋定型，而自信心也充分地建立起来了。"（参见余英时《章学诚的史学观点之建立》，载《论戴震与章学诚：清代中期学术思想史研究》，生活·读书·新知三联书店 2005 年版，第 38 页。）

② 参见［美］倪德卫《两类"自然主义"：戴震与章学诚》，载《儒家之道：中国哲学之探讨》，［美］万白安编，周炽成译，江苏人民出版社 2006 年版，第 323 页。

③ ［美］倪德卫：《两类"自然主义"：戴震与章学诚》，载《儒家之道：中国哲学之探讨》，［美］万白安编，周炽成译，江苏人民出版社 2006 年版，第 321 页。此处所言与甄松年的书信，乃是《驳〈文选〉义例书再答》，载仓修良《文史通义新编新注》，浙江古籍出版社 2005 年版，第 854—855 页。

④ ［美］倪德卫：《两类"自然主义"：戴震与章学诚》，载《儒家之道：中国哲学之探讨》，［美］万白安编，周炽成译，江苏人民出版社 2006 年版，第 321 页。

测，章学诚是在戴震那里遭遇了经学考据向自己的文史校雠工作提出的挑战，并接受了这一挑战所提出的问题。其言曰：

> 章给甄松年的信（1763—1765 年）及朱筠给章的诗（1770 年）留下一些关于章在构思其基本哲学立场的关键时期的结论性的观点。在这个时期的中间，章首次与戴会面。如果余英时的说法是正确的话，在那次会面时，戴给章看了他已写完的《原善》（也可能戴让章借去抄录），并在讨论该书的过程中谈了他对义理、制数、辞章三者关系的看法。章一定知道：戴的问题就是他自己的问题（或者起码差不多的问题）。①

考据经学的成立与张大，具有一套关于经书义理、制数和辞章之间关系的理解作为自己的方法论基础，也有一种关于六经与圣人之道的联系的说明作为自身价值的论证。倪德卫以戴震作为考据经学的旗帜性代表，叙述了他对这个关系考据经学之成立的根本问题的理解。其言：

> 戴自以为是考据学家。对此的证明就是：六经是载道之书，是圣人完美知识的陈述，而考据之学是为理解它们所必需的。②

戴震的理解简单明了地回答了考据经学的必要性和可能性的问题，很好地定位了自身工作的性质与价值。章学诚的学术兴趣和途径与戴震是如此的不同，他能否像戴震一样，将自己的工作与六经和圣人之道联系起来，给出对于自己学术和人生价值的一个证明呢？显然不能现成地接受戴震的理解，章学诚为自己寻求证明的出路只能从其所熟悉的传统文史之学中寻找。倪德卫对于章学诚的可能致思理路，做了一番合理的揣测。

---

① ［美］倪德卫:《两类"自然主义"：戴震与章学诚》，载《儒家之道：中国哲学之探讨》，［美］万白安编，周炽成译，江苏人民出版社 2006 年版，第 322 页。
② 同上。

　　章对自己的定位则不同：他认为自己的兴趣在历史和辞章。因此，他必须问："这些与六经有何联系？圣人只是在六经中重述道的第二层次的教导吗？"他并不这样认为。他所做的事的正当性一定与道有一种直接的关系。但是，人们无法设想这些东西是任何人的智慧的陈述（statement）。一种长久的文学思想传统使他相信：好的作品表达（express）终极价值而不是陈述之。因此，这些东西只直接表达道，而不陈述道。但是，如果这是对作品的价值的解释，这一定也是对六经的价值的解释。六经也必须是表达（expression），并且，它们本身是所有有价值的作品的原型。……在这样思考的过程中，他一定回想到刘歆关于诸子出于王官之论。此论也能够，而且应该运用于六经！但这意味着什么？这意味着：天道变成人道，不是通过没有时间限制的（永恒的）使圣人达到完美知识的心理实在，而是通过整个人类的历史经验。这就是六经是遗物，"六经皆史"的真正意思。①

　　这当然只是倪德卫对于章学诚在1764—1770年间思想发展历程的一种想象性重构②，不过具体考察一下倪德卫所提及的关于章学诚的两则材料，应该说这种重构是符合理论逻辑的，也是基本符合历史事实的。

　　在1764年的《驳〈文选〉义例书再答》③中，章学诚对于六经的本性发表了如下的看法：

---

　　① ［美］倪德卫：《两类"自然主义"：戴震与章学诚》，载《儒家之道：中国哲学之探讨》，［美］万白安编，周炽成译，江苏人民出版社2006年版，第322—323页。倪德卫在他处亦言："章把自己关于六经的观点简单地看作对刘歆的诸子学派观点的拓展与改进。"（参见［美］倪德卫《章学诚的生平及其思想》，杨立华译，江苏人民出版社2008年版，第48页。）

　　② 倪德卫自己承认："当然，这（引者注：上述思想的发展过程）是我想出来的。我们无法知道章心里的创造过程是如何开展的。"（［美］倪德卫：《儒家之道：中国哲学之探讨》，［美］万白安编，周炽成译，江苏人民出版社2006年版，第323页。）

　　③ 倪德卫以为此书写于1763—1764年。仓修良《文史通义新编新注》则以为，《与甄秀才论〈文选〉义例书》及《驳〈文选〉义例书再答》大约写于1763—1764年与甄松年论修志二书之后不久。

　　试论六艺之初，则经目本无有也。大《易》非以圣人之书而尊之，一子书耳；《书》与《春秋》，两史籍耳；《诗》三百篇，文集耳；《仪礼》、《周官》，律令会典耳。自《易》藏太卜而外，其余四者，均隶柱下之籍，而后人取以考证古今得失之林，未闻沾沾取其若纲目纪传者，而专为史类，其他体近繁博，遽不得与于是选也。《诗》亡而后《春秋》作。《诗》类今之文选耳，而亦得与史相终始，何哉？①

　　此书所答之甄松年的来书有云："得兄所论《文选》义例，甚以为不然。文章一道，所该甚广，史特其中一类耳。选家之例，繁博不伦，四部九流，何所不有。而兄概欲以史拟之，……"②观章学诚前与甄松年书的确亦有"夫踵事增华，后来易为力，括代总选，须以史例观之"③的话语。但是章学诚并非如甄松年所误解的那样，主张《文选》只应择取那些后世经史子集四部区分之下的史部文章，而是认为入选《文选》的四部九流之书，皆得以史观之，将其看作历史的表现，这样才能精裁得当从而编好《文选》。所以他批评甄松年对于史之理解及四部九流的区分亦太为僵化。章学诚以为，在追溯本源的意义上，经与子本不相别，如《易》就原为一子书。经与史更是重合度颇高，六经之中《书》与《春秋》本为史书；《礼》为律令会典；《诗》则与史相始终而具有"诗史"的意涵，由此他又指出《诗》《书》《礼》《春秋》都是由史官保存的文献。在此，五经之中的四经已可以史来看待了，只差《易》之为史的见解了④，章学诚关于"六经皆史"的理解已经呼之欲出了。可见在1764年章学诚给甄松年的书信中，并非如倪德卫所言只是把六经作为后世文体的原型，而是已经初步提出了对于六经之史书性

　　①　（清）章学诚：《驳〈文选〉义例书再答》，载《文史通义新编新注》，仓修良编注，浙江古籍出版社2005年版，第854—855页。
　　②　同上书，第854页。
　　③　（清）章学诚：《与甄秀才论〈文选〉义例书》，载《文史通义新编新注》，仓修良编注，浙江古籍出版社2005年版，第852页。
　　④　这一理解在《文史通义·易教》篇中才得以完整阐述。

质的理解了。

1770 年朱筠写给章学诚的诗显示章学诚已经对刘歆诸子出于王官之说产生了兴趣。倪德卫进一步推测，章学诚在注意到刘歆此说时，他一定会想到其"能够，而且应该运用于六经"[①]。实际上，章学诚后来就是这么做的。到了 1772—1774 年，章学诚撰写了《校雠通义·内篇》中的某些文字的初稿，其中应该包括《原道》《宗刘》和《别裁》诸文。[②] 此处《原道》篇应该已经具备了今本《原道》的基本规模和内容了。[③] 而观今本《校雠通义·原道》篇，章学诚已有明确的关于六经乃是先王之政典的论述，其言曰：

> 后世文字，必溯源于六艺。六艺非孔氏之书，乃《周官》之旧典也；[④]

此种观点来自于他对刘歆诸子出于王官之说的"拓展和改进"。其言：

> 刘歆《七略》，……今可见者，唯总计部目之后，条辨流别数语耳。即此数语窥之，刘歆盖深明乎古人官师合一之道，而有以知乎私门初无著述之故也。何则？其叙六艺而后，次及诸子百家，必云某家者流，盖出古者某官之掌，其流而为某氏之学，失

---

① ［美］倪德卫：《两类"自然主义"：戴震与章学诚》，载《儒家之道：中国哲学之探讨》，［美］万白安编，周炽成译，江苏人民出版社 2006 年版，第 323 页。

② 余英时在《补论：章学诚文史校雠考论》中认为，章学诚在 1772 年的《侯朱春浦书》，1773 年的《与严冬友侍读》书，1774 年的《和州志隅自叙》中提及的《文史通义》诸篇，"恐怕便是《校雠通义·内篇》中的《原道》《宗刘》《别裁》诸文的初稿"。参见余英时《论戴震与章学诚：清代中期学术思想史研究》，生活·读书·新知三联书店 2005 年版，第 167 页。

③ 今本《校雠通义·原道》篇幅不长，只有三段文字。除去下文所引之外，它就没有什么东西了。所以可以推定，上引之内容已经存在于 1772—1774 年的《校雠通义·原道》初稿中了，不大可能是后来修订所赠加之部分。

④ （清）章学诚：《校雠通义通解·原道第一》，王重民通解，傅杰导读，田映曦补注，上海古籍出版社 2009 年版，第 2 页。

而为某氏之弊。……由刘氏之旨以博求古今之载籍，则著录部次，辨章流别，将以折衷六艺，宣明大道，不徒为甲乙纪数之需，亦已明矣。①

在这里章学诚"温和地批评了刘歆，认为刘早就应该将他的观点用于六经"②，即诸子出于王官的理解应该扩大至古今一切载籍，尤其应以此去理解六经，章学诚自己即是这么去做的。

综上所述，至迟在1772—1774年，章学诚已经明确认为后世一切文字皆可溯源于六艺，而六艺皆先王之政典，此中已经有了其后来所言"盈天地间，凡涉著作之林，皆是史学"③的意思了；而在此前1764年，他已有了以史书来看待经部以至一切集部著作性质的部分认识了。这就表明，倪德卫关于章学诚"六经皆史"说之形成过程的重构是基本成立的，而余英时所谓"六经皆史"学说"是1788年以后才逐渐发展出来的"④说法是不准确的。不过，余英时认为章学诚"如道始于三人居室，不在政教典章人伦日用之外，如史学所以经世等等"思想形成较晚，则大体不差。章学诚与戴震都是乾嘉时期具有义理追求的代表性思想家，只不过二人求之之道则大不相同：一则由经学训诂，一则由文史校雠⑤，途辙不同所得出的义理理解之具体结论自然不

---

① （清）章学诚：《校雠通义通解·原道第一》，王重民通解，傅杰导读，田映曦补注，上海古籍出版社2009年版，第4页。
② ［美］倪德卫：《章学诚的生平及其思想》，杨立华译，江苏人民出版社2008年版，第48页。
③ （清）章学诚：《报孙渊如书》，载《文史通义新编新注》，仓修良编注，浙江古籍出版社2005年版，第721页。
④ 余英时：《论戴震与章学诚：清代中期学术思想史研究》，生活·读书·新知三联书店2005年版，第168页。
⑤ 具体地说即是余英时所言：章学诚"以'文史'为范围而与'经学'相抗，以'校雠'为方法而与'训诂'相抗。戴震由训诂以通经而明'道'，他则由校雠以通文史而明'道'"。（参见余英时《论戴震与章学诚：清代中期学术思想史研究》，生活·读书·新知三联书店2005年版，第164页。）余英时已经指出章学诚与戴震在求道之途辙上的对抗，却未能意识到这种求道方法的对抗，实是以二人对于道之不同理解而决定；求道方法的对抗，亦将带来对于道之理解上面的对抗。

能不存在差异①。所以,如果说在章学诚思想学术的发展过程中存在着戴震的挑战,那么这种挑战不仅指的"考证挑战",亦应包括"义理挑战"在内②。挑战既然包括方法和义理两方面的内容,那么回答亦应是方法与义理两个方面的理解俱备才能算是最终的完成。两者在逻辑上本是一体连贯的,不过在思想发展的历史发生顺序上,却可以大致分出一个先后。在章学诚思想的发展过程中,对于前一挑战的回答完成得较早,而后一挑战的回答则完成稍晚,亦为个人认识发展中自然之事,虽然前一挑战之回应若想获得真正坚实之最后基础,实待后一挑战之回应的完成。章学诚在与道的关联之中阐发的对于六经与圣人的性质与地位的理解——六经皆史、文史不在道外、圣人即器以明道等,即是对于戴震"由字以通其词,由词以通其道"③ 的通经明道方法之挑战的回答,而其后更进一步发展出来的"三人居室而道形""道有自然,圣人有不得不然"等思想则是对于戴震相关义理之挑战的回答。

二 章学诚论圣人的地位与经典的性质:"六经皆史"与"文史不在道外"

章学诚虽然较早地就具有了"六经皆史"的理解,但他必须等到《原道》诸篇相关内容的成熟和提出,才算是完成了对于戴震"考证挑战"和"义理挑战"的完整回应。这即意味着,考察章学诚"六经皆史"说的完整意涵,必须结合其道论的相关内容来进行④。章学

① 倪德卫于此亦有揭示。关于章学诚与戴震,其言:"在很大程度上,两人的思想是平行的,关注的是相同的问题。但在方法和结论上,他们存在着根本的差别。"(〔美〕倪德卫:《章学诚的生平及其思想》,杨立华译,江苏人民出版社2008年版,第105页。)

② 此处值得指出的是倪德卫的观点:"章学诚在1789年的《原道》不只是表述了与戴震的在兴趣上不同的哲学,而实际上是对戴最后陈述的观点的回应。"(〔美〕倪德卫:《儒家之道:中国哲学之探讨》,〔美〕万白安编,周炽成译,江苏人民出版社2006年版,第328页。)

③ (清)戴震:《与是仲明论学书》,载《戴震全书》第6册,杨应芹、诸伟奇主编,黄山书社2009年版,第368页。

④ 郭海伟指出,"在以往有关'六经皆史'的研究中,对章学诚历史哲学根底的独特的'道论'的关注是不够的。实际上,他的关于'道'的理论是与其'六经皆史'思想密切相关"。参见郭海伟《章学诚历史哲学研究》,硕士学位论文,杭州师范大学,2011年,第17页。

诚主要通过两个命题来组织其对于六经及圣人性质、地位的理解：一是"六经皆史"；二是"官师合一"，而其背后的共同基础则是"道器合一"。

六经皆史也即六经皆器，又加以道不离器、道因器而显的理解，二者合起来即是文史不在道外，所以"善言天人性命，未有不切于人事"①。这是章学诚从"六经皆史"到"文史不在道外"之理解的大体逻辑推演过程。而详细论述则须从其对于道的理解讲起。章学诚首先区分道与道之故（道之迹，有时又称其为器），其言：

> 可形其形而名其名者，皆道之故而非道也。道者，万事万物之所以然，而非万事万物之当然也。人可得而见者，则其当然而已。②

道不可以形名而见，由此导致人之对于道的认识和把握方法上的特殊要求，其言：

> 圣人求道，道无可见，即众人之不知其然而然，圣人所藉以见道者也。故不知其然而然，一阴一阳之迹也。学于圣人，斯为贤人。学于贤人，斯为君子。学于众人，斯为圣人。非众可学也，求道必于一阴一阳之迹也。③

道必须借助道之迹而被认识，但是它并不能以概念抽象的方式从具体的万事万物之中提取出来，而是只能在具体的万事万物之中被人直觉地加以把握，此即所谓"据可守之器而思不可见之道"。章学诚对此言之甚明：

---

① （清）章学诚：《文史通义·浙东学术》，吕思勉评，李永圻、张耕华整理，上海古籍出版社 2008 年版，第 169 页。

② （清）章学诚：《文史通义·原道上》，吕思勉评，李永圻、张耕华整理，上海古籍出版社 2008 年版，第 34 页。

③ 同上。

《易》曰:"形而上者谓之道,形而下者谓之器。"道不离器,犹影不离形。后世服夫子之教者自六经,以谓六经载道之书也,而不知六经皆器也。……三代以前,《诗》、《书》六艺,未尝不以教人,不如后世尊奉六经,别为儒学一门而专称为载道之书者。盖以学者所习,不出官司典守、国家政教,而其为用,亦不出于人伦日用之常,是以但见其为不得不然之事耳,未尝别见所载之道也。夫子述六经以训后世,亦谓先圣先王之道不可见,六经即其器之可见者也。后人不见先王,当据可守之器而思不可见之道,故表章先王政教与夫官司典守以示人,而不自著为说,以致离器言道也。①

六经所记述之内容,"不出官司典守、国家政教,而其为用,亦不出于人伦日用之常"。学者学习它们,"但见其为不得不然之事耳",未尝"别见所载之道"。所以圣人"述六经以训后世"的真意,只不过是想保存先王之迹,以使后人"据可守之器而思不可见之道"。圣人及其所述经典的这种典范意义,在于告诫后人不可"离器言道","政教典章人伦日用之外,更无别出著述之道"②。六经的价值就在于它是道在历史之中呈现的遗迹的记述,后世之著述要想具有价值也必须以如此的理解来加以撰写和阅读。

但是"这也没有解决经典合理性的证明问题。经典之所以有他们所具有的价值,是因为它们是道在历史中的遗迹。历史不会继续吗"③?难道道不会有更多的经典在历史中不断地产生出来吗?这是倪德卫提出的问题,也是任何阅读章学诚著作的人将会提出的问题。章学诚自己对此有着明确的意识,其言:

---

① (清)章学诚:《文史通义·原道中》,吕思勉评,李永圻、张耕华整理,上海古籍出版社 2008 年版,第 38 页。
② 同上书,第 39 页。
③ [美]倪德卫:《儒家之道:中国哲学之探讨》,[美]万白安编,周炽成译,江苏人民出版社 2006 年版,第 337 页。

夫道备于六经，意蕴之匿于前者，章句训诂足以发明之。事变之出于后者，固贵约六经之旨而随时撰述以究大道也。①

在章学诚"六经皆史"的逻辑里，必然要承认新的经典的不断产生：六经既已为史，后世的典范性著述（史书）也可为经了。故而余英时谓，章学诚"六经皆史""这个命题实有尊史抑经的意味"②。那么章学诚是否认为周、孔作、述之六经具有高于后世之一切著述（史书）的地位和价值呢？既然六经和后世之著述（史书）都是道在一段时期之历史中的遗迹，而每段历史都是独一无二的，所以它们也都是独一无二的。在此意义上，本不可分其高下。而且依据章学诚的理解，道在历史之中渐形渐著，那么时王之政典作为当世之"六经"，应该比前古周孔之六经更为重要了。③ 但是章学诚仍然肯定六经具有高于后世一切著述的独特地位和价值，由此他必须说明六经由之产生的历史时代对于后来之历史时代具有某种价值上之优越地位。章学诚用来说明这个问题的观念是"官师合一"。

章学诚认为，"官师合一"在古代社会真实地存在过，那是一个理想的社会，因为它很好地体现了他的"道器合一"④"知行合一"⑤

① （清）章学诚：《文史通义·原道下》，吕思勉评，李永圻、张耕华整理，上海古籍出版社 2008 年版，第 41 页。

② 余英时：《论戴震与章学诚：清代中期学术思想史研究》，生活·读书·新知三联书店 2005 年版，第 60 页。

③ 余英时谓："把'六经皆史'说的涵义推拓至极，实斋便无可避免地会得到'贵时王之制度'的结论，因为时代愈近便愈可以见'道'的最新面貌，而时王之'政典'也必然将成为后世的'六经'也。"参见余英时《论戴震与章学诚：清代中期学术思想史研究》，生活·读书·新知三联书店 2005 年版，第 60 页。

④ 章学诚说过："古者道寓于器，官师合一，学士所肄，非国家之典章，即有司之故事，耳目习而无事深求，故其得之易也。"（《原道下》）这句话表明"官师合一"的存在的确被章学诚看作是"道器合一"理想的实现。

⑤ 倪德卫认为，章学诚"所说的古代理想社会是某种我们可以称之为'知行合一'的东西（这并不完全是从王阳明的意义上说的）在历史中的实现：官与师、治与教、行与知都是合一的。"参见［美］倪德卫《儒家之道：中国哲学之探讨》，［美］万白安编，周炽成译，江苏人民出版社 2006 年版，第 312 页。

"学业即为事功"① 的理想。他把六经及后世一切著述的源头溯及这个时代，并使这个理想的源头发挥对于后世一切著述及其流变的批判功能。章学诚认为，这一"古代的理想社会在西周达到完美的顶峰，然后，在孔子时代之前瓦解。随之而来的是：官不再是师，不同的官府传统变为私人的东西，形成不同的学派。当这些学派与其古代国家社会的现实基础脱离时，它们的价值便退化了"②。历史的发展与演进在周公的时代达到高峰，而其后由于官师的分离、治教的分离，道器合一之原始的完满在历史之中逐渐瓦解，理想的著述条件因而不再存在了。"古者道寓于器，官师合一，学士所肄，非国家之典章，即有司之故事，耳目习而无事深求，故其得之易也。后儒即器求道，有师无官，事出传闻而非目见，文须训诂而非质言，是以得之难也。"③因此后世之著述不及六经，也是历史之自然的事情了。当然，后世之著述，虽然得"道"不易，但总是还有机会的，故而章学诚又言："义理不可空言也，博学以实之，文章以达之，三者合于一，庶几哉周孔之道虽远，不啻累译而通矣。"④

由前所述，六经与后世的一切文史著述一样，在性质上都是道之历史的遗迹，固无另外特别的神圣性质；虽然不同于六经产生于官师合一的古代理想社会，后世之文史著述产生于完美之道解体之后的历史时代，但它亦不是与道无缘。六经具有不可代替的典范意义，但它们并没有垄断全部的真理，"约六经之旨随时撰述以究大道"固是后世作者的历史责任，只不过其工作将要进行得更为艰难一些罢了。章学诚对于六经既没有赋予太多，也没有赋予太少。

经典的性质与地位的问题解决之后，下面可以探讨章学诚对于圣人的认识了。在章学诚描述的人类社会文明秩序产生的历史过程之

① （清）章学诚：《复社名士传》，《（嘉庆）湖北通志检存稿》卷二，民国刘氏嘉业堂刻章氏遗书本。

② ［美］倪德卫：《儒家之道：中国哲学之探讨》，［美］万白安编，周炽成译，江苏人民出版社 2006 年版，第 312 页。

③ （清）章学诚：《文史通义·原道下》，吕思勉评，李永圻、张耕华整理，上海古籍出版社 2008 年版，第 40 页。

④ 同上书，第 42 页。

中，存在着两种类型的圣人：一是创作的圣人；一是教化的圣人。经典的产生与这两种圣人都是有关系的，而具体到六经之产生则关联着两位圣人：周公与孔子。他们分别是两种类型之圣人的代表。章学诚说道：

> 惟孔子与周公，俱生法积道备至于无可复加之后，周公集其成以行其道，孔子尽其道以明其教。①

依此倪德卫对于章学诚思想中周公的历史地位解说颇详，其言曰：

> 当章描绘神话中的历史时，圣人给人类带来的文明赠与（养蚕、占筮、学校和其他机制、礼法等）是长期累积的结果，即使每一个成功的统治者或朝代的建立者都会因时代需要而有所"损益"。随着周代的建立，这一圣人参赞历史中的道的过程达到了顶峰。此时站在圣人行列中的人不是一个新的政治力量的创建者，而是它的整理者。真正建立了周代的政治与社会秩序的人是周公。章学诚认为，周公是最后一个创造文明的圣人。在这一时刻，历史的可能性与历史的需要在他身上恰好重合了（尽管他本人并没有意识到自己处在顶峰）："遍阅"古代圣人的制作、综合他们的制度是他的任务和成就。借用孟子的一个比喻，章学诚说周公是古代的"集大成者"。②

周公的圣人地位，体现在其对于前人创作的"集大成"。而孔子的圣人地位，则完全体现在其"学周公"之上，因为孔子并没有像周公那样获得过充分的政治实践的机会。关于章学诚理解的周公与孔

---

① （清）章学诚：《文史通义·原道上》，吕思勉评，李永圻、张耕华整理，上海古籍出版社 2008 年版，第 36 页。

② ［美］倪德卫：《章学诚的生平及其思想》，杨立华译，江苏人民出版社 2008 年版，第 108 页。

子之地位及其关系的更为简明的说法是：

> 周公集所有对人有价值的东西之大成，孔子则率先将这些知识传给他的学生，并进而传给所有人。①

章学诚反对将孔子抬高到周公等圣人之上。因为对他而言，"周公代表了行动与治理，孔子则代表了知识与教化，而'治见实事，教则垂空言矣'。这就是为什么将孔子抬高到其他圣人之上是危险的原因。'后人因三子之言而盛推孔子过于尧舜，因之崇性命而薄事功，于是千圣之经纶不足当儒生之坐论矣'"②。章学诚对于周公与孔子的圣人地位及其关系之认识③的良苦用心是可以理解的，其担忧也是可以成立的。但是我们也不必完全接受其具体的结论。章学诚所强调者不过在于理论的创作必于实事获其征信，亦必于践履而获其落实。用今天的话语来讲，理论必须来源于实践，经过实践的检验，最后又回

---

① ［美］倪德卫：《章学诚的生平及其思想》，杨立华译，江苏人民出版社 2008 年版，第 108 页。

② 同上书，第 109—110 页。

③ "集大成者为周公而非孔子"（《文史通义·原道》篇后"族子廷枫曰"），章学诚颇有认为周公地位高于孔子的倾向，此一认识实来自《汉书·礼乐志》"知礼乐之情者，能作；识礼乐之文者，能述；作者之谓圣、述者之谓明"。韦政通则对《汉书·礼乐志》此一理解颇不以为然，其言："此说若是，只周公创造之义显，得称之为圣；至于孔子，不仅其创造义不显，亦且不得称圣。……周公虽是知'礼乐之情'而贡献垂统，其创造毕竟是顺现实的需要与实事的运用而兴发，他的人文精神是直接表现在具体文化具体生活之中，主客体（人与文）之间，尚未显对反之分裂，只停留在原始的谐和；吾人即就'原始谐和'与'顺事兴发'两义，而说其人文精神仍停留在不自觉的自然状态；在不自觉的自然状态中，可以说有人文精神，但不可说已有人文思想。孔子人文思想的建立，不是顺事兴发，促成之机缘正是在'原始谐和'由于生命的僵化，已显分裂，礼文与个体之生命，已明显形地形成主客对立之两极之不相容（此即周文之罢弊，礼坏乐崩之切义），此种原始谐和之破裂，乃促使孔子之自省，这反省的意义是自觉地寻求主客体之间再度谐和可能之基础。在此自觉反省之寻求中，遂有了真正的人文思想。讲中国人文哲学，孔子是一个起点，这代表真正大圣人的创造。周公治礼，质实言之，只可说是大政治家的创造；汉书与经生之见，实代表着一种误解。"（参见韦政通《荀子与古代哲学》，台湾商务印书馆 1992 年版，第 3 页。）韦政通认为周公创制只是一种原始和谐、顺事兴发，孔子则有充分之自觉反省，所以孔子远比周公伟大。章学诚则认为周公因事兴发的"原始谐和"正体现了道器合一的理想，孔子的理论反省则易流于空言，所谓"治见实事，教则垂空言"。将韦政通的意见和章学诚的理解对比着看，我们也许对于此一问题会有更为周全的理解。

到指导实践的现实活动中去。周公固得亲身在其治理之实践中使自己理解到的东西得到了征信。孔子终身不遇，固不得及身行道，但是后世之王者将其付诸实行，亦得算是得到了征信。在这个意义上，创制的圣人亦有垂教的面向，而教化的圣人亦必有创制作为其垂教之基础，孔子与周公一样都是创制的圣人，也都是教化的圣人，只不过各有侧重而已，因为真正理想的圣人应该是"官师合一"的角色。

对于圣人的这种创制和教化作用，除就周、孔而发的特别论述之外，章学诚还有一概括的理解，同样既不赋予其太多，也避免赋予其太少。① 圣人的成治、立教都不过是"时会使然"，其言：

> 周公集治统之成，而孔子明立教之极，皆事理之不得不然，而非圣人异于前人，此道法之出于天者也。②

这样的圣人不具有任何的神秘性，只不过做了历史要求他们所做的。倪德卫对此有一个精彩的说明。其言曰：

> 一个圣人不能"创造"任何东西，他所达到的一切严格地受到历史时机的可能性的限制。他的制度不是永远有效的，他对道的表达也同样如此。章学诚认为，从源于古代圣人（三皇、五帝以及夏、商、周的创始者）的统治模式、法律和制度传统都各不相同看，这是很明显的。但他们的方法是相同的：都根据需求调整行为，以便"道渐形渐著"。在这一方面，先圣的确是后圣的范型。圣人并不想成为创始者，"非有所容心，以谓吾必如是，而后可以异于前人；吾必如是，而后可以齐名前圣也。"圣人的行为不是武断的，他"必出于""一阴一阳往复循环"。但它不

---

① 这一理解来自倪德卫，其言："像戴震一样，章学诚将圣人的行为与普通人的行为的对比看作'必然'与'自然'的对比。但他非常谨慎，他想要避免些什么呢？我认为，他在试图避免赋予圣人太多或太少。"参见［美］倪德卫《章学诚的生平及其思想》，杨立华译，江苏人民出版社2008年版，第107页。

② （清）章学诚：《文史通义·原道下》，吕思勉评，李永圻、张耕华整理，上海古籍出版社2008年版，第42页。

是自然过程的一种被动的反应，而是审慎的回应。"圣人有所见而不得不然"。①

圣人的创制严格地受到历史条件和需求的限制，他们获得的成就各不相同，但是其取得成就的方法却有一致的地方，都不过是根据历史之需求来调整人类自身的行为方式而已。但是，圣人的事业也不只是完全被动地回应历史，而是有着自己的主体的自觉和个性的创造在内。正如倪德卫所言："圣人是人，而且作为人来思想、选择、感受和行动。他们'体道'，但他们只是道的自由承担者，而不是它的没有知觉的质押品。人类对其伟大的人的感谢，是因为正是从他们那里、而非从非人格性的过程那里，人类得到了好处。对于章学诚来说，道无需黑格尔主义的'狡诈'。"②

综上可见，圣人与经典可以亦且应该在历史中不断地产生，六经与周、孔并没有垄断全部的真理，但是它们仍然具有不可忽视的独特地位和价值。不仅因为道是历史累积的成果，因此周、孔与六经对于后世乃是一个不可割断的传统，后世之人要想在治教方面有所创制也必须"约六经之旨"而"随时撰述以究大道"；而且因为周、孔与六经代表的是古代道器合一、官师合一、知行合一、治教不分的完美社会的成就，后世之人及其著述则永远丧失了这样的社会基础和条件，所以周、孔与六经成为后世之治教、著述的永远不可超越的理想和典范。以上就是章学诚对于圣人与六经的性质与地位的认识。这样的认识完全可以应对戴震"通经明道"的挑战了。但是我们下节要探讨的是它与荀子对于圣人地位的理解之间的关系。

三 章学诚对于圣人地位的理解与荀子论圣王之异同

在上节论述了章学诚关于伦理、政治秩序之起源、性质的理解之后，又有了本节前面关于章学诚思想之中圣人、经典之性质和地位的

---

① ［美］倪德卫：《章学诚的生平及其思想》，杨立华译，江苏人民出版社 2008 年版，第 107 页。

② 同上。

论述作为铺垫，下面可以处理章学诚对于圣人地位的理解与荀子论圣王相关思想之异同问题了。

　　荀子反对孟子的性善学说，否定在人性之中存在所谓善端，相反地认为人在追求自然欲望的满足活动中的自私和贪婪倾向，如果不加以节制，必将导致社会的"偏险悖乱"。所以荀子屡屡强调"师法之化、礼义之道"①。倪德卫注意到荀子思想的这一点，特别指出荀子"反复强调一个主题：老师的指导、圣王的模范和规则对于一个要变得道德完善的人来说是必不可少的"②。其实在荀子那里，不仅个体的道德自我修养离不开圣王及其规范，人类社会整体之文明与秩序亦离不开圣王及其礼义，所谓"天能生物，不能辨物也，地能载人，不能治人也；宇中万物生人之属，待圣人然后分也"③。关于荀子理解的圣人参天道以明人道的地位和价值，在前节论述荀子思想中人道之起源的过程与性质时已有涉及，这里不再赘言。此处值得提出的是，荀子对于圣王作用的这种强调，特别是其"法后王"之义，在一些现代研究者看来却存在着令人怀疑的问题。一是，"对圣人的独一无二的地位的说明问题"④。在荀子那里，圣王是同众人一样的人，并没有任何超自然的能力，"显然，我们会问：如果具有跟我一样的才能的圣人能制定礼义，为什么我不能呢"⑤？与此疑问可谓一体两面的另一个问题是："圣人也如常人一样有'恶'之性。即使假定圣人有完美的智慧，他们又如何可以在自己被道德转化之前创立善的道德呢？"⑥ 正是因为荀子过分强调了圣王及其礼义、法度在个人道德转化之中的作用，才导致了倪德卫这样的疑问。二是，对于圣王与师法的强调将会导致权威主义的疑问。现代的荀子思想研究者对于荀子思

---

　　① 《荀子·性恶》。
　　② ［美］倪德卫：《儒家之道：中国哲学之探讨》，［美］万白安编，周炽成译，江苏人民出版社2006年版，第56—57页。
　　③ 《荀子·礼论》。
　　④ ［美］倪德卫：《儒家之道：中国哲学之探讨》，［美］万白安编，周炽成译，江苏人民出版社2006年版，第59页。
　　⑤ 同上。
　　⑥ 同上书，第331页。

想中圣王、师法的过重地位，无论是出于理论的或是实践的理由，总是抱着怀疑和警惕的态度。

　　不管是否荀子思想在一定程度上的确存在这样的问题，抑或是现代的一些研究者理解荀子不够周全，但是《荀子》文本的一些表述的确容易引发误解，荀子思想展开的一些环节的确存在缺失或过于疏略。首先，圣王创制礼义、法度，也即人类社会之伦理、政治秩序的产生，应该是一个长期的历史过程，而且这个历史过程还将不断地持续下去。荀子着重从哲学上论述了圣王兴作礼义、法度的思想和心理因素，虽也强调这是一个"积伪"的过程，但是对于这一创作过程的社会历史性阐发不够。其次，荀子所谓兴作礼义之圣王，应是历代以来对于人类之文明秩序做出了贡献的众多杰出人物的一个集中的代表符号而已。荀子明确地提出"圣王有百"①的观念，只不过他较强调"百王之所同"的"道贯"②，对于每一代圣王独一无二的创制作用理解不够。荀子在"法后王"的理解中，本可发挥此意，惜乎亦未能畅宣其论。韦政通言："荀子所以法后王：一是因为后王之粲然明备，粲然明备故可征之以为据。二是因为后王乃天下之君。……三是因能审周道，即足以知上世。周道乃百王之法累积损益而成，故后王即足以代表百王之道。此即所谓'以近知远，以一知万'。"③ 可

<hr>

　　① 《荀子·非相》篇言："辨莫大于分，分莫大于礼，礼莫大于圣王；圣王有百，吾孰法焉？"

　　② 《荀子·儒效》篇有"百王之道一是矣"；《荀子·天论》篇有"百王之无变，足以为道贯"；《荀子·王霸》篇有"百王之所同也，而礼法之大分也""故百王之法不同，若是所归者一也""是百王之所以同也，而礼法之枢要也""是百王之所同，而礼法之大分也"；《荀子·正论》篇有"杀人者死，伤人者刑，是百王之所同也，未有知其所由来者也""以人之情为欲多而不欲寡，故赏以富厚而罚以杀损也。是百王之所同也"；《荀子·礼论》篇有"凡礼，事生，饰欢也；送死，饰哀也；祭祀，饰敬也；师旅，饰威也。是百王之所同，古今之所一也，未有知其所由来者也""三年之丧，人道之至文者也，夫是之谓至隆。是百王之所同也，古今之所一也"。可见，荀子论礼义、法度，重在求其"统类"之"共理"，故特重"礼义之统"和"百王之道贯"。

　　③ 韦政通：《荀子与古代哲学》，台湾商务印书馆1992年版，第15页。韦政通仍然将荀子"法后王"理解为法周代之王，其实"法后王"固贵时王之义，只不过就荀子处于周代末期而言，时王即主指周之文武而已。此可参见本书第二章关于钱大昕与荀子思想关系的相关论述。

见，在荀子给出的"法后王"的理由中，强调了时王之制对于先代圣王之历史文化成果的延续与保存，而对其因应新的时代需要而有的创新内容和性质并未揭发或阐发不够。[①] 时王应时创新的思想，在荀子弟子韩非那里才获得大加阐发，即其所谓"世异则事异""事异则备变"[②] 的思想。再者，历史之中的每个普通人就其对于人类文明秩序总有一些哪怕再小的添砖加瓦的作用，他们的贡献亦应被包括在荀子的圣王之创制范畴之内，所谓一代圣王的创制其实应是其时代众多人物的贡献的一个汇集。在这个意义上，荀子的确可以也应该承认，我们每个人都可以创制礼义。而且圣王所代表的历代杰出英雄人物的创制作用的发挥，是否必须和可以从百姓日用而不知的平常生活之中获得其认识的基础和灵感，或者说，百姓的生活是圣王创制的目标，但它是否也是圣王创制的基础呢？这个问题荀子并未有很好地意识到并进而加以解决。

到了章学诚这里，我们看到荀子圣王思想阐发的这些薄弱环节得到了很好地补强和优化。首先，章学诚明白地强调人类社会文明秩序的产生，是一个"渐形渐著"[③] 的历史过程，并将其提高到"道"之历史性的存在论高度来论述。其次，道既然是一个历史性逐渐展开的过程，人类社会之文明秩序的创制当然也不会是由某一个圣人一时一地而创制的，而是一个历代圣人不断参与发明和添砖加瓦的过程，而且还将不断地继续下去。余英时于此言道："实斋的'道'具有历史的性质，是在不断发展中的。正因如此，实斋的'道'看重当前的现实过于已往的陈迹，主通今而不尚泥古"[④]；又言："把'六经皆史'说的涵义推拓至极，实斋便无可避免地会得到'贵时王之制度'

---

① 在荀子的历史意识里，对于连续性与同一性的强调超过断裂性与差异性。此从其时间观念亦可看出。荀子言："天地始者，今日是也。"（《荀子·不苟》）"欲观千岁，则数今日；欲知亿万，则审一二。"（《荀子·非相》）以此时间意识理解历史，注重其发展的连续性与同一性亦为理论上必有之结果。

② 《韩非·五蠹》。

③ （清）章学诚：《文史通义·原道上》，吕思勉评，李永圻、张耕华整理，上海古籍出版社 2008 年版，第 33 页。

④ 余英时：《论戴震与章学诚：清代中期学术思想史研究》，生活·读书·新知三联书店 2005 年版，第 55 页。

的结论,因为时代愈近便愈可见'道'的最新面貌,而时王之'政典'也必然将成为后世的'六经'。"① 不过,时王之创制固然重要,先代圣人的创制亦不可忽视。在章学诚看来,每一历史时代的圣人的创制都是独一无二的,"每一个圣人都与后一个同样伟大,尽管他们的实际成就(依赖于历史)在类型和重要性上可能会不同"②。所以前代圣人的成就一个也不能抹杀,后世的一切创作,都必须在前代传统的基础上进行。就如同六经不能尽"事变之出于后者",但对后出之事变的理解和应付却必须"约六经之旨"来进行一样。章学诚这种"约六经之旨而随时撰述"的要求与荀子"宗原应变"③、"法先王"与"法后王"相统一的思想是一致的。荀子以统类应变的思想,本已含有宗原应变、随时创新的意思在内。荀子屡言:"法而不议,则法之所不至者必废。……其有法者以法行,无法者以类举。"④ 以统类应变,不是将新的事变一味纳入已有之礼义、法度的具体规范之中,而是要求掌握已有礼义、法度的精神来灵活应付新的需求。以统类应变的结果,就是统类自身的内涵不断地得到扩大和更新,而其内在的统一性与连续性却仍然保持了下来。⑤ 但是《荀子》文本中过于强调应变之可能在于体常,而对应变之中的应时创新的因素认识不够,使得这一涵义隐而不彰。荀子的时间观是"欲观千岁,则数今日;欲知亿万,则审一二"⑥,历史时间成为一种质的同一;而章学诚则以为每一个时代都是独一无二的,千岁而后显然不可归于今日,亿万之数也不可归于一二。历史的演化是一种真正的更新,而不是简单的同一性之延续,正是因为有了这种理解,章学诚才能超出荀子真正抉发圣王应时创新的意义。最后,章学诚突破荀子的地方还在于,

---

① 余英时:《论戴震与章学诚:清代中期学术思想史研究》,生活·读书·新知三联书店 2005 年版,第 60 页。

② [美]倪德卫:《章学诚的生平及其思想》,杨立华译,江苏人民出版社 2008 年版,第 108 页。

③ 《荀子·非十二子》。

④ 《荀子·王制》。

⑤ 荀子的"统类"概念,虽然学者以逻辑的"共理"解之,但我们不必将此"共理"理解为现代本质定义意义上的共理,不如说它更接近维特根斯坦的"家族相似性"概念。

⑥ 《荀子·非相》。

他肯定了普通百姓日用而不知的生活之自然的合理性，并强调其在圣人创制过程中的基础作用。章学诚肯定圣人"有所见而不得不然"①与众人"无所见则不知其然而然"② 在自觉意识的有无和表现程度上的不同，但是并没有贬低众人之缺乏明确自觉意识的日常活动，反而认为它更为近道，所谓"不知其然而然，即道也"③。虽然他是基于"求道必于一阴一阳之迹"而"众人之不知其然而然，一阴一阳之迹也"的认识论上的理由而肯定众人的"不知其然而然"的人伦日用活动，但是这种肯定亦具有价值论上对于百姓人伦日用之肯定的意义。其"学于众人，斯为圣人"的理解，更是强调了历史之中杰出英雄人物的创造作用的发挥离不开普通百姓的日常生活之基础和依据，百姓看似缺乏自觉精神的日常生活其实是圣人自觉创造之不可脱离的源泉。虽然我们仍可指出其局限④，但是这样的理解比之荀子，

---

① （清）章学诚：《文史通义·原道上》，吕思勉评，李永圻、张耕华整理，上海古籍出版社 2008 年版，第 34 页。

② 同上。

③ 同上。

④ 倪德卫对章学诚"学于众人，斯为圣人"之意义的理解极为细致，但是不免仍有未见之处。其言："圣人面对事物的方式与普通人面对事物的方式有着本质的不同。圣人有'见'，但圣人的所'见'是什么呢？不是道本身的面相，'道无可见'。在普通人盲目的行为中，道显示自身；而就是在这些行为中，圣人藉以'见道'。结论看似荒谬：当我们其他人学于圣人的时候，圣人自己却'学于众人'。但在这样做的时候，他并没有表现出民主式的谦卑。它只是'求道必于一阴一阳之迹'——在人们的生活的盛衰中寻求道"。（参见［美］倪德卫《章学诚的生平及其思想》，杨立华译，江苏人民出版社 2008 年版，第 106 页。）在这里我感觉区分"学习"一词所接宾语的类型可能对于我们理解倪德卫的意思有所帮助。"学习"是一个可以接双宾语的及物动词，但在实际使用中，许多情形之下它往往只接了一个宾语，比如，"学习数学"与"学习老师"。但是"数学"和"老师"显然不是"学习"一词同样意义上的宾语，因为我们还可以把二者同时作为"学习"的宾语使用，只不过我们今天更为常见的是将其中的一个宾语用介词词组来表达了，成了"向老师学习数学"或"学数学于老师"。倪德卫的意思，大概是讲章学诚的"学于众人，斯为圣人"只是"学习数学"意义上的学习，还不是"学习老师"意义上的"学习"概念，所以说他"没有表现出民主式的谦卑"。的确，普通人"不知其然而然"的日常活动只是圣人求道的凭借而已，圣人的"有所见而不得不然"只是以之作为自己认识的对象、材料而已，并不是对于众人之智慧有所倾听和汇聚，在这个意义上，它缺少"民主式的谦卑"。但是"学于众人，斯为圣人"毕竟强调百姓的生活是圣人认识的来源，在认识对象的意义上，还是表现了圣人对于众人的谦卑，虽然它还没有在作为平等认识主体的意义上，强调圣人对于百姓智慧的汲取。

显然已是一个巨大的进步。倪德卫甚至认为，章学诚的理论必然蕴含着承认每一个人同王者一样的创造可能地位的结论，这是十分正确的。其言："一个今天在'正确'的位置上的人或统治者能坚持创造，假如有一种需要存在而那个人的作用满足了这种需要的话。但是，我也能这样。另外一个人，也跟我一样受到过去的束缚。"①

综上所述，章学诚对于圣人之于人类社会伦理、政治秩序的创制作用的理解，继承荀子思想的基本理路而又有补强和优化。这使得关于圣人之创制及其与人类文明秩序之起源的关系的相关学说变得更为符合历史的实际，也更为合理而容易理解了。② 伦理、政治秩序的产生是历代人民不断积累的文化成果，而且还将不断地延续和更新下去，圣王之创制不过是其中杰出英雄人物之工作的代表性表达而已，如此一来，人类社会之伦理、政治秩序的产生和演变才是自然而可以理解的。而且荀子思想由于在人类社会之伦理、政治秩序起源的社会历史性理解上的薄弱和疏略而易流于权威主义的可能在章学诚那里比较好地被堵上了。许多学者认为，荀子思想存在权威主义的倾向。比如，倪德卫就认为，"如果圣人不是道德上的超人，他们如何创造道德秩序（假如我不能创造的话）？荀子通过设定他们是统治者而让权威进入礼义"。③ 其实荀子和历来的儒者从不认为圣王仅因其王者之势位就可以"议礼、制度、考文"（《中庸》），而是强调德、位兼备才拥有制作的权利。但是对于创制者"德"的要求总是难以判定和落实，而有"位"无"位"则是显明的，所以"德""位"兼备的创制要求在实际的政治实践中总是容易滑向"位"的一面，结果导

---

① ［美］倪德卫：《德可以自学吗?》，《儒家之道：中国哲学之探讨》，［美］万白安编，周炽成译，江苏人民出版社2006年版，第64页。

② 章学诚认为"制度上的道德秩序的产生明确地是历史的和积累的，是圣人对出现的人类需求的回应。……经过多个世纪之后，人类的演化过程终于导致了经典的产生，其中没有谁有意去著经，或有意写一本书，或意识到经正在被写"。倪德卫认为，在这里"我们看到对隐含荀子中的困难的解决：我们明白了人类礼义和经典如何以一种自然的方式产生"。参见［美］倪德卫《儒家之道：中国哲学之探讨》，［美］万白安编，周炽成译，江苏人民出版社2006年版，第336页。

③ ［美］倪德卫：《儒家之道：中国哲学之探讨》，［美］万白安编，周炽成译，江苏人民出版社2006年版，第61页。

致权威主义的产生。所以，如果在伦理、政治秩序的起源上不能对于圣人之创制的性质、过程、基础等问题有一合理解释，荀子对于圣王的强调是很容易被后世之统治者利用而在现实中流于权威主义的。但是章学诚对于圣王创制之过程的社会历史累积性质、百姓人伦日用的认识基础的强调，相对而言就可以比较好地堵住其被统治者利用的漏洞，从而避免圣王创制理论在政治实践中流于权威主义的可能。① 这是章学诚的理论对于荀子圣王思想的一个重大补全和贡献。

---

① 当然，章学诚自身的思想也被学者认为具有权威主义的倾向（参见余英时《论戴震与章学诚：清代中期学术思想史研究》，生活·读书·新知三联书店 2005 年版，第 56页，"注 1"）。但这主要是指其"官师合一"说而言，而其"六经皆史"说则一般被认为是拉下了六经与圣人的神圣权威而使其回归到较为合理的层面。其实就"官师合一"而言，章学诚不过是强调道器合一的理解以及理论与实践统一的理想。古代的"官师合一，治教不分"被章学诚认为是这一理想在过去时代的曾经实现。但是这种原始、直接的统一的瓦解在章学诚看来也是历史的必然。依照章学诚的理论，我们完全可以认为，为了寻求新的统一，我们只能在官师分立、治教分离之后的历史现实中以新的方式来实现，比如其所理解的历史撰述工作（言性命必究于史）就具有这样的意义。在今天，我们只要强调理论的原理、规范与伦理、政治之实践的相互照应（理论从实践中来，又反过来指导实践：理论可以批判实践、实践亦可批判理论），亦是符合章学诚道器合一、理论与实践统一的理想的。没有理由认为，依据章学诚的理论必然要求主张在当世重新实行"官师合一"的制度。

第三章　戴震后学与荀子思想关系

第一节　焦循与荀子思想的比较

钱穆曾高度赞扬焦循的思想学术，其言曰："统观里堂成就，阐述性理近东原，平章学术似实斋。东原、实斋乃乾嘉最高两大师，里堂继起，能综汇两家之长，自树一帜，信可敬矣!"[①] 焦循生当乾隆后期，历嘉庆一朝而与其同终，小戴震40岁，小章学诚约25岁，故其思想学术得以吸收戴、章二人之长。不过，戴震与章学诚二者在焦循思想学术里的地位并不可等同而观。钱穆亦言："惟里堂于东原素深服膺，而实斋书则未全睹，其《读书三十赞》，大抵皆当时汉学家言，独犀一《文史通义》，亦仅佩其论文史义法诸说耳。实斋批评当时经学家之意见，里堂似未详知。"[②] 通观焦循思想学术，谓其私淑东原为戴震后学可也，于章学诚则不过是有所取焉。本书前两章既对戴震、章学诚与荀子的思想联系颇多肯定，考虑焦循与章学诚，尤其是与戴震之紧密思想关系，亦不容不对焦循与荀子之思想关系做一"大胆推测，小心求证"的考察工作。这样的考察将主要通过二人天道、人性、礼义与功夫几个方面的思想比较来进行。最后本章还将特地考察一下焦循的历史意识与荀子思想之关系。

一　天道观："道""理"新解

焦循对于属于存在论范畴的"道""器""理""气"等概念阐

---

① 钱穆：《中国近三百年学术史》，商务印书馆1997年版，第525页。

② 同上。

述不多，不像戴震在《孟子字义疏证》中专列"理"（十五条）、
"天道"（四条）、"道"（四条）就此进行了大量详尽的论述和仔细
的辨析，但焦循对于"道""理"的认识基本继承了戴震以气本的立
场论"道"说"理"的精神。

焦循在《孟子正义》中，疏解孟子"心之所同然者何也？谓理
也"时，发表了对于"道""理"的简明却成系统的理解。其言：

> 道者，行也。凡路之可通行者为道，则凡事之可通行者为道。
> 得乎道为德，对失道而言也。道有理也，理有义也。理者，分也。
> 义者，宜也。其不可通行者，非道矣。可行矣，乃道之达于四方
> 者，各有分焉，即各有宜焉。趋燕者行乎南，趋齐者行乎西，行
> 焉而弗宜矣。弗宜即为失道。趋燕者虽行乎北而或达乎赵，趋齐
> 者虽行乎东而或止乎鲁，行焉而仍弗宜矣。弗宜则非义，即非理。
> 故道之分有理，理之得有义。理于义者分而得于义也。惟分故有
> 宜有不宜。理分于道，即命分于道，故穷理尽性以致于命。①

田富美以为，"虽然在焦循的著作中，似乎不见有明确且直接的
气本主张之论述，但在此他将'道'解释为现象界的'行'，而
'理'则视为是经验世界事理原则无所差谬意涵的'分'，所呈显的
均是承袭顾炎武、戴震以气为本的思想系统而来"②。她指出，在以
气为本的理论脉络之下，"'理'或'道'不再是先设、圆满且绝对
神圣的概念，由经验实事的角度来论'道'说'理'，成为大多数清
儒的共同立场"③。焦循以气为本之主张的表达不够显明，但是相关
的思想还是有的，他也是以经验实事论"理"说"道"的。其言曰：

> 心之所同然者何也？谓理也，义也。理为条理，义为事宜，

---

① （清）焦循：《孟子正义》，中华书局1987年版（2011年重印），第773页。
② 田富美：《清代荀子学研究》，博士学位论文，"国立"政治大学，2011年，第156页。
③ 同上书，第162页。

其端千变万化，非思之无以得其所同，得其所同则一贯矣。①

一阴一阳之谓道，分于道之谓命，形于一之谓性。分道之一以成一人之性，合万物之性以为一贯之道。一阴一阳，道之所以不已。②

焦循以"一阴一阳"的运行不已解"道"，以"分"说"命""性""理"，与戴震的相关思想均甚为一致。③ 稍有不同的是，焦循重视对于"一贯之道"的寻求，主张通过经验归纳的途径，在"分理"的基础上进而寻求"一贯之道"。正是因为理乃"分理"，事物各自成性、各自有理，所以为免"执一"而"相争"，必须思其所同、求其"一贯"，各种学说之间亦是如此。与此"一贯之道"的理解紧密相关的是焦循对于"攻乎异端，斯害也已"的新解，它也是因着"理"之为"分"的理解而有的。其言曰：

《论语》曰："攻乎异端，斯害也已。"谈者以指杨、墨、佛、老。于是为程、朱之学者，指陆氏为异端；而王阳明之徒，又指程、朱为异端。此二字遂不啻洪水猛兽、乱臣贼子，正不必然。攻，犹摩也。"我有好爵，吾与尔靡"之"靡"即"摩"，"摩"即"攻"。"他山之石，可以攻玉"，"他"者，异也；"攻"者，砥切磨错之也。"已"者，止也。各持一理，以此为异己也而击之，彼亦以为异己也而击之，未有不成其害者，岂孔子之教也？④

---

① （清）焦循：《论语通释》，清木犀轩丛书本。

② 同上。

③ 焦循特出的地方在于，他于"理""分"之关系中对"义"的理解更为明白、条达。"理""义"虽有联系，"理"从"道"而获得理解，"义"则须从"理"获得理解，此从其"道有理也，理有义也"可见；但"理"与"义"毕竟不同，"理者，分也；义者，宜也"，理指一事物之区别于他事物的本身之特殊规定性，义则指一事物之与他事物的关系中表现出来的相合的关系性质。正是因为事物各有自己特殊的属性，所以才会发生"义"（"宜"）与"非义"（"弗宜"）的关系问题。

④ （清）焦循：《攻乎异端解上》，载《焦循诗文集》，刘建臻点校，广陵书社2009年版，第166页。

对于"攻乎异端，斯害也已"的此一新解既是焦循见及过于执守"分理"之有限性①的弊端而发，反过来我们亦可说焦循的"攻乎异端"新解之中正可见其对于"理"之为"分"的理之本性的认识。

焦循对于"一贯之道"的寻求，对于执守"分理"的警惕，都表现了清儒"以气为本"立场下对于"理""道"的经验论认识。田富美认为，"清儒这样的立场是近于荀子而远于孟子的"②。她认为，"透过比较孟、荀二人在'道'的思想内涵上的差异，可得其梗概：孟子思想中的'道'，强调的是其超越、内在化的意义。……至于荀子所论的'道'，则是由人们潜存的'欲善'意识在实有的现象、经验界中所寻绎出的普遍规律或准则。……由此看来，清儒在气本论的脉络下，透过训诂考据的方式，解'道'为'行'、为'大路'，依此而引申出'道'的概念，乃是就实体实事所遵循的普遍规律而论，强调本诸经验事实的形迹中探究'道'，这样的思考理路，无疑是具有强烈的荀学倾向的"③。这一见解是可以成立的。

二　人性论："能知故善""能移则可以为善"与"化性起伪"

"以气为本"的天道理解贯通下来，在性原于天道的认识之下，必导向以情、欲为内涵的人性理解，所以"以欲、情为性的观点是气本论思想体系下论性的必然理解"④。戴震如此，焦循亦是如此，他们都逃不出这一理论的逻辑。

---

① 此为焦循与戴震之不同地方之一，从中可见焦循识解之独到。戴震的"分理"概念注重事物之特殊性的积极意涵，比如对于自然科学分门别类的研究的促进作用；对于个人之情欲满足的正当性边界的权利意识的奠基作用。而焦循则注意到"分理"概念所表达的事物之有限性，认为若只知执守此有限性，而不能吸取和包容他者之合理性，则易产生"执一""相争"（理足以启争）的弊端，所以他特别重视于"分理"求其"一贯之道"。我们还将看到，戴震"分理"注重事物暂时的质的稳定性，理则的不变性，而焦循则颇多说"权"，极言"变通"。可以说，戴震"分理"学说的形而上学性质在焦循这里都被扬弃了。这是焦循思想对于戴震思想的一个重大发展。

② 田富美：《清代荀子学研究》，博士学位论文，"国立"政治大学，2011 年，第 162 页。

③ 同上书，第 162—163 页。

④ 同上书，第 169 页。

　　《孟子·告子上》"生之谓性"章中，孟子强调犬、牛与人不同性，故而不满于告子"生之谓性"的说法。赵岐将孟子之言理解为犬、牛不与人同所欲，实是以"欲"解"性"。焦循之疏对此加以称赞，认为"赵氏以欲明性，深能知性者矣"。① 焦循引用《礼记·乐记》的相关言论，为其以"欲"说"性"的主张张目。其言曰：

　　　　《礼记·乐记》云："人生而静，天之性也。感于物而动，性之欲也。物至知知，然后好恶形焉。"人欲即人情，与世相通，全是此情。"己所不欲，勿施于人"，"己欲立而立人，己欲达而达人"，正以所欲所不欲为仁恕之本。"人生而静"，首出人字，明其异乎禽兽。静者，未感于物也。性已赋之，是天赋之也。感于物而有好恶，此欲也，即出于性。欲即好恶也。……赵氏以欲明性，深能知性者矣。②

焦循又多处言道：

　　　　饮食男女、人之大欲存焉。欲在是，性即在是。人之性如是，物之性亦是如是。③
　　　　性无他，食色而已。饮食、男女，人与物同之。④
　　　　《孟子》曰："口之于味，有同耆也，易牙先得我口之所耆者也。如使口之于味也，其性与人殊，若犬马之与我不同类也，则天下何耆皆从易牙之于味也？"此于口味指出性字，可知性即在饮食。⑤

---

① （清）焦循：《孟子正义》，中华书局1987年版，第739页。
② 同上书，第738页。
③ 同上书，第743页。
④ （清）焦循：《性善解一》，《焦循诗文集》，刘建臻点校，广陵书社2009年版，第158页。
⑤ （清）焦循：《性善解五》，《焦循诗文集》，刘建臻点校，广陵书社2009年版，第160页。

焦循以"欲""情"为"性"，正是其以气质言性、气质之外非别有一天地（义理）之性主张的自然延伸。于上引《礼记·乐记》一段文字后，焦循不惮繁长，大段引用了戴震《孟子字义疏证》中论性的文字，认为性必就分于阴阳五行的气质而言，血气、心知则是其具体内涵。又"其前则录李光地《榕村藏稿》所主，以为孟子论性已兼气质；其后则录程瑶田《通艺录》之说，谓性从其质其形其气而有者，故性善断以气质言，主实有者而言之；皆所以为东原张目"①。这种以气质言性，以"生之所以然"的情、欲为性之具体内涵的思想，无疑是与荀子的性概念是一致的。

情、欲为人与禽兽共有的属性，以此说明人类道德之起源和基础显然不够。焦循疏解《孟子》，受其人禽之别论述的影响，"屡屡致意于人性、物性之辨"②。故而他每每在以情、欲解性之后，随即又在人禽之别的意义上，对人性进行了许多进一步的阐述。焦循首先提出的是"知"的概念。其言：

> 《礼记·乐记》云："人生而静，天之性也。感于物而动，性之欲也。物至知知，然后好恶形焉。"……"物至知知"二句，申上感物而为欲也。知知者，人能知而又知，禽兽知声不能知音，一知不能又知。故非不知色，不知好妍而恶丑也；非不知食，不知好精而恶疏也；非不知臭，不知好香而恶腐；非不知声，不知好清而恶浊也。惟人知知，故人之欲异于禽兽之欲，即人之性异于禽兽之性。③

就着情、欲之好恶的人性内涵理解，焦循通过人之情、欲表现与动物之情、欲表现在"知"上的不同说明人禽之别：动物但能欲求，但是对于自己的欲求却并没有自我意识；人之欲求则能自知并进而具有了价值的意识和追求。马克思在《1844 年经济学哲学手稿》中对

---

① 何泽恒：《焦循研究》，大安出版社 1990 年版，第 179 页。
② 同上书，第 190 页。
③ （清）焦循：《孟子正义》，中华书局 1987 年版，第 738—739 页。

于人与动物的区别说道："动物和自己的生命活动是直接同一的。动物不把自己同自己的生命活动区别开来。它就是自己的生命活动。人则使自己的生命活动本身变成自己意志的和意识的对象。他具有有意识的生命活动。这不是人与之直接融为一体的那种规定性。有意识的生命活动把人同动物的生命活动直接区别开来。"① 焦循引用《礼记·乐记》"物至知知，然后好恶形焉"，说明人之情、欲虽由外物引发，具有"感于物而动"的被动性质，但是人有知，对此欲求能够自知，使其成为了自己反思的对象。焦循的此一理解与马克思的理解颇有相通的地方。

由此可见，焦循"知"的概念已经含有自我意识的内涵了，这种自我意识进入到价值问题的领域，就进一步表现为自我修正、自我超越的能力，所以"能移""可引"等概念又被他用来进一步说明人之性不同于动物的独特性。焦循说道：

> 人之性可引而善，亦可引而恶，惟其可引，故性善也。牛之性可以敌虎，而不可使之咥人，所知所能，不可移也。惟人能移，则可以为善矣。是故惟习相远，乃知其性相近，若禽兽，则习不能相远矣。②

除了"能移""可引"的理解之外，在焦循那里还有另一与"知"相关的概念"变通"也被用来说明人之性善。焦循以其易学的变通观念，特别强调人能权变、变通乃能真具仁义。其言：

> 人性所以有仁义者，正以其能变通，异乎物之性也。以己之心，通乎人之心，则仁也。知其不宜，变而之乎宜，则义也。仁义由于能变通。人能变通，故性善；物不能变通，故性不善。……杞

---

① ［德］马克思：《1844 年经济学哲学手稿》，载《马克思恩格斯文集》第 1 卷，中共中央马克思恩格斯列宁斯大林著作编译局编译，人民出版社 2009 年版。

② （清）焦循：《性善解一》，载《焦循诗文集》，刘建臻点校，广陵书社 2009 年版，第 158 页。

柳之性，可戕贼之以为桮棬，不可顺之为仁义，何也？无所知
也。人有所知，异于草木。且人有所知而能变通，异乎禽兽。故
顺其能变通者而变通之，即能仁义也。①

又言：

　　因事转移，随时通变，吾心确有权衡，此真义内也。……董
子曰："宜在我而后可以称义。故言义者，合我与宜以为一言。
以此操之，义之言我也。"此与孟子之言相发。②

人性之有仁义，在于其能变通，能变通才能归于仁义。当然，人
之变通在其自身亦必有"能变通者"存在，才能"顺其能变通者而
变通之"，此即其不同于物的"知"，所谓"人有所知而能变通"。这
一由"知"而能"变通"的理解，焦循有一更为精练的表达，其
言曰：

　　性善犹言性灵，性灵则能通，通则变，能变，故习相远。③

性之灵即性之知，人性因其灵而能变通即人由"知"而能"变
通"。"变通"的能力也是由"知"而来。

焦循论性，在肯定人之同于禽兽的普遍性的情、欲内涵之外，亦
十分注重在人禽之别意义上的人性之特殊性的认识。焦循用来说明这
一人禽之别的概念除了上文提及的"知""可引"和"能移""变
通"之外，又有"理"和"义"。焦循疏解《孟子》中告子之言

---

① （清）焦循：《孟子正义》，中华书局1987年版，第734—735页。
② 同上书，第746—747页。
③ （清）焦循：《性善解四》，载《焦循诗文集》，刘建臻点校，广陵书社2009年版，
第159页。焦循于《孟子正义》卷十"滕文公为世子"章"孟子道性善言必称尧舜"条的
疏解中，利用《系辞》"以通神明之德，以类万物之情"来对"性善"进行理解，以为
"善即灵也，灵即神明也。""灵""神明"与"心知"相联系，由"灵""神明"而能变通，
即由"知"而能"变通"。

"食色，性也。仁，内也，非外也。义，外也，非内也"时，说道：

> 饮食男女、人之大欲存焉。欲在是，性即在是。人之性如
> 是，物之性亦是如是。惟物但知饮食男女，而不能得其宜，此禽
> 兽之性，所以不善也。人知饮食男女，圣人教之，则知有耕凿之
> 宜，嫁娶之宜，此人之性所以无不善也。人性之善，所以异于禽
> 兽者，全在于义。义外非内，是人性中本无义矣。性本无义，将
> 人物之性同。①

这里焦循对于告子"义外"的说法进行了驳正，认为若如告子主张义外，人禽将不可别。焦循自己实是主张义在性内的，并以此作为人禽的区别所在。焦循有时还主张理在性内，譬如其言：

> 《礼记·乐记》云："好恶无节于内，知诱于外，不能反躬，
> 天理灭矣。"注云："理，犹性也。"以性为理，自郑氏已言之，
> 非起于宋儒也。理之言分也。《大戴礼记·本命篇》云："分于
> 道谓之命。"性由于命，即分于道。性之犹理，亦犹其分也。惟
> 其分，故有不同；亦惟其分，故性即指气质而言。性不妨归诸
> 理，而理则非真宰真空耳。②

性之内涵不仅包括了情、欲在内，也包括了"理""义"。但是焦循理义为性的说法"完全剔除了理学家论'性即理'中的超越意义"③，焦循人性之中的理义不过是人之情欲所具之节度、分宜而已④，是心之知、能所能认识和实践的情、欲实现原理。

---

① （清）焦循：《孟子正义》，中华书局1987年版，第743页。
② 同上书，第752页。
③ 田富美：《清代荀子学研究》，博士学位论文，"国立"政治大学，2011年，第169页。
④ 焦循另有对于理的说明文字，其言曰："求其轻重，析及毫芒，无有差谬，故谓之理。"（参见（清）焦循《理说》，《焦循诗文集》，刘建臻点校，广陵书社2009年版，第182页。）亦可佐证此处的理解。

这样，以"知"言人禽之别、以"变通"言人禽之别、以"仁义""理义"言人禽之别，就贯穿起来成为一条完整的说明人性之特殊性的理论链条。其中"知"为根本，"变通"与"可引""能移"皆由"知"而来。"变通"与"可引""能移"在涵义上虽有相通之处，但亦有所言侧重、涵义多寡的不同。就主体之自身发展而言，谓之"可引""能移"；就主体之与其他主体之间的相互沟通而言，则谓之"变通"——调整自己而与他人相协调。"可引""能移"即能"变"，"变"则以"通"为目标，"变通"比"可引""能移"表达的内容更多。最终，"变通"以"仁义""理义"为归宿，"仁义""理义"则以"通"（即下文所言"情之旁通"）为规定。人之归于"仁义""理义"即为道德之成就和完成。疏通言之，人具有不同于动物的自我意识，以此自我意识进入价值领域而表现为一种自我价值意识；自我价值意识进入实践之中，即表现为人之行为上的自我修正、自我超越的能力；故而人能反省自己情、欲之追求活动，调整自己的行为方式，在情、欲追求活动中实现人际的沟通，最终归于一种有道德的生活。

焦循论性重视人禽之别，乃为承继于孟子；但是以"知""可引"和"能移""变通"来说人禽之别的具体论述却是孟子没有的。细究焦循此一思想，实与荀子颇多近似的地方。

我们知道荀子在其"生之所以然"的"性"概念规定中，并无人禽之别的思想，但在他处则对人禽之别多有论述。《荀子·非相》有言：

> 人之所以为人者何已也？曰：以其有辨也。……夫禽兽有父子，而无父子之亲，有牝牡而无男女之别。故人道莫不有辨。[1]

《荀子·王制》又言：

---

[1] 《荀子·非相》。

水火有气而无生，草木有生而无知，禽兽有知而无义，人有气、有生、有知，亦且有义，故最为天下贵也。力不若牛，走不若马，而牛马为用，何也？曰：人能群，彼不能群也。人何以能群？曰：分。分何以能行？曰：义。①

荀子强调人道有"辨"、有"义"，其"辨"和"义"的概念已经含有自我意识的内涵了。在这个意义上，焦循"知而又知"的"知"同荀子的"辨"在意涵上是相通的。这种自我意识进入价值的领域表现为一种自我价值意识，自我价值意识驱动人的行为，进一步即表现为行为上的自我引导和自我修正的能力，这种思想在焦循和荀子那里同样地都有论述。焦循的"能知故善"之"知"除了具有"知而又知"的自我意识的内涵，实兼有"能"的意涵，指的是人性的一种由蒙昧进于道德的开通能力。其言：

性无他，食色而已。饮食、男女，人与物同之。当其先民，知有母不知有父，则男女无别也；茹毛饮血，不知火化，则饮食无节也。有圣人出，示之以嫁娶之礼，而民知有人伦矣；示之以耕耨之法，而民知自食其力矣。以此示禽兽，禽兽不知也。禽兽不知，则禽兽之性不能善。人知之，则人之性善矣。②

性何以善？能知，故善。同此男女、饮食，嫁娶以为夫妇，人知之，鸟兽不知之；耕凿以济饥渴，人知之，鸟兽不知。鸟兽既不能自知，人又不能使之知，此鸟兽之性，所以不善。……故孔子论性，以不移者属之"上知下愚"。愚则仍有知，鸟兽直无知，非徒愚而已矣。③

---

① 《荀子·王制》。
② （清）焦循：《性善解一》，《焦循诗文集》，刘建臻点校，广陵书社 2009 年版，第158 页。
③ （清）焦循：《性善解三》，《焦循诗文集》，刘建臻点校，广陵书社 2009 年版，第159 页。

人有接受教化而过一种文明道德生活的开通能力，这与《荀子·性恶》所言"涂之人也，皆有可以知仁义法正之质，皆有可以能仁义法正之具"的意思是一致的。焦循以此"知""能"作为人性之本有，荀子亦有"所以知之在人者，谓之知；……所以能之在人者，谓之能"的理解。[①]

焦循的心之知、能可以使人接受礼义，进而自我修正其行为而归于礼义的要求，其具体的实现则落实在"知"对于"情""欲"具有的裁度和节制功能上面。其言：

> 人之心能裁度，得事之宜，所以性善，故仁义礼智之端，原于性而见于心。"心以制之"，即所谓思虑可否，然后行之也。惟心为正，谓心能裁度，以正四体五官也。[②]

又言：

> 《说文》心部云："性，人之阳气，性善者也。""情，人之阴气，有欲者。"情阴而有欲，故贪淫争夺，端由此起。荀子谓："从人之性，顺人之情，必出于争夺，合于犯分乱理而归于暴"是也。情欲之为不善，有师法之化，礼义之道，即能出于辞让，合于文理而归于治。此孟子所谓"可以为善"也。……因己之好货，而使居者有积仓，行者有裹粮；因己之好色，而使内无怨女，外无旷夫。如是则情通，情通则情之阴已受治于性之阳，是

---

① 东方朔认为，"荀子虽在这里讨论'能知'与'所知'的关系，但所谓'知之在人'之'知'与'能之在人'之'能'，即是我们在讨论《性恶》篇中的'涂之人也，皆有可以知仁义法正之质，皆有可以能仁义法正之具'中所说的'知'与'能'，这种意义上的知、能，对人而言，显然具有先天的性格，是不待后天学习而有的能力；而所谓'知有所合'之'知'与'能有所合'之'能'，指的是人的先天的知、能经由后天的积虑习能，在处理事物时有当于理所表现出来的智慧与才能"（东方朔：《合理性之寻求：荀子思想研究论集》，"国立"台湾大学出版社 2011 年版，第 182 页）。此种理解颇为恰当。在荀子的人性理解中，同样肯定了人的"知""能"，此种"知""能"是人能够归于礼义、进于道德的基础和前提。

② （清）焦循：《孟子正义》，中华书局 1987 年版，第 877 页。

性之神明有以运旋乎情欲，而使之善，此情之可以为善也。故以情之可以为善，而决其性之神明也。乃性之神明，能运旋其情欲，使之可以为善者，才也。①

"心能裁度，得事之宜""性之神明能运旋其情欲"，此种心的作用与荀子"心之所可"的概念亦是相同的。《荀子》言曰：

欲不待可得，而求者从所可。欲不待可得，所受乎天也；求者从所可，所受乎心也。天性有欲，心为之节制……故欲过之而动不及，心止之也。……欲不及而动过之，心使之也。②

关于荀子"心之所可"的这种论说，东方朔谓荀子"策动人之心知与心能以节制和训导人的性情与欲望"③。焦循将人之心知所具有的自我行为修正的能力理解为心知对于情欲的节制、导引，与荀子相关思想颇为一致。

焦循基于对此一以"能知""能移"表达出来的人性的自我修正、自我超越的开通能力的肯定，进一步提出人须"变通"的要求。焦循对于人性提出"变通"的要求与荀子思想中"化性起伪"的主张亦是一致的。《荀子·儒效》言道：

性也者，吾所不能为也，然而可化也。积也者，非吾所有也，然而可为也。注错习俗，所以化性也；并一而不二，所以成积也。习俗移志，安久移质。并一而不二，则通于神明，参于天地矣。④

---

① （清）焦循：《孟子正义》，中华书局 1987 年版，第 755—756 页。
② 《荀子·正名》。
③ 东方朔：《合理性之寻求：荀子思想研究论集》，"国立"台湾大学出版社 2011 年版，第 189 页。
④ 《荀子·儒效》。

　　人性可化，也即食色之欲的满足和表现方式可以改变。通过不断地重复实行某种行为模式，就能在人的心理之中相应地形成一种稳定的倾向和品质，荀子称为"习俗移志，安久移质"。所以"化性"又是一个"积伪"的过程。依照礼义实行"积伪"实践的结果，就是使得人性后天获得一种内在、稳定的心理品质从而保障其情、欲的发显皆能合于礼义、法度之要求。《荀子·性恶》称其为：

> 圣人化性而起伪，伪起而生礼义，礼义生而制法度。①
> 凡贵尧禹君子者，能化性，能起伪，伪起而生礼义。②

　　荀子这些化性起伪而生礼义的论述与焦循"人性所以有仁义者，正以其能变通"的表达基本如出一辙，只不过荀子强调"并一不二"的"积伪"过程对于人之自然倾向（血气、志意）的改易；焦循强调不断地"变通"乃能随时符合仁义之时中的要求，大概亦由二人理论之针对目标不同③。

　　综合而论，荀子论人分言"性"与"心"，焦循论人亦有"欲"和"知"，对比二人关于人性之全体的内涵理解，实为一脉相承。由此人性之内容的理解，焦循将性善的证成放在心知对于血气之情、欲表现方式的改易上面来理解；荀子则以其主于情、欲为言的狭义人性理解，并不主张性善之说，但同样将礼义之生成放在"以心治性""化性起伪"上面来说，二者亦实为一致。焦循在人性之内容的理解与性善之证成方面，皆与荀子潜藏的性善观相同，惟其不满荀子"性恶"之语，故而尽移荀子之论而纳入孟子"性善"说下来诠释。焦循《孟子正义》在疏解"滕文公为世子"章"孟子道性善，言必称

---

　　① 《荀子·性恶》。
　　② 同上。
　　③ 荀子生当战国末世，诸侯异政、百家异学（道、法、名、墨等），大多归于"不法先王、不是礼义"（《荀子·非十二子》），故而《荀子》一书屡屡为"去圣王，息礼义"（《荀子·性恶》）而发论，强调"礼义积伪"（《荀子·性恶》）之于个人修身、国家治理的必要。焦循生处传统社会末世，面对程朱理学道德天理化之弊，最烦道德规范之僵化，故而时时申其"变通"之论。

尧舜"① 一条时言道:

> 孟子生平之学,在道性善,称尧舜,故于此标之。太史公以
> 孟子、荀子合传,乃孟子道性善,荀子则言性恶;……其言云:
> "今人之性,生而离其朴,离其资,必失而丧之。所谓性善者,
> 不离其朴而美之;不离其资而利之也。人性恶明矣,善者伪也。"
> 此驳孟子道性善也。……为荀氏之学者,调和而文饰之云:"孟
> 子言性善,欲人之尽性而乐于善,荀言性恶,欲人之化性而勉于
> 善。伪即为也,乃作为之为,非诈伪之伪。……"荀子云:"今
> 人之性饥而欲饱,寒而欲暖,劳而欲休,此人之情性也。"是也。
> 人如此,禽兽亦如此也。荀子又云:"今人饥,见长而不敢先食
> 者,将有所让也。劳而不敢求息者,将有所代也。"夫子之让乎
> 父、弟之让乎兄;子之代乎父、弟之代乎兄:此正人性之善之证
> 也,而荀子乃以为性恶之证焉。试言之,人之有男女,犹禽兽之
> 有牝牡也。其先男女无别,有圣人出,示之以嫁娶之礼,而民知
> 有人伦矣。示之以耕耨之法,而民知自食其力矣。以此教禽兽,
> 禽兽不知也。禽兽不知,则禽兽之性不善;人知之,则人之性善
> 矣。……非性善无以施其教,非教无以通其性之善。教即荀子所
> 谓伪也为也。为之而能善,由其性之善也。②

焦循对于当时"为荀氏之学者"③ 关于荀子性恶说与孟子性善说
的简单调和说法仍不满意。荀子用来说明性恶的事例,焦循以为正可
用以说明性善。荀子强调"性伪之分",主张"人之性恶,善者伪
也",焦循则注意到"性"与"伪"之间的联系,以为人能接受教化

---

① 焦循以为《孟子》"滕文公为世子"章"孟子道性善,言必称尧舜"一语可以概
括孟子的主要思想,并以其与荀子言性恶,法后王的主张两相对照来诠释孟、荀之思想关
系。关于孟子"称尧舜"与荀子"法后王"的关系,不属本节讨论之内容,且留待本节第
五部分论述。此处提出加以讨论的仅是焦循对于孟子性善论与荀子性恶说的沟通。

② (清)焦循:《孟子正义》,中华书局 1987 年版,第 316—317 页。

③ 焦循此处所谓"为荀氏之学者",实指钱大昕。钱大昕的相关荀学论述参见笔者
《钱大昕的荀学思想刍议》,《邯郸学院学报》2013 年 12 月。

而"化性起伪"正以见其"性善"。荀子的人性论说在焦循那里变成了一种性善论的证据了。可见焦循的人性论说，虽以疏解《孟子》"性善"说的形式提出，但在其论述之中未尝无时不思考着有以纳入和重构荀子之思想，实际上他也达到了这一目标。何泽恒于此以为，"依其说，则孟子之意可包含荀子意，亦可谓其说已化荀而归孟。虽其辞意之间，似犹有是孟而非荀之迹，然究其旨归，则欲破孟荀以下，性善性恶……之壁垒"。① 何氏谓焦循化荀而归孟、欲破孟荀壁垒，不过调和之论耳，其实并未能把握焦循与孟、荀思想关系之准确实情。李明辉详细分析了"焦循对于孟子心性论的误解"②，并追溯及其诠释方法论的问题，他恐怕不会同意焦循之心性论乃是"化荀而归孟"。所以，焦循的人性理解，表面看似化荀而归孟，其实已经只是徒具孟子"性善"说之表，而其内里倒可谓化孟以归荀了。焦循《孟子正义》的诠释明显不同于《孟子》原文的地方甚多。郭宝文考察焦循与孟子思想多点差异之后，其结论明显不同于何泽恒。其言：

> 戴震与焦循对孟子的理解，皆偏离了孟子强调内在而普遍、必须超越禽兽的道德本心之说，偏离了必须返归至善本性的思维。因为必须照顾到所有的人，以及人性的所有层面，因此对于情欲之性的存留特别注意，对于心知之智去安排、体察事理、人情，特别是人情这一部分特别用心。也因此在不自觉慢慢脱离孟子思维脉络的同时，却接近荀子以心知之智建构礼义，对于人性进行安排的思想。③

此论甚为的当，惟其论文仍然以为焦循亦主性善，亦承认理义为性，乃为承继于孟子的地方，令人稍微不满。其实焦循所谓"性善"

---

① 何泽恒：《焦循研究》，大安出版社 1990 年版，第 174 页。
② 李明辉：《焦循对于孟子心性论的诠释及其方法论问题》，载《孟子重探》，联经出版事业公司 2001 年版，第 69—110 页。
③ 郭宝文：《戴震及其后学与孟荀思想异同研究》，博士学位论文，"国立"台湾大学文学院中国文学系，2011 年，第 146 页。

不过取《孟子》一语而已，观其性之内涵及性善所以证立的理解，实不可谓同于孟子；而其理义为性认识中"理义"的内涵，亦非孟子内在而普遍的超越的道德理性，而是人之知、能于现实生活之中寻得的情、欲的合宜节度①，是人能知能行的后天之道德规范。这一切实与荀子的人性思想颇为一致。总之，在人性的问题上面，焦循的思想其实比戴震更为接近荀子，而不仅仅是如郭宝文所言其中"有许多荀学的成分"②。

三　礼义观："一贯忠恕"与"明分使群"

焦循尝于其《论语通释自序》中言道：

> 循尝善东原戴氏作《孟子字义考【疏】证》，于理、道、天命、性情之名，揭而明之若天日，而惜其于孔子"一贯"、"仁"、"恕"之说，未及阐发。数十年来，每以孔子之言参孔子之言，且私淑孔子而得其旨者，莫如孟子，复以孟子之言参之，既佐以《易》、《诗》、《春秋》、《礼记》之书，或旁及荀卿、董仲舒、扬雄、班固之说，而知圣人之道惟在"仁"、"恕"。"仁""恕"则为圣人，不"仁"不"恕"则为异端小道。所以"格物致知"、"正心诚意"、"修身、齐家、治国、平天下"无不以此。其道大，其事易，自小其器而从事于难，是己而非人，执一而废百，讵孔子"一贯"之道哉？③

是其意以为，戴震于理、道、性、命等"性与天道"范畴之内的

①　田富美指出，焦循言"变而通之以尽利"（《系辞》），又言"利者，义之和也"（《文言》），"于是孟子所说人性固有的仁义便转化成由现实世界中变通而来，实已逸出了孟学的理路"。参见田富美《清代荀子学研究》，博士学位论文，"国立"政治大学，2011年，第234页。

②　郭宝文：《戴震及其后学与孟荀思想异同研究》，博士学位论文，"国立"台湾大学文学院中国文学系，2011年，第146页。

③　（清）焦循：《论语通释自序》，载《焦循诗文集》，刘建臻点校，广陵书社2009年版，第300—301页。

概念阐发甚明，但对人道之规范却仍有未及充分论述的地方，而这些是在《论语》的"一贯""仁""恕"等概念中得以表达的。焦循此论并不完全符合戴震思想的实际。戴震于"仁""恕"着墨甚多，更提出"以情絜情"的学说来对孔子的"恕道"进行了阐扬和发展，何得谓其"未及阐发"？不过，焦循明确地将"一贯忠恕"提至"圣人之道"核心内容的地位，使其成为儒学道统传承之内容，这在戴震那里确实是没有过的。焦循《寄朱休承学士书》言道：

> 大抵圣人之教，质实平易，不过欲天下之人各正性命，保合太和而已。……《易》道但教人旁通，彼此相与以情。己所不欲，则勿施于人；己欲立达，则立人达人。此以情求，彼亦以情与。自然保合太和各正性命。……孔子谓之"仁"，谓之"恕"，《大学》以为"絜矩"。此实伏羲以来圣圣相传之大经大法。①

同样的一个道理，在《易》谓之"各正性命，保合太和""旁通"，在《论语》谓之"仁恕"，在《大学》谓之"絜矩"，说法不同，其内涵却是相通的。焦循称此为"圣圣相传之大经大法"，实即以其为道统传承之内容了。

焦循"一贯忠恕"之论，有论学的意义。② 何泽恒有见于此，乃谓"焦循论语要旨为反汉学考据而发"③。本书于此不拟论述，下面将仅只探讨其于道德哲学方面的涵义（就性、情而论）。焦循著有《一以贯之解》，说道：

> 孔子言"吾道一以贯之"，曾子曰"忠恕而已矣"。然则

---

① （清）焦循：《寄朱休承学士书》，载《焦循诗文集》，刘建臻点校，广陵书社 2009 年版，第 235—236 页。

② "恕道"自来可以用于论学术，亦可用来论道德。如章学诚就强调了"恕作为'文德'的重要性"（参见倪德卫《儒家之道：中国哲学之探讨》，[美] 万白安编，周炽成译，江苏人民出版社 2006 年版，第 86 页）。关于中国传统的恕道，更多的内容亦可见上揭倪德卫书第五章《中国道德哲学中的金律之辩》。

③ 何泽恒：《焦循研究》，大安出版社 1990 年版，第 114 页。

  "一贯"者，"忠恕"也。忠恕者何？成己以成物也。……孟子曰："物之不齐，物之情也。"虽其不齐，不得以己之性情，例诸天下之性情，即不得执己之所习所学所知所能，例诸天下之所习所学所知所能，故有圣人所不知而人知之，圣人所不能而人能之。知己有所欲，人亦各有所欲，已有所能，人亦各有所能，圣人尽其性以尽人物之性，因材而教育之，因能而器使之，而天下之人，共包涵于化育之中，致中和，天地位焉，万物育焉。……贯者，通也，所为通神明之德，类万物之情也。①

  "一贯"之道即"忠恕"，即"仁"，即成己以成物、尽己之性以尽人物之性，这些都是历来就有的说法。但是焦循特出的地方在于，对于成己、成物的认识比较全面，认为它包括遂欲与尽能两个方面②，并将其提高到"致中和，天地位焉，万物育焉"的高度。他又引入《易传》"通神明之德，类万物之情"来对《论语》中"忠恕"何以得谓"一贯"进行了补充性的阐发。

  对于《论语》中"一贯""忠恕"的此种胜义，焦循在其易学之中进一步以"各正性命、保合太和""旁通情"来进行具体解说。其言：

  圣人治天下不过旁通情而已矣。③

  传云："六爻发挥，旁通情也。"成己在性之各正，成物在情之旁通。非通乎情，无以正乎性。④

---

① （清）焦循：《一以贯之解》，载《焦循诗文集》，刘建臻点校，广陵书社2009年版，第164页。

② 一些解读"忠恕"者拘限于《论语》"己欲立则立人，已欲达则达人"和"己所不欲，勿施于人"的文本，将"欲"字的理解狭隘化为情欲，故而对于"忠恕"的理解仅为人之情、欲的相通——追求自己的情感、欲望的实现，同时也尊重他人之情感、欲望的实现。而焦循则注意到，《论语》之中论"忠"、论"恕"的"欲"字不过是一种意向而已，故而又发掘了"忠恕"所表达的"成己以成物"之意中所包含的尽己之知、能，亦尊重和包容他人尽其所知所能的面向。

③ （清）焦循：《易章句》卷八，清江都焦氏刻雕菰楼易学本。

④ （清）焦循：《易通释》卷五，清江都焦氏刻雕菰楼易学本。

"一贯""忠恕"的"成己、成人（物）"的涵义，在这里变成了"各正性命，保合太和"，分别地说即是"成己"在"性之各正"，而"成人（物）"则在"情之旁通"。当然，"成己"与"成人（物）"在实践之中是不可分离的，非成人（物）不可以成己——没有脱离成人（物）的成己，此即焦循所谓"非通乎情，无以正乎性"。这种己与人、己与物俱成的和谐关系，即上文所言"天地位、万物育"，也即"各正性命，保合太和"。

焦循这里提出了"旁通情"的要求，那么怎样才能算是达到了情之旁通呢，人又如何才能达致情之旁通呢？焦循依据"通神明之德，类万物之情"，发展出一套理解，对此作了一个具体的阐释。其言曰：

> 孔子以旁通言情，以利贞言性，情利者，变而通之也。以己之情，通乎人之情；以己之欲，通乎人之欲。己欲立而立人，己欲达而达人，己所不欲勿施于人。因己之好货，而使居者有积仓，行者有裹粮；因己之好色，而使内无怨女，外无旷夫。如是则情通，情通则情之阴已受治于性之阳，是性之神明有以运旋乎情欲，而使之善，此情之可以为善也。①
>
> 类，似也。旁通之，似续不已也。人性皆善，则人之情无不同，各有情即各有欲。以己之情通人之情，以己之欲度人之欲，则不致相争相噬，而天下之情类聚而不乖矣。圣人与人同此性情，所异者智愚耳。圣人自度，因以反人，故万物之情可以圣人之情类之也。人之情欲，男女饮食而已，既定人道、制嫁娶，使人各有偶而男女不紊，又教渔佃，使民各食其力。嫁娶制则人伦之教兴，渔佃作则利济之政起。通其德，类其情，故作八卦，又重为六十四，以示旁通往来，此伏羲之情也。而文王之辞，所以明旁通情者，即述乎此也。②

---

① （清）焦循：《孟子正义》，中华书局 1987 年版，第 755—756 页。
② （清）焦循：《易章句》卷八，清江都焦氏刻雕菰楼易学本。

"以己之情，通乎人之情；以己之欲，通乎人之欲。己欲立而立人，己欲达而达人，己所不欲勿施于人。因己之好货，而使居者有积仓，行者有裹粮；因己之好色，而使内无怨女，外无旷夫"，焦循谓必如是则可谓"情通"，这是从正面说。焦循还有从反面来对何谓"情通"加以规定的，此即"以己之情通人之情，以己之欲度人之欲，则不致相争相噬，而天下之情类聚而不乖矣"。"情通"之更为具体和客观的规定和准则则在于礼义，所谓"有师法之化，礼义之道，即能合于文理而归于治"①；"定人道、制嫁娶，使人各有偶而男女不紊，又教渔佃，使民各食其力"。"情"之"旁通"要求的实现，就道德主体之间而言是为彼此之间情、欲实现活动关系之协调；在道德主体之内则体现为"情之阴已受治于性之阳""神明有以运旋乎情欲"，也即情、欲受到心知的节度；而其所以节度之原理和规范即是礼义。心知是道德主体所具之能施行节度的能力，礼义则是道德主体所以施行此种节度的原理，在人的道德行为之中，心知使得礼义得以发挥对于情、欲的调节作用，最终实现人们彼此之间在情、欲追求活动中的和谐关系。所以，礼义的实现端在于人与人之间情、欲实现上的相互协调，践行了礼义也即实现了情通。

焦循以人之情、欲好恶的协调（"旁通情"）来理解礼义的本质，认为它是"通天下之志，类万物之情"的人为施设，礼义的实现也即是"各正性命、保合太和"的实现。这种认识与荀子从"群居和一之道"②来理解的礼义观是一致的。不过焦循与荀子在论述礼义的性质和作用时，仍有侧重点的不同。

荀子认为，礼之所以能够实现"群居和一"，是因为其能"明分"，"明分"才能"使群"③。首先，荀子所谓的"分"具有分别的意思，荀子特别认识到通过等级差别来实现统一秩序的作用。但是焦循的"一贯忠恕"则强调人我之间的情之旁通，实已蕴含着对于人我情、欲实现的平等地位的肯定。"情通"之中蕴含着"平等"之

---

① （清）焦循：《孟子正义》，中华书局1987年版，第755—756页。
② 《荀子·荣辱》。
③ 《荀子·富国》。

义，到了清末，谭嗣同在其《仁学》之中更是倾全力揭而明之，即其所谓"通之象为平等"①的主张。焦循的"一贯忠恕"同戴震的"以情絜情"一样，相较荀子"明分使群"的礼义观，更具有一种现代的平等精神。②其次，荀子所谓的"分"还不脱名分的涵义，名分确定和区别了各种角色和关系之下不同人的不同的责任、义务。礼之名分所要求于各人之责任、义务的履行，自然即是社会秩序的实现。同时，"一个人遵循礼的规范和要求，履行相应的角色和关系期望之下的责任的过程，也正是在道德上自我完善的过程"③。荀子的礼在社会致治和个人修德两个方面，均不脱儒家道德哲学浓厚的角色伦理色彩。到了焦循这里，对于礼义的理解，他强调以"忠恕"来实现"情通"。"情通"是对于任何一种人与人的伦理关系都应适用的普遍要求。它不以主体的任何一种特殊的伦理关系或伦理角色为前提，从而具有普遍伦理④的意义。一般认为，脱离道德主体所处之具体的角色、关系，来普遍地探讨其道德上的"应当"要求为何，与现代社会中陌生人之间的一般关系成为人伦关系之普遍和主要内容的状况是相应的⑤。更为重视阐述礼义之普遍伦理的面向，这种对于荀子礼论的发展，可谓是隐然符合了现代社会这一变化趋势的要求。总之，焦循以"一贯忠恕"实现"情通"，较之荀子"明分使群"的观念，虽然同以人欲、人情之协调原理来理解礼义之本质，但更具一种普遍平

---

① （清）谭嗣同:《仁学》，朝华出版社 2017 年版，第 4 页。

② 戴震与焦循同具一种平等之追求，不过二者此中之差异仍然可辨：戴震"以情絜情"具有一种自由权利的平等分界意识，是"分"之上的平等；焦循的"一贯忠恕"则主张某种"万物一体"意义上的人己一如的平等，是"通"之中的平等。

③ 王楷:《天然与修为：荀子道德哲学的精神》，北京大学出版社 2001 年版，第 101 页。

④ 此处"普遍"的意思在于，此种伦理的要求之适用对象的范围是普遍的，即适用一切种类的伦理关系；而不是说，此种伦理规范的要求获得一切文化族群的道德行为主体的普遍承认。虽然学界亦有在后者意义上使用"普遍伦理"的概念探讨儒家的"忠恕"原则，但是本书以为此种意义的"普遍伦理"称之为"普世伦理"或许更为恰当。现代一些学者对于"第六伦"的强调，要求建立对于现代社会陌生人之间关系进行有效约束的道德原则，这就是一种普遍伦理，本书以为焦循之礼已经具有了这样的"第六伦"的性质。

⑤ 传统社会主要是一种熟人之间的社会，现代社会则越来越成为一种陌生人的社会，其伦理的要求自然会相应地有所不同。

等的现代性精神在内。而焦循之所以能够实现对于荀子思想的此一转换，则端在于其能抓住和贯彻"一贯""忠恕"这一儒学的核心精神，将荀子思想中人情、人欲之具体协调法则的礼义主要理解为一种人情、人欲之平等沟通的普遍原理，从而在一定程度上实现了孔荀、孟荀思想的沟通。①

四 功夫论："絜矩""改过"与"礼义积伪"

有了对于礼义性质的一般理解之后，就可以进一步对于如何实现礼义提出具体的方法和要求了。依据前文的理解，虽然直接对人之情、欲进行节度的是客观的礼义，但是礼义之精神在于保护大家情、欲追求的共同实现，所以真正构成个人之情、欲实现之限制的其实是他人同等的情、欲的实现要求，这是个体之情、欲实现不能逾越的合理边界。既然如此，他人的情、欲要求是具体如何成为对我之情欲实现的限制呢？回答了这个问题，也就解决了人如何遵守礼义的问题。焦循用来说明这个问题的概念主要是"格物"和"絜矩"。

在焦循的认识中，"格物""絜矩"是所以"行恕""通情"的功夫。其言曰：

> 格物者，行恕之功；尽性者，一贯之效。《大学》谓之絜矩，《孟子》谓之集义，其功在克己复礼，其道在善与人同。由一己之性情，推极万物之性情，而各极其用。此一贯之道，非老氏抱一之道也。②

---

① 荀子强调明分以息争（《荀子·富国》言："离居不相待则穷，群而无分则争；穷者患也，争者祸也；救患除祸，则莫若明分使群矣。"），以此标举礼义之宗旨。孔子讲"忠恕"，孟子也讲"恕"，但是荀子基本不怎么讲"忠""恕"。《荀子》全书提到"恕"的仅《法行》篇一见（孔子曰："君子有三恕：有君不能事，有臣而求其使，非恕也；有亲不能报，有子而求其孝，非恕也；有兄不能敬，有弟而求其听令，非恕也。士明于此三恕，则可以端身矣。"），还是引用孔子的话。所以说，以"一贯""忠恕"结合人情、人欲之协调来理解礼义是孔孟思想与荀子思想的一个融合。

② （清）焦循：《论语通释》，清木犀轩丛书本。

在另一处，焦循又讲："惟旁通，乃知来物，所谓格物，所谓絜矩，所谓强恕也。""旁通"又成为"格物""絜矩""强恕"的根本要求了。其言：

> 六爻发挥，旁通情也。"发"，谓由此之彼也；"挥"，动也。全易之义，惟在旁通。圣人于此特表出之。"六爻发挥"，易卦之旁通也；"己欲立而立人，己欲达而达人"，人情之旁通也。惟旁通，乃知来物，所谓格物，所谓絜矩，所谓强恕也。①

合而观之，可见"格物""絜矩"乃是焦循用来同"旁通""恕"互相诠释的同位概念。当然，双方并不是没有含义的偏重，否则即没有在"恕"和"旁通"之外再提出"格物"和"絜矩"的必要了。如果说"恕"及"旁通"是向道德行为主体提出的一种需要达到的规范性目标的话，"格物""絜矩"则是一种具体实践的操作功夫了。

关于"格物"和"絜矩"的具体内涵，焦循言道：

> 格物者何？絜矩也。格之言来也，物者对乎己之称也。《易传》云："遂知来物，"物何以来？以知来也。来何以知？神也。何为神？"寂然不动，感而遂通"也。何为通？反乎己以求之也。"己所不欲，勿施于人"，则足以格人之所恶；"己欲立而立人，己欲达而达人"，则足以格人之所好……物格则知所好恶。诚意者诚此好恶也，……②。

又言：

> 饮食、男女，人之大欲存焉。圣人于己之有夫妇也，因而知

---

① （清）焦循：《易章句》卷九，清江都焦氏刻雕菰楼易学本。
② （清）焦循：《格物解一》，载《焦循诗文集》，刘建臻点校，广陵书社2009年版，第162页。

人亦欲有夫妇；于己之有饮食也，因而知人亦欲有饮食。安饱先以及父兄，因而及妻子，人人亲其亲，长其长而天下平矣。于是，与人相接也，以我之所欲所恶，推之于彼，彼亦必以彼之所欲所恶，推之于我，各行其恕，自相让而不相争，相爱而不相害。平天下所以在絜矩之道也。①

"格物"即是"来物"。而人所以能够"来物"，乃是由于性之神明（心）具有"知"的功能。心之"来物"具体的思考和操作程序，首在"反乎己以求之"的功夫，继而以己之好恶推知人之好恶，所谓"圣人于己之有夫妇也，因而知人亦欲有夫妇；于己之有饮食也，因而知人亦欲有饮食"。此即在意识中能够认知和体会他人之情、欲的同等要求，所谓"知所好恶"。下一步的功夫则由认知进于行为意志层面，由知晓人与己同有欲，从而尊重和帮助人之欲与己之欲的共同实现，所谓"格物不外乎欲己与人同此性，即同此欲"②。此即在行动上尊重他人的情、欲好恶，并自觉调整自己的情、欲实现的范围和途径，使之不与他人的同等之情欲实现的要求相冲突，甚而通过积极的行为主动帮助他人此种同等情欲之需求获得实现，所谓"相让而不争，相爱而不害"。这样理解的"格物"和"絜矩"，通过反求诸己的功夫，以自己之情、欲好恶为范型（就其以己为度量称之为"絜矩"），体会他人之情、欲好恶，进而调整自身情、欲好恶的追求方式，以尊重和帮助他人同等情、欲好恶的实现（就其追求体会和帮助他人情、欲好恶的实现称其为"格物"），整体而言不脱所谓"通天下之志，类万物之情"的意思。

由前所述，"絜矩""格物"既是主体与他人的"情通"的过程，也是主体的自我节欲的过程。对于"情通"与"节欲"的关系，焦循亦有很好的阐述。其言曰：

① （清）焦循：《格物解二》，载《焦循诗文集》，刘建臻点校，广陵书社 2009 年版，第 163 页。
② （清）焦循：《格物解三》，载《焦循诗文集》，刘建臻点校，广陵书社 2009 年版，第 163 页。

"穷人欲，言无所不为"。循按：《说文》"性，人之阳气，性善者也"，"情，人之阴气，有欲者"。人欲，即人情，与世相通全是此情。己所不欲，勿施于人；己欲立而立人，己欲达而达人，正以所欲所不欲为仁恕之本。有己之欲而不通乎人之欲，是为穷人欲。穷人欲，犹云不通人情。圣人通天下之志，正赖以己之欲不欲絜矩乎人之欲不欲，所谓反躬也。①

又言：

以血气心知之性，为喜怒哀乐之情则有欲。欲本乎性，则欲立立人、欲达达人，己所不欲勿施于人，有以通神明之德、类万物之情。类犹似也，以己之情度人之情，人己之情通而人欲不穷、天理不灭，所为善矣。……情不旁通，故人欲穷，性不各正，故天理灭。不以己之欲不欲通乎人之欲不欲，是无情；无情是不近乎情。《传》云："凡易之情近而不相得则凶"。近乎情则相得，不相得则不近乎情。虽有善性而无才以尽之，则情不能通，欲不能窒矣。终身之行，惟在乎恕；平天下之道，不过絜矩。知有己之性，不知有人之欲，情不通而欲穷矣。②

通过对于"穷人欲、灭天理"的疏解，焦循从反方向为我们显示了何为"人欲不穷""天理不灭"。而焦循所理解的"人欲不穷""天理不灭"实指"节欲"，焦循又称之为"窒欲"。惟能情通，才能窒欲。焦循通过"情通"理解的"窒欲"，实质是一个"欲由欲寡"的过程，非如宋明理学家所言"存天理、灭人欲"意义上的遏欲。故而其言：

感于物而动，性之欲也，故格物不外乎欲己与人同此性，即

---

① （清）焦循：《礼记补疏》卷三，清道光六年（1826）半九书塾刻六经补疏本。
② （清）焦循：《易通释》卷五，清江都焦氏刻雕菰楼易学本。

同此欲。舍欲则不可以感通乎人，惟本乎欲以为感通之具，而欲乃可窒。人有玉而吾爱之，欲也，若推夫人之爱玉，亦如己之爱玉，则攘夺之心息矣。能推，则欲由欲寡；不能推，斯欲由欲多。不知格物之学，不能相推，而徒曰过其欲，且以教人曰遏其欲，天下之欲可遏乎哉？①

节欲断非绝情欲之感，相反正须"本乎欲以为感通之具"，再加以"絜矩""格物"的功夫来实现。那些徒知寡欲、灭欲的人，并不能实现"格物"。焦循引用孔子的话称其为"难而非仁"，其言曰：

> 若必屏妃妾，减服食，而于百姓之饥寒化离，漠不关心，是克伐怨欲不行、苦心洁身之士，孔子所谓"难而非仁"者也。绝己之欲，不能通天下之志，物不可格也。②

此种通过"格物""絜矩"实现情通和节欲的过程，焦循还用来诠释"克己复礼"。其言曰：

> 孔子告子贡以"己所不欲，勿施于人"为恕。告仲弓又以"己所不欲，勿施于人"为仁。《记》曰"恕则仁也"，《中庸》曰"忠恕违道不远"，《孟子》曰"强恕而行，求仁莫近焉"。求仁必本于强恕，求仁莫近则违道不远也。约我以礼，即复礼克己。复礼即己所不欲，勿施于人。勿施即勿听、勿视、勿言、勿动也。勿听、勿视、勿言、勿动，克己也。非礼则勿听、勿视、勿言、勿动，是视听言动者皆礼也，是复礼也。"约之以礼亦可以弗畔矣"，夫弗畔即不违道。③

---

① （清）焦循：《格物解三》，载《焦循诗文集》，刘建臻点校，广陵书社 2009 年版，第 163 页。

② （清）焦循：《格物解二》，载《焦循诗文集》，刘建臻点校，广陵书社 2009 年版，第 163 页。

③ （清）焦循：《论语通释》，清木犀轩丛书本。

焦循虽谓"克己复礼"即"约我以礼",但是其此处认识的重点不在知晓和遵循客观礼义以来约己,即不在于"复礼"以实现"约己",而在于从主体之内来谈"约己"之实践。在其看来一定方式的"约己"的实现即是"复礼",实有"克己"即为"复礼"的意思。由此可见,焦循不是从"复礼"来理解"克己",而是以"格物""絜矩"的"克己"功夫来规定"复礼"。"克己复礼"从纵贯的层次来看,是礼义对于主体之情、欲的约制;从横向的断面来看,其实是他人之情、欲构成我之情、欲实现的一个限制和边界,其中后一方面的理解更具有本质性,因为礼义本身还需从人情人欲的协调来理解。所以焦循的认识之中"克己"即为"复礼"的理解重过"复礼"以为"克己"的理解。①

人能由"絜矩"以"格物",获得关于自己行为之正当边界、方向的认识和把握,进而调整自己情、欲追求之方式以与他人的情、欲实现活动保持一种和谐关系,实现此种和谐即是情之旁通,也可谓之克己复礼,这就是焦循对于道德践履的理解。

焦循以为,在人的生命全程之中,这样的道德践履要求永远不会止息。人所面对的道德处境永远处于不断地更新之中,道德的主体必须时时"絜矩""格物"而求得礼之"时中"。这从道德个体发展的历史性向度来看,必将是一个主体不断自我修正、自我更新和超越的过程。焦循称之为"迁善改过",并认为《易》的全部宗旨亦不过如此。其言曰:

> 夫《易》者,圣人教人改过之书也。……圣人神道设教,即以所作之《易》,用为卜筮,因其疑而开之,即其欲而导之,缘

---

① 焦循对于"克己复礼"的此种理解,具有深刻的思想史意义。它意味着,"礼"不是固定不变的先验的"理",而是由具体的实践功夫所达到的成果。这与黄宗羲《明儒学案·自序》"心无本体,工夫所至即其本体"的说法所透漏出的明清以来的思想动向是一致的。这种思想的动向,在乾嘉学者中间得到了很好的体现,如戴震用"以情絜情"来理解伦理意义上的分理;章学诚以为"下学之道即所以上达之道"(《文史通义·原学上》原文为:"学于形下之器,而自达于形上之道")。

其忌以震惊之，以趋吉避凶之心，化而为迁善改过之心，此圣人卜筮之用，所以为神而化也。①

所以焦循论及道德修养和实践的功夫，在"絜矩""格物"之后，又特揭"改过"一语，二者相提而并论。其言曰：

余学《易》，稍知圣人之教，一曰改过，一曰絜矩，两者而已。絜矩则能通，改过则能变，惟能絜矩，乃知己过，惟知改过，乃能絜矩。②

在焦循的理解中，絜矩在于确定是非，重在知；改过则依据絜矩而来的是非认识，自我更正之前的行为方式以符合新的是非的认识，重在行；二者不可分离，才是一个由知到行的完整的道德践履过程，并保证道德行为持续符合礼之"时中"的要求而不致僵化。

由上所论，焦循以"格物""絜矩"和"改过"二者联合加以论述的功夫论，是一个由知到行的完整的关于道德践履的体系。这种关于道德践履由知到行的认识，与荀子关于"知道""可道"到"行道""守道"的思想颇可沟通。

荀子言道：

心知道，然后可道；可道然后守道以禁非道。……故治之要在于知道。③

荀子以为，"知道"为"行道""守道"之前提和关键，中间则经过"可道"的意志作用之中介，完成这一由认知到行动的道德践履。而且在荀子那里，这种由知到行的道德践履在"可道"的中介

---

① （清）焦循：《易图略》卷六，清江都焦氏刻雕菰楼易学本。
② （清）焦循：《易话》上，清江都焦氏刻雕菰楼易学本。
③ 《荀子·解蔽》。

之下是有其必然性的保证的，因为在荀子看来：

> 凡人莫不从其所可，而去其所不可。知道之莫之若也，而不从道者，无之有也。①

这种关于由"知"到"行"的道德践履的理解，《荀子》一书多有体现。又譬如：

> 君子博学而日参省乎己，则知明而行无过矣。②
> 不闻不若闻之，闻之不若见之，见之不若知之，知之不若行之。学至于行之而止矣。③

"知"在前，"行"在后；"知"是"行"的基础，"行"是"知"的目的，这就是荀子理解的道德践履过程。在这一过程中，"知"之环节的功夫在于"学"，"行"之环节的功夫在于"积"。"学"指学习礼义以知是非，这里有外在环境的熏陶和师长的教化作用，也有内在主体自身"虚一而静"的心灵修养功夫，主要是一个理智德性的培养过程；"积"则指累积善行，成积的过程是一个"习俗移志，安久移质"的伦理德性的陶冶过程。"知"者知礼义，"行"者行礼义，所以荀子论述道德践履功夫的知和行两个方面又可一言以蔽之曰"礼义积伪"。

焦循对于由"知"到"行"的道德践履过程的认识，与荀子上述主张不仅在强调先"知"后"行"的一般方向上基本一致，而且在知和行具体环节的理解上亦颇可沟通。焦循通过絜矩以知是非，荀子学礼义以知是非，二者表面不同，其实在本质上甚为一致。因为在焦循看来，"絜矩"实乃"礼之经"，其言：

---

① 《荀子·正名》。
② 《荀子·劝学》。
③ 《荀子·儒效》。

礼之经也，"明明德"矣，又必新民知止，而归其要于"絜矩"。①

絜矩之道实乃礼义之根本精神，絜矩之道的现实具体铺开即是礼义之广泛的规定。所以絜矩以知是非与学习礼义以知是非实为一回事，只不过絜矩乃为提纲挈领的扼要功夫，学习礼义则为经经纬纬的发散功夫。又焦循的"迁善改过"，从消极的面向讲是"改过"，从积极的面向来讲则是"迁善"，也即是不断的累积善行的过程，同于荀子的"礼义积伪"。由此可见，焦循在道德践履功夫论上的理解亦是近于荀子一路的。当然，焦循的"絜矩"与"改过"论述相较荀子的学习礼义的"知道"和礼义积伪的"守道"，意涵和要求显然更为扼要和明确，能更好地指导人们的伦理政治实践。在此点上，将焦循的思想看做是对于荀子相关思想的具体发展亦无不可。

五 历史意识："时行变通"与"体常尽变"

焦循论学以《易》为主，特重"时行变通"之旨，表现出鲜明的历史意识。此一历史的观念，贯穿于其论人性、论礼义、论功夫的各个思想环节，值得单独拿出来做一番讨论。

在论人性上，焦循性善论的证成虽然落在其心知本具的知、能上面为说，但是对于人性"能知""能移"之知、能具体发生作用的过程，则有一历史的理解。何泽恒以为，"里堂就人类自草昧进于文明之过程以阐发性善之旨"②。此种认识在焦循的文本之中良有所据也。焦循说道：

> 上古之民，始不知有父，惟知有母，与禽兽同，伏羲教之嫁娶，定人道，无论贤智愚不肖，皆变化而知有夫妇父子。始食鸟兽蠃蚳之肉，饥则食，饱弃余，神农教之稼穑，无论贤智愚不

---

① （清）焦循：《群经补疏自序·礼记郑氏注》，载《焦循诗文集》，刘建臻点校，广陵书社2009年版，第307页。

② 何泽恒：《焦循研究》，大安出版社1990年版，第170页。

肖，皆变化而知有火化粒食。是为利也。……人之所以异于禽兽者，在此利不利之间，利不利即义不义，义不义即宜不宜。能知宜不宜则智也，不能知宜不宜则不智也。智，人也；不智禽兽也。①

　　焦循乃是就人类之文明开化的历史发展事实来阐明人类具有不同于禽兽的"能知""能移"的能力，能够成就道德，从而证成人之性善。这即隐含着表明，人类之"能知""能移"能力的实际发挥，包括个人之善性的现实生成，其实都是一个历史性的成就过程。焦循这种关于人性之历史生成的主张在其论"命"时，更明显地体现了出来。性之与命原非二事，焦循同意以"命"说"性"，其言："分于道之谓命，形于一之谓性。"②焦循以为，既然"道"是"变化而不已"的，那么"命"和"性"亦应是"不已"的。所以其言曰：

　　　　道变化而不已，命分于道，则有所限。有当安于所限者，不舍命是也；有不当安于所限者，申命改命致命是也。命而能改能申能致，则命不已，即道之不已。如是乃为知命。自变通之义不明，而未受命未顺命之文遂成一莫解之说也。③

　　虽然焦循此处意在申明"申命改命致命"亦为"知命"的重要意涵，强调知命并不舍弃人的主体性和创造性，但是他由"道之不已"提出"命不已"的理解，如果再联系其以"命"说"性"的立场，我们实可推论依此理论的逻辑其必将主张人性乃是一个生成不已的过程。钱穆于此指出，"昔船山论学，主性乃日生日成，命亦日新而日受，里堂所见，颇与相似"④，实为有见。可惜的是，这方面的

————————

①　（清）焦循：《孟子正义》，中华书局 1987 年版，第 585—586 页。
②　（清）焦循：《论语通释》，清木犀轩丛书本。此文引自《大戴礼记》，原文为："分于道谓之命，形于一谓之性。"
③　（清）焦循：《易通释》卷五，清江都焦氏刻雕菰楼易学本。
④　钱穆：《中国近三百年学术史》，商务印书馆 1997 年版，第 527 页。

思想在焦循那里并没有得到进一步很好地阐发和发展。

焦循论人性如此，论作为道德的礼义亦是如此，同样表现了其历史的意识。关于道德之起源，如前之所论，焦循认为它是历史成就的一个结果。在道德的演变与发展上，焦循更是特别强调礼之"时中"的涵义。他于《群经补疏自序·礼记郑氏注》中，对此做了透辟的论述：

> 《周官》、《仪礼》，一代之书也；《礼记》，万世之书也。必先明乎《礼记》，而后可学《周官》、《仪礼》。《记》之言曰："礼以时为大"。此一言也，以蔽千万世制礼之法可矣。《周官》、《仪礼》固作于圣人，乃亦惟周之时用之。设令周公生宇文周，必不为苏绰卢辩之建官；设令周公生赵宋，必不为王安石之理财。何也？时为大也。且夫所谓时者，岂一代为一时哉？开国之君，审其时之所宜而损之益之，以成一代之典章度数。而所以维持此典章度数者，犹必时时变化之，以掖民之偏而息民之诈。夫上古之世，民苦于不知，其害在愚；中古以来，民不患不知，而其害转在智。伏羲、神农之时，道在哲民之愚，故通其神明，使知夫妇、父子、君臣之伦，开其谋虑，使知树艺贸易之事。生羲农之后者，知识既启，诈伪百出，其黠者往往窥长上之好恶以行其奸，假军国之禁令以济其贼，惟聪明睿智有以鼓舞而消息之。故黄帝、尧、舜氏作，通其变，使民不倦，神而化之，使民宜之。①

礼须趋时而兴作、损益，不仅不同朝代所用的礼义法度必有所不同，就是同一朝代之早晚的礼义法度亦应有所差异，从上古到中古的历代圣王之制作就很好地体现了这个原则。任何具体的礼仪节文都不具有永恒的意义，而唯有"礼以时为大"的根本制礼原则不会改变。

---

① （清）焦循：《群经补疏自序·礼记郑氏注》，载《焦循诗文集》，刘建臻点校，广陵书社 2009 年版，第 307 页。

焦循以此认识看待《三礼》，以为《仪礼》《周官》不过"一代之书"；而《礼记》为"万世之书"，就是主要因为《礼记》"礼以时为大"一言可以"蔽千万世制礼之法"。

当然焦循也不是持守彻底相对主义①立场的人。礼须趋时变通，但礼亦有经，其言曰：

> 礼之经也，明明德矣，又必新民知止，而归其要于絜矩。②

"絜矩"之道是百代之礼均须符合的准则，否则即为"非礼"。对于礼义的此种"变"与"不变"的认识，焦循以"经"与"权"一对概念进行了详细的阐释。焦循依据《论语》《孟子》《春秋公羊传》等经典中"经""权"的论说著有《说权》八篇。其言曰：

> 《春秋公羊传》曰："权者何？反于经然后有善者也。"……夫经者，法也。法久不变，则弊生，故反其法以通之。不变则不善，故反而后有善。不变则道不顺，故反而后至于大顺。③
>
> 经者何？常也。常者何？久也。《易》："穷则变，变则通，通则久"，未有不变通而能长久者也。……权之于称也，随物之轻重以转移之，得其平而止。物增损而称，则长平转移之力也。不转移则随物为低昂，而不得其平。故变而后不失常，权而后经正。④

在对"权"的涵义进行了如此的界定和说明之后，焦循又对

① 参见侯外庐《中国思想通史》第5卷，第十四章："第三节　焦循的相对主义思想和他的抗议精神。"

② （清）焦循：《群经补疏自序·礼记郑氏注》，载《焦循诗文集》卷十六，刘建臻点校，广陵书社2009年版，第307—308页。

③ （清）焦循：《说权三》，载《焦循诗文集》，刘建臻点校，广陵书社2009年版，第175页。

④ （清）焦循：《说权四》，载《焦循诗文集》，刘建臻点校，广陵书社2009年版，第176页。

"行权"之重要性加以了论说。其言曰:

> 春秋寒暑,迭相为经,权在其中矣。恭、慎、勇、直,经也。无礼则劳,无礼则葸,无礼则乱,无礼则绞,不知权也。故圣人之转移天下也以礼。仁、知、信、直、勇、刚,经也。不好学,则其蔽愚,其蔽荡,其蔽贼,其蔽绞,其蔽乱,其蔽狂,不知权也。故君子之转移气质也以学。君子之于天下也,无适也,无莫也,义之与比。大人者,言不必信,行不必果,惟义所在。然则礼也、学也,惟其义也。虽然非礼之礼,非义之义,大人弗为,则礼义之中又有权焉。可与共学,未可与适道;可与适道,未可与立;可与立,未可与权。学未至于权,未善也。儒者自持所学,曰吾礼也,吾义也,是乎己而非乎人,出者奴而入者主,其始害于道,其究祸于天下国家。非礼义之有害也,亦害于不知权而已矣。①
>
> 圣人以权运世,君子以权治身,权然后知轻重,非权则不知所立之是非,鲜不误于其所行,而害于其所执。②

这些论说对于为什么需要行权的必要性,如何行权的要求,行权的重要意义及不能行权的危害等问题进行了全面的论述。"权"之本义来源于"称物",焦循对此"称物"的要领有精辟的描述,其言:"权之于称也,随物之轻重以转移之,得其平而止。"行权需要随物转移来求其平;行事亦须随时变通以求其义(宜)。礼就是这样的因时求义(宜)的成果,所以权变应该成为对于礼的根本性理解,所谓"礼义之中又有权焉"。礼的这种因时求义(宜)的制作本意,焦循称之为"圣人之转移天下也以礼",也即圣人的行权。关于行权的必要性,焦循以为在于救法之弊,所谓"法不能无弊,有权则法无弊"。任何法度,久行而不变,则不能当时,从而产生弊病,故而

---

① (清)焦循:《说权五》,载《焦循诗文集》,刘建臻点校,广陵书社2009年版,第177页。

② 同上书,第177—178页。

要想维持法度的长久生命力，就需要趋时对其做出改变。焦循引《易》"穷则变，变则通，通则久"的说法来为此作论证。所以，行权的必要就在于"反于经然后有善"，而其要求则端在"趋时变通"、学礼求义（宜）。对于行权的重要性，焦循从圣人的运世、君子的治身两个方面加以强调。行权是在运世和治身的过程中始终保持认识和行动正确的必要条件，相反"执一"而不"变通"必将"其始害于道，其究祸于天下国家"。焦循论述礼义重视权变的这种思想①，体现了其关于人类道德文明秩序及其规范之演化与发展的历史意识。

焦循论述人性、礼义，都强调了它们历史性生成与演变的性质，而且二者具有一种相应的关系，可以理解为同一历史过程的两个面向：性善的现实展开与时时呈现也即是礼义的生成与趋时变通，二者一内一外，属于一体两面的关系。这种历史意识，从人性论和礼义观上落实到功夫论的层面，则体现为对于个人的不断自我修正、自我超越的理解和强调，焦循称之为"迁善改过"。其言：

> 余学《易》，稍知圣人之教，一曰改过，一曰絜矩，两者而已。絜矩则能变通，改过则能变，惟能絜矩，乃知己过，惟知改过，乃能絜矩。②

在焦循的理解中，改过要求依据絜矩而来的是非认识，自我更正之前的行为方式以符合新的人我关系之境遇。可见，"迁善改过"的修养过程也就是一个人的不断自我更新的历史过程。"迁善改过"作为道德践履之功夫的提出，体现了一种对于个体之历史发展的意识。

焦循的历史意识及其表现论述如上，它与荀子思想之中的历史意

---

① 焦循还对经史著作中许多的论及行权的文本进行了解说，对涉及行权的事件、人物进行了点评，进一步加强了我们对于"权"的理解。如果如侯外庐所认为的那样，戴震哲学存在着严重的形而上学倾向，故而不得不在其《孟子字义疏证》的末尾提出一个"权"字来加以挽救，那么焦循则以其易学的变通观念颇能见及"权"的重要涵义，其思想中已经没有了戴震哲学的形而上学的弊病，完成了对于戴震哲学的最重要的发展和完善。

② （清）焦循：《易话》上，清江都焦氏刻雕菰楼易学本。

识处于什么样的一种关系之中呢？在人性论问题上，焦循的人性内涵规定及性善的证成显然是与荀子一致的，却自认归于孟子①；类似的情况再次出现，焦循"时行变通"的历史意识本与荀子"体常尽变"的理解颇为一致，但却同样以批评荀子而归依孟子的形式表达出来，这主要体现在焦循对于荀子"法后王"思想的评论上。

《孟子·滕文公章句》有言"孟子道性善，言必称尧舜"，焦循以为孟子生平之学尽在于此二语。在对孟子"道性善"之旨做出了一番疏解之后，焦循又对孟子"称尧舜"之义有一番理解。其言：

> 当羲、农之前，人苦于不知，故羲、农尽人物之性，以通其神明，其时善不善显然易见。积之既久，灵智日开，凡仁义道德忠孝友悌，人非不能知，而巧伪由以生，奸诈由以起，故治唐虞以后之天下，异于治羲农以后之天下。……故圣人治天下之道，至尧舜而一变。《系辞传》云："黄帝、尧、舜氏作，通其变，使民不倦；神而化之，使民宜之。"又云："易穷则变，变则通，通则久。"黄帝、尧、舜垂衣裳而天下治。盖尧、舜以变通神化治天下，不执一而执两端，用中于民，实为万世治天下之法。故孔子删《书》首唐虞，而赞《易》特以通变神化，详著于尧舜。孟子称尧舜，正称其通变神化也。荀子云："逢衣浅带，解果其冠，略法先王而足乱世术，呼先王以欺愚者，而求衣食焉。"此正不知通变神化之道者也。夫通变神化之道，尧舜所以继羲、农而开万世，故称尧舜，欲天下后世法其通变神化，不执一而执两端，以用中于民，非徒以其揖让都俞，命羲和咨二十二人之迹也。②

---

① 《孟子正义》疏解孟子"乃若其情，则可以为善，乃所谓善也"一条，可谓最显明的证据。焦循言道："情欲之为不善，'有师法之化，礼义之道，即能出于辞让，合于文理而归于治'。此孟子所谓'可以为善'也。荀子据以为'性恶'，荀子但知《礼》而不通《易》者也。孟子据以为'性善'，孟子深通于《易》而知乎《礼》之原也。"［参见（清）焦循《孟子正义》，中华书局1987年版，第755页。］可见焦循人性理解的内里已是荀子式的了，却因不满荀子"性恶"一语，转而以其归之于孟子"性善"。

② （清）焦循：《孟子正义》，中华书局1987年版，第318—319页。

　　"称尧舜，正称其通变神化"的理解，是焦循以《易》解《孟子》的结果。在《孟子》之中，虽然有"嫂溺则援之以手"那样的对于权变之理解，亦有关于"尽信《书》不如无《书》"的说法，但是当其主张"尊先王之法而过者，未之有也"时，先王之所以当法、足法，还是因为先王之道法所具的对于后世的典范意义。① 焦循抛开先王道法所具有的一定之规范性内容转而言其背后"通变神化"的制作原则，以为后者才是孟子"称尧舜"的真义，当然这可以说是焦循对于孟子思想的进一步发展，但其实是焦循已将孟子那里所言先王（尧舜）的内涵做了一个巧妙的置换。这一置换导致的结果就是孟子的例证式的历史意识一转而为焦循的演化式的历史意识了②，因为在焦循看来，尧、舜等"例证"亦不过是对于"演化"的例证而已。这样，焦循理解的孟子"称尧舜"的宗旨就远离了孟子的思想，反而与荀子"法后王"的主张更为接近了。

　　关于荀子"法后王"主张中所体现的演化式历史意识，东方朔有一分析。他特别指出以下两点：

　　　　首先，就时间表现于改变现状的行为而言，在荀子那里，"变"的确构成了世间万物的主题，列星随旋，四时代御，风雨博施，阴阳大化，此变及于自然与人事，无穷无尽，若环之无端。但也正是由于此"变"构成了荀子"法后王"和演化式历史意识的哲学基础。面对变化着的世界，我们不能固守一套不变的行为和法则，唯一的选择就是以变应变，亦即以变化的行为改

---

　　① 东方朔：《合理性之寻求：荀子思想研究论集》，"国立"台湾大学出版社 2011 年版，第 362 页。

　　② 东方朔引用胡昌智《历史知识与社会变迁》一书的理解，对于何谓"例证式历史意识"和"演化式历史意识"有一概括说明，其言："在例证式的历史意识中，时间概念是由行为的例子所组成的，如'事亲如曾子'的行为经由一代一代人叙述发生的实例而时间化，例子所蕴含的规则及其意义已经超越了时间；而在演化的历史意识中，时间概念在变化的事件和过程中表现出来，行为所组成的脉络代表对现状的改变。我们常说，时移则事异，事异则备变，但此所谓的'变'又不是断根的、寡头的、摧毁先前一切的变，而是'指新状态中还有旧状态的痕迹，而旧状态是新状态产生的条件及限制。'"（东方朔：《合理性之寻求：荀子思想研究论集》，"国立"台湾大学出版社 2011 年版，第 365 页。）

变变化了的世界，因时因地以制宜。……其次，荀子因"变"以"应"的行为所表现的演化式的历史意识并不因其极言"变应"而流于无根。荀子言"以义应变"当然可以说是表现人的一种创造性的能力，但另一方面，它也是有源绪、有方向的"变应"，而不是寡头的、吊挂的、拓空的"变应"。①

东方朔以为，荀子的历史意识是一个演化式的历史意识，且有其关于世界之变化的一般认识作为哲学基础；这种历史意识强调世界的变化，以及人们对于变化了的世界的主动变应，由此确立人在历史世界中的地位和尊严；但是，这种变应又不是毫无方向的，它本身即建立在过去的基础之上且受到过去的制约。以此相较，焦循结合《易》之"时行变通"观念对于《孟子》"称尧舜"的新诠，其中显露的历史意识无疑也只能是上述的那样一种演化式历史意识。焦循和荀子一样主张，世界和历史都是变化的；人应不断趋时变通以应变。这些方面二人的理解完全一致。另外，焦循也主张，这种变应不是无方向的，而是"变"必以"通"为原则，即以"情之旁通""格物""絜矩""忠恕"为标准和要求；"情之旁通""格物""絜矩"和"忠恕"成为变化之中不变的原则。② 这和荀子"宗原应变"（体常尽变）③ 的主张在基本精神上是一致的。二者不同的地方在于，荀子只是要求掌握过去的共理（统类）——"百王之道贯"④ 来应变，并未

---

① 东方朔：《合理性之寻求：荀子思想研究论集》，"国立"台湾大学出版社 2011 年版，第 365 页。

② 焦循讲"变"又讲"定"，著有《说定》上、下两篇［（清）焦循：《焦循诗文集》，刘建臻点校，广陵书社 2009 年版，第 181—182 页］。其所谓"定"指的即是变化之中的恒定和不变。依其理解有两种意义上的"定"。一种为相对的"定"，所谓"有定于一时，而不能定于万世者；有定于此地，而不能定于彼地者；有定于一人，而不能定于人人者"。"定"为相对，所以焦循由此言"圣人所以重通变之学"。另一种"定"，则为绝对的"定"，所谓"有定于一时，即定于万世者；有定于此地，即定于彼地者；有定于一人，即定于人人者"。焦循认为人伦、孝悌、仁义、忠恕就是这样的绝对的"定"者。

③ 《荀子·非十二子》。

④ 《荀子·天论》言曰："百王之无变，足以为道贯。一废一起，应之以贯，理贯不乱。不知贯，不知应变。贯之大体未尝亡也。"

对此"道贯"的内涵和要求给出具体的规定；而焦循则以为它即是"格物""絜矩""忠恕"和"情之旁通"的要求和原则。

彼此拥有共同的"演化式"历史意识，焦循本应肯定荀子"法后王"的主张，但他实际却对荀子"法后王"主张持有一种批评的态度，说道：

> 若云"法后王"，后王，无定之称也。《荀子》固云"有治人无治法矣"，治人即能通变神化之人也。后王而如是，则是能法尧舜者，法后王仍法尧舜矣。故称尧舜，即法后王之能通变神化者。若但云"法后王"，则后王不皆能通变神化如尧舜，其说为诐矣。盖孟子之称尧舜，即孔子删《书》首唐虞，赞《易》特以通变神化归于尧舜之意也。又非荀子所知也。①

焦循认为，后王有能通变神化者，有不能通变神化者，故而不可一概主张"法后王"。后王之中足以取法的只能是能够通变神化者，在此意义上，"法后王"即"法尧舜"，因为"法尧舜"即法尧舜之通变神化。总之，"法后王"的主张反不如"称尧舜"的说法不易产生弊端。焦循未能全面考察荀子提出"法后王"之理由和主张，虽不能如今人那般深刻见及"荀子所说的'法后王'，是以'道'（即礼义法度）所内含的'体常'与'尽变'为基础而提出的代表其理想的治国者之概念，这个概念结合了历史经验的积累以及对现实情境应变得宜的理想"②，但是他固已认识到荀子所云"有治人无治法"对于"治人"的重视即是对于通变神化的重视，只不过他以为荀子"法后王"的表达不能很好地体现通变神化的意涵罢了。可见，焦循已基本肯定了荀子"法后王"之精神的内里，略致不满的不过是其语词的表达，故而其自身的主张仍然归于诠释孟子的"称尧舜"。

焦循对于孟子"道性善"和"称尧舜"两个方面的学说的疏解，

---

① （清）焦循：《孟子正义》，中华书局 1987 年版，第 319 页。
② 田富美：《清代荀子学研究》，博士学位论文，"国立"政治大学，2011 年，第 247 页。

呈现的实质理解都与荀子的思想主张一致。对于这种"以孟子为诠释对象，然呈显的却是倾向荀子的理路"的吊诡现象的出现，田富美以为，乃是由于"焦氏在尊孟抑荀的思维下，不曾觉察其主张近于荀子的事实，故而未能细审荀子的学说"①。她的这种解释是可以成立的。这也表明，即是已经到了乾嘉时代的末期，《荀子》文本的校释整理已经获得比较完善的成果，许多学者对于荀子思想的一些观点也已进行了新的正面诠释和评估②，但是学者对于荀子整体思想体系的明确认识和把握仍然十分有限，所以戴震、章学诚、焦循等人自身思想体系与荀子思想理路的一致和近似在很大程度上只是一种不自觉的暗合，从而形成一种独特的"孟皮荀骨"（刘又铭语）、"打孟旗，行荀学"（李泽厚语）的现象。

第二节　人性与礼义：凌廷堪对于荀子思想的发展

在汪中之外，乾嘉诸儒之中最为旗帜鲜明地推崇荀子的要算凌廷堪了。凌廷堪著有《荀卿颂》，其对荀子的尊崇态度由此可见一斑。至于其论礼文字之中，对于荀子的引用与称扬更是随处可见。下面先交待凌廷堪对于荀子思想、学术贡献的一般认识，再通过凌廷堪人性论、礼义观与荀子思想的比较，考察二人思想之间的具体联系。

对于儒学史的发展，凌廷堪有着自己的判断。他试图恢复孟、荀并称的传统，极力表彰荀子及其思想学术所具有的重要地位。其《荀卿颂》言曰：

　　夫人有性必有情，有情必有欲，故曰"饮食男女，人之大欲

---

① 田富美：《清代荀子学研究》，博士学位论文，"国立"政治大学，2011 年，第 247 页。

② 关于《荀子》的校释成果，此时已有卢文弨校、谢墉刻的《荀子笺释》和刘台拱的《荀子补注》完成，对于荀子一些思想观点的新诠和重新肯定的则有谢墉、钱大昕、章学诚、凌廷堪等人。进一步地考察可以参见田富美的《清代荀子学研究》和马积高《荀学源流》。

存焉"。圣人知其然也，制礼以节之，自少壮以至耆耄，无一日不囿于礼而莫之敢越也；制礼以防之，自冠昏以逮饮射，无一事不依乎礼而莫之敢溃也。然后优柔厌饫，徐以复性，而至乎道。周公作之，孔子述之，别无所谓性道也。……时至春秋，……降而七雄并争，……。守圣人之道者，孟荀二子而已。孟子长于《诗》《书》，七篇之中称引甚广。至于《礼经》第曰"尝闻其略"。考其父命厥子，已与《士冠》相违，往送之门，又与《士昏》不合，盖仅得礼之大端焉耳。若夫荀卿氏之书也，所述者皆礼之逸文，所推者皆礼之精意。故戴氏取之以作记，郑氏据之以释经。遗编具在，不可诬也。夫孟氏言仁必申之以义，荀氏言仁必推本于礼。推本于礼者，譬诸梟桌之有模范焉，轮梓之有绳墨焉，其与圣人节性防淫之旨，威仪定命之原，庶几近之。然而节文器数，委曲繁重。循之者难，则缅之者便；好之者鲜，则议之者众。于是乎荀氏渐绌，性道始丽于虚，而仁为杳渺不可知之物矣。孔子之论仁曰："克已复礼。"又曰："非礼勿视，非礼勿听，非礼勿言，非礼勿动。"颜渊曰："夫子循循然善诱人，博我以文，约我以礼。"然则荀氏之学，其不戾于圣人可知也。后人尊孟而抑荀，无乃自放于礼法之外乎！①

此处文字中，凌廷堪先给出一个以礼为中心的关于道的认识。以此为衡，在这一道统的谱系之中，他认为有周公、孔子，之后则为孟子、荀子，所谓"守圣人之道者，孟荀二子而已"。宋明理学家的道统论抬高孟子而排斥荀子，凌廷堪则将荀子同孟子并列，重新纳入道统之中。所以凌氏所论，重在荀子和孟子在道统之中的思想关系的理解。他一方面以为"孟氏言仁必申之以义，荀氏言仁必推本于礼"，原则性地肯定二人在重视"仁"的问题上有一致性，而在"义""礼"方面各有所侧重，"各成一是，均属大儒"；另一方面，他本人

① （清）凌廷堪：《荀卿颂》，载《凌廷堪全集》第3册，纪健生校点，黄山书社2009年版，第74—75页。

倾向于"以礼释理"的立场，其言颇有使荀子跻乎孟子之上之嫌。他认为，孟子在具体礼数方面，所言所行已不能无违于《礼》，"盖仅得礼之大端耳"，而荀子"所述者皆礼之逸文，所推者皆礼之精意"。他特别强调荀子之学不戾于圣人，反对尊孟抑荀，并认为后世性道之学流于虚玄，实是由于对于荀子崇礼之学的背离所致。

　　除专门做了这篇颂文之外，凌廷堪在其他地方亦时时不忘对荀子的肯定和表彰。其为陈凤石所撰的《孟子时事考征序》，全篇不过区区三百来字，他在其中却用了将近一小半的篇幅为孟、荀并称而呼吁。其言曰：

　　　　窃惟《太史公书》以孟子、荀卿同传，未尝有所轩轾于其间，而孟荀之称，由汉迄唐无异辞。若夫罢荀卿从祀，祧七十子而以孔孟并举，此盖出后儒之意，于古之前未闻也。今孟子得凤石及阎氏、周氏实事求是，搜讨靡遗；而《荀卿子》三十二篇，自二三好古君子为之校正审定外，无过问者，甚且遭陋者妄加删改，几失其真，斯亦儒林之深耻也。[①]

　　从历史的根据出发，说明自汉迄唐皆是孟、荀并称，尊孟抑荀乃是出于后儒私意，联系乾嘉时期崇汉复古的普遍学术价值取向来看，凌廷堪为荀子辩护的立场显而易见。与孟子其人其书获得的研究状况相较，《荀子》研究的不足引起了他的感叹。他甚至以此为儒林之深耻，颇有呼吁开展对于荀子的更多研究的意思。

　　凌氏如此肯定荀子，我们自然要问其自身思想与荀子之间存在什么样的联系。钱穆、张舜徽皆以为，凌廷堪"以礼为复性之具"承自荀子"化性起伪"而来。[②]张寿安更为详细地指出，凌廷堪"之所以推尊荀子，其因有三：一、二人之性论相契；二、荀子重学重礼；

　　① （清）凌廷堪：《孟子时事考征序》，载《凌廷堪全集》第 3 册，纪健生校点，黄山书社 2009 年版，第 238 页。

　　② 钱穆的相关论述参见钱穆《中国近三百年学术史》，商务印书馆 1997 年版，第 541—553 页。张舜徽的评论参见氏著《清人文集别录》，中华书局 1963 年版，第 284 页。

三、荀子传经，功在孟子之上"①。张寿安所言第三点，凌廷堪肯定荀子传经、传礼之功，见于以上所述《荀卿颂》中，下文不再探讨。至于在前两点上，凌廷堪与荀子之思想的具体联系究为如何则仍需进一步详细阐述。下文就分从人性论和礼义观这两个方面，具体探讨凌廷堪与荀子之间的思想联系。

一 凌廷堪的人性论："好恶二端"和"五常之德"

学界对于凌廷堪思想的研究，以张寿安的论述最为完整和深入。本节不妨以其理解作为讨论的引子，再在其基础上给出自己对于凌廷堪人性论的一个认识。

张寿安关于凌廷堪的人性论，言道：

> 徽儒自戴震以降，多以"血气心知"论性，不再主张性之粹然至善。表面上虽然仍以性善为旗帜，但内里的说辞已全然不同。廷堪亦然。廷堪论性，虽然也说："夫人之所受于天者，性也。性之所固有者，善也。"颇有主张性善之意。尤其讨论到礼与人性的内在联系时，肯定人性中包含仁义礼智信五种特质，坚信道德本原源自人性之善，人能复礼行礼即能至于善而复其性，更俨然是性善之论。但，当归纳凌廷堪在《好恶说》《荀卿颂》及其重解《大学》《中庸》《论语》《左传》中的性论文字后，又发现廷堪以食色嗅味的生物性来论性，如此则又分明落在告子"食色性也"的一边。②

此论确是对于凌廷堪性论比较周全的把握，不过其言凌廷堪论性"分明落在告子'食色性也'的一边"则须深辨。告子以食色论性，荀子亦以"生之所以然"的情、欲论性，本为一致。但是，告子论

---

① 张寿安：《以礼代理：凌廷堪与清中叶儒学思想之转变》，河北教育出版社2001年版，第47页。
② 同上书，第43页。

"食色性也"，重在因顺此自然之情性，近于老庄①；荀子论"生之所以然"之性，强调礼义、师法对于此性的导化。以此相较，凌廷堪以食色论性，强调以礼节之，不可比之于告子，倒是与荀子更为一致。

张寿安在此处谓"廷堪以食色嗅味的生物性来论性"，却只以其落在告子一边，而没有发现或不愿肯定其与荀子性论的关系，抑或其另有所见？如果说，认为凌廷堪人性论中有性善论因素者，如张寿安所言乃是蔽于凌氏上述"五常之性"等部分论述；那么张寿安自己在凌廷堪性论的认识上，只愿以告子比之，而不肯正面以荀子比之，同样有蔽于凌氏反对孟子"性善"、荀子"性恶"的一些文本，这将是本书所要深辨的。

凌廷堪对于孟子的"性善"、荀子的"性恶"，均表不满。他说道：

> 孟曰性善，荀曰性恶，折衷至圣，其理非凿，善固上智，恶亦下愚，各成一是，均为大儒。②

张寿安大概因此以为凌廷堪的人性论有同于告子的"性无善无恶"论。但是此言似乎只能表明凌廷堪接受"性相近，习相远"或"有性善有性恶"的理论主张，不可以为其持有同于告子"性无善无恶"的认识。所以我们认为，张寿安关于凌廷堪主张"无善无恶之人性观"③的结论是有问题的。

凌廷堪强调复礼，却不肯定荀子的性恶主张，端在于他切断了复礼之必要性的论证与性之善恶的理解之间的必然联系。在凌廷堪

① 钱穆谓凌廷堪"所谓节情复性者，亦几乎庄、老反本复始之义矣"（钱穆：《中国近三百年学术史》，上海三联书店 2006 年版，第 544 页）。张寿安以凌廷堪论性落在告子一边，大概有受钱穆此语影响。告子同于老、庄；凌氏亦几乎庄、老，那么凌氏与告子自是落在一边了。

② （清）凌廷堪：《荀卿颂》，载《凌廷堪全集》第 3 册，纪健生校点，黄山书社 2009 年版，第 75 页。

③ 张寿安：《以礼代理：凌廷堪与清中叶儒学思想之转变》，河北教育出版社 2001 年版，第 42 页。张寿安以"无善无恶之人性观"作为论述凌廷堪性论一节内容的标题。

看来：

> 孟子以为人性善，犹水之无不下。荀子以为人性恶，必待礼
> 而后善。然则言仁言义，必继之曰：礼则节文斯二者。虽孟子亦
> 不能舍礼而论性也。①

孟子、荀子无论是主张性善、性恶，都不废礼义。凌廷堪由此以
为，性之善恶的认识固与崇礼的要求无必然之联系。张寿安于此以
为，"廷堪在崇礼的大前提下，消弭了性之善恶的问题"②。凌廷堪此
种截断崇礼要求与人性善恶理解之间联系的做法，虽然在理论上具有
简洁明快的好处，不用纠缠于性善、性恶的争论，但实质上是他根本
没有兴趣探讨天道性命的精深理论，可能也无深刻的思辨能力梳理和
判析自孟、荀以降的天道性命之说，所以对性善、性恶之论实无一系
统而明晰之见解。张寿安对此亦有所揭示，其言曰：

> 廷堪论性，时而主张性善，时而主张性恶，又时而有善恶混
> 合的倾向，看似矛盾，其原因则是廷堪根本无意对此一问题作深
> 入研究。他认为理学者就是把性辨析的太精才落入玄虚。因此，
> 廷堪只讨论到行为终究之善必须借诸礼仪规则此一层次，即不再
> 内索。③

又言：

> 廷堪对道德问题的关注焦点，全在实事践履上求其效应，至
> 于道德本体，则非其兴趣所在。④

---

① （清）凌廷堪：《复钱晓征书》，载《凌廷堪全集》第 3 册，纪健生校点，黄山书社
2009 年版，第 216 页。
② 张寿安：《以礼代理：凌廷堪与清中叶儒学思想之转变》，河北教育出版社 2001 年
版，第 47 页。
③ 同上书，第 50 页。
④ 同上书，第 42 页。

张寿安此处所论甚为平恕，只是指出凌廷堪的理论全在关注具体实践，不愿意对性命等道德本体问题进行精深研讨。本书则以为，论性的不足是凌氏复礼之学缺乏深度，思想成就远远不及戴震、焦循等人的关键之所在。

凌廷堪论性虽然表面上欲斩断复礼主张与性之善恶问题之间的必然联系，但是要阐明复礼的相关问题，他实际上又不得不对人性的内涵、表现、发展等问题有所理解。张寿安对此亦有认识，其言"廷堪虽然对本体问题不感兴趣，但其礼学思想的建立仍无法回避人性问题。……廷堪的人性观，……是他复礼主张的基础"[1]。而凌廷堪作为复礼基础来理解的关于人性的论述，实颇为近于荀子。

凌廷堪以"好恶"言性，其言曰：

> 好恶者，先王制礼之大原也。人之性受于天，目能视则为色，耳能听则为声，口能食则为味，而好恶实基于此，节其太过不及，则复于性矣。《大学》言好恶，《中庸》申之以喜怒哀乐，盖好极则生喜，又极则为乐；恶极则生怒，又极则为哀。过则佚于情，反则失其性矣。先王制礼以节之，惧民之失其性也。然则性者，好恶二端而已。[2]

好恶基于人之声色嗅味的本能、欲望而有，但不即等同于人之自然的情、欲，而是亦包含了认知和意志的因素在内。这从凌廷堪所举经典之中言好恶的例子可知，如《大学》"好而知其恶，恶而知其美""所恶于上，毋以使下；所恶于下，毋以事上；……""民之所好好之，民之所恶恶之"、《论语》"惟仁者能好人，能恶人"。这些例子都不是自然情、欲之迎拒意义上的好恶，而是包含了意志、情感与认知（甚至是道德意义上的情感、认知）在内的综合体。

---

① 张寿安：《以礼代理：凌廷堪与清中叶儒学思想之转变》，河北教育出版社2001年版，第42—43页。

② （清）凌廷堪：《好恶说上》，载《凌廷堪全集》第3册，纪健生校点，黄山书社2009年版，第139页。

此种以好恶言人性的主张，实是综合了荀子关于人的论述中性与心两个方面的内容。荀子论"性"，"大致包含了人的本能、欲望和情性等几个方面"①。徐复观更是将这三方面简并而归于一，说道："事实上，性、情、欲，是一个东西的三个名称。而荀子性论的特色，正在于以欲为性。"② 凌廷堪此处"人之性受于天，目能视则为色，耳能听则为声，口能食则为味"与荀子的"性"的内涵完全一致。荀子在论"性"之外，又论"心"。荀子论"心"，大致"包括我们现在所说的知、情、意三个方面"③。与荀子的"性""心"之内涵相较，凌廷堪所论"好恶"，可谓在"性"的基础上而掺入"心"的知觉、意志作用之后而形成的人性在现实行为之中所表现出来的一种综合的倾向性。

这种人性的现实的综合倾向性，既有先天的欲望、本能在其之内作为基底，又有认知、意志后天的认取和择选作用在内，是经验可以观察得到的人性的实际表现。这种糅合了"心"的作用的现实人性，只能是呈现为有善有恶的分化不齐的状况。凌廷堪由此人性理解出发，既不能主张性恶，亦不能主张性善。同样在人性概念的界定里揉合了荀子的"性"与"心"两个方面的内容，凌廷堪与其前的戴震和同时的焦循又不相同：他的"好恶"概念表达的是人性的现实性，故而不能如戴、焦二人那样从"心"能治"性"的人性之可能性方面证成新的性善主张，而这恰是荀子理论之中蕴含的结论。所以，无论是在荀子狭义的人性（"性"）理解下的"性恶"主张上面，或者是在荀子广义的人性（合"心""性"为言）理解下的"性善"主张上面，凌廷堪相关思想的表述在其特定人性概念的脉络之下，都不能与荀子相契。

但是，凌廷堪要论证复礼、崇礼的必要性和可能性，对荀子人性

---

① 东方朔：《合理性之寻求：荀子思想研究论集》，"国立"台湾大学出版社 2011 年版，第 146 页。

② 徐复观：《中国人性论史·先秦篇》，载《徐复观文集》第 3 卷，李维武编，湖北人民出版社 2002 年版，第 213 页。

③ 东方朔：《合理性之寻求：荀子思想研究论集》，"国立"台湾大学出版社 2011 年版，第 176 页。

思想的广义上性善、狭义上性恶这两个面相实际上又都必须承认，这在他的"好恶"之性的论述之中也有体现。张寿安讲，凌廷堪"尤其说到以礼节性以礼节心时，性善的立论点，更是明显动摇，反倒和荀子所论礼与性之关系的见解相近，颇有主张性恶之势"①。凌廷堪讲"性具于生初，而情则缘性而有者也。性本至中，而情则不能无过不及之偏"②。情不免会产生过与不及的偏失，在荀子看来这正是性恶的证据。《荀子·性恶》即言：

> 孟子曰："今人之性恶，将皆失丧其性故也。"
> 曰：今人之性，生而离其朴，离其资，必失而丧之。用此观之，然则人之性恶明矣。所谓性善者，不离其朴而美之，不离其资而利之也。③

人之初性本为中正至善，而发为情则不免失其中正而致过不及之偏，如果这是一种必然的结果的话，那正表明人之性恶。凌廷堪为了论证礼之绝对普遍的必要性，不能不肯定这种性发为情之偏失的不可避免性，所谓"情则不能无过不及之偏"，这样他就实际上已经接受了荀子在狭义人性界定上的性恶主张。为了肯定人人复礼、崇礼的可能性，凌廷堪又须为礼找一个主体的内在根据，作为人性现实性的好恶二端显然不能担当此任，他追溯到的礼之此种根据是主体内在的仁义、五常之德、天命民彝等。凌廷堪以为：

> 义因仁而后生，礼因义而后生，……礼也者，所以制仁义之中也。④

---

① 张寿安：《以礼代理：凌廷堪与清中叶儒学思想之转变》，河北教育出版社 2001 年版，第 42 页。
② （清）凌廷堪：《复礼上》，载《凌廷堪全集》第 1 册，纪健生校点，黄山书社 2009 年版，第 13 页。
③ 《荀子·性恶》。
④ （清）凌廷堪：《复礼中》，载《凌廷堪全集》第 1 册，纪健生校点，黄山书社 2009 年版，第 16 页。

礼由仁义而生，依此理解，为了肯定礼之生发在主体之内的必然依据，必须肯定仁义的内在。凌廷堪有时又将此种内在的德性称之为天命民彝。其言曰：

> 礼也者，不独大经大法悉本夫天命民彝而出之，即一器数之微，一仪节之细，莫不各有精义弥纶于其间。①

最后，通过分别性、情，凌廷堪将这些统归之于性。他说道：

> 夫人之所受于天者，性也；性之所固有者，善也；……夫性具于生初，而情则缘性而有者也。性本至中，而情则不能无过不及之偏，非礼以节之，则何以复其性焉？父子当亲也，君臣当义也，夫妇当别也，长幼当序也，朋友当信也，五者根于性者也，所谓人伦也。而其所以亲之、义之、别之、序之、信之，则必由乎情以达焉者也。非礼以节之，则过者或溢于情，而不及者则漠焉遇之。故曰"喜怒哀乐之未发谓之中，发而皆中节谓之和"，其中节也非自能中节也，必有礼以节之。故曰"非礼何以复其性焉"。②

凌廷堪以为性具于生初本为至中，应当回复；性发为情则不免于偏，需要以礼节之；节情才能复性。对于此种性——情的结构，钱穆说道："次仲分言性、情，以性为具于生初，情则缘性而有，实即宋儒先、后天之辨也。以性本至中，情则不能无过不及，实即宋儒性本至善，夹杂气质乃有不善之说也。"③似乎凌廷堪论人性与宋儒不二。不过，凌廷堪一方面肯定五伦之则根原于性，一方面他又强调五伦在现实行为中的正确达致，必待以礼节情。如同在《论语礼后说》中

---

① （清）凌廷堪：《复礼中》，载《凌廷堪全集》第1册，纪健生校点，黄山书社2009年版，第17页。
② （清）凌廷堪：《复礼上》，载《凌廷堪全集》第1册，纪健生校点，黄山书社2009年版，第13页。
③ 钱穆：《中国近三百年学术史》，商务印书馆1997年版，第544页。

的说法一样，凌廷堪肯定"人之有仁义礼智信五性，犹绘之有青黄赤白黑五色也"，然而其又强调"五性必待礼而后有节，犹之五色必待素而后成"①。在此意义上，凌廷堪所谓"仁义礼智信"的五常之性抑或"父子当亲也，君臣当义也，夫妇当别也，长幼当序也，朋友当信"的五伦之德，只能理解为荀子"可以知仁义法正之质，可以能仁义法正之具"意义上的"质具"。它们在人性的内具，只是一种可能性的内具，② 与荀子广义人性理解上的"性善论"主张更为接近，而与宋儒"性即理"意义上的天地之性、义理之性的理解有着实质的根本不同，不可谓其同于宋儒。

综上所论，凌廷堪以性、情分言人性，当需要为礼义奠定主体之内在根据时，他拈出性，认为五常之德内具于性；当需要强调礼义之客观必要性时，他拈出情，认为情不免于偏；当观察及人性之现实表现时，他拈出好恶，认为好恶有得有失。前者近于性善，次者近于性恶，后者则倾向于认为人有性善有性恶。故而张寿安以为，"廷堪论性，时而主张性善，时而主张性恶，又时而有善恶混合的倾向，看似矛盾……"③ 吴通福也认为："凌廷堪以礼为道德修养论之中心，推究礼之根源与功能，导出颇为矛盾的对于性的看法。在廷堪的论述中，以好恶言性与以五常之德皆根于性，如何能协调起来，廷堪并没有明确的交代。"④ 张、吴二氏在指出凌廷堪思想的此一"矛盾"现象之外，也都尝试为凌氏提出一个解释。张寿安的解决办法，一是以为"性无善无恶"能够概括凌氏性论"时而主张性恶、时而主张性善，时而有善恶混的倾向"的多种面向，经由本书前面的分析，这种概括是失败的；二是指出凌氏根本没有兴趣探讨性之善恶的问题，这

---

① （清）凌廷堪：《论语礼后说》，载《凌廷堪全集》第3册，纪健生校点，黄山书社2009年版，第147页。

② 荀子以"可以知仁义法正之质，可以能仁义法正之具"来说明"涂之人可以为禹"的内在基础，但是又以"足可以遍行天下，然而未尝有遍行天下者"来说明"涂之人可以为禹，则然；涂之人能为禹，则未必然"，可见此种"质具"只是代表着人之为善的一种可能性。

③ 张寿安：《以礼代理：凌廷堪与清中叶儒学思想之转变》，河北教育出版社2001年版，第50页。

④ 吴通福：《清代新义理观之研究》，江西人民出版社2007年版，第123页。

的确道出了部分思想事实，但实际上不过是对于问题之解决的放弃。吴通福提及钱穆关于凌廷堪的性——情结构实际上即宋儒先天、后天之说的理解，却没有给出自己的判断。不过，吴通福在此提示阮元"把所谓的仁义礼智之性完全视为人必须通过社会行为始可完成的可能性，并非是先天本具的"①，似乎认为阮元的此种理解可以解决凌廷堪人性论上的"矛盾"问题。这为本书判断凌廷堪的"五常之性"的内具只是作为一种可能性的内具，提供了重要的启示。其实，这样的思想在凌氏自身的文本里面就有，不一定需要求助于阮元。总之，凌廷堪的性、情分言的人性理解，不同于宋儒先天与后天，义理与气质二分的人性论（如钱穆所论），亦非告子式的"性无善无恶论"（如张寿安所论）。张寿安谓凌廷堪"人性兼有向善和生物性的两面，而他最看重的则是人的可变化性。唯因人有可塑造性和可教导性，礼才有可着力之处。这种朴素的人性观，和孔子'性相近，习相远'的说法，颇为相契"②。她对于凌廷堪的人性论所下的判断颇多，唯此处最为全面和妥当，惜乎其仍只能将凌氏的人性论与孔子"性相近"之旨归并理解，而不能充分而具体地论述它与荀子人性思想的全面的实质契合关系。在本书看来，凌廷堪的人性论是一种近于荀子以"情、欲"论"性恶"，以"性"（欲、情）、"心"（知）合而论"性善"的人性理解③。只不过，凌廷堪在"知"之于"欲""情"对治的可能性上承认"性善"之外，又以"知"之于"欲""情"对治的现实性上，主张有性善有性恶④

① 吴通福：《清代新义理观之研究》，江西人民出版社 2007 年版，第 123 页。

② 张寿安：《以礼代理：凌廷堪与清中叶儒学思想之转变》，河北教育出版社 2001 年版，第 50 页。

③ 前种"性恶"意义上的狭义人性要"克"之，后种"性善"意义上的广义人性要"由"之、"成"之。清儒在"克己复礼"和"为仁由己"理解上纠结，若是能够从以上两种广狭范围不同的人性内容分别理解之，则存在的困难迎刃而解矣。

④ 其实这一方面的主张，在荀子思想那里亦是蕴含的。荀子有言："故涂之人可以为禹，则然；涂之人能为禹，则未必然也。虽不能为禹，无害可以为禹。足可以遍行天下，然而未尝有遍行天下者也。夫工匠农贾，未尝不可以相为事也，然而未尝能相为事也。用此观之，然则可以为，未必能也；虽不能，无害可以为。然则能不能之与可不可，其不同远矣，其不可以相为明矣。"（《荀子·性恶》）人皆可以为禹，然而不皆能为禹，如同"足可以遍行天下，然而未尝有遍行天下者"一样。在人性的现实性上，必然是有人性善，有人性恶。

（张寿安误以为"性善恶混"）。

二 凌廷堪的礼义观："节性""复性"和"以礼代理"

对应于人性理解上的性、情二分，凌廷堪在论述礼义的性质、作用时有"复性"与"节性"二说。其所谓"复性"显然是指复归"性本中正"之"性"；而所谓"节性"实际则为"节情"，不过在情缘性而生的意义上，亦谓之"节性"而已。由前节所述，既然所复之善性只是一种人性的可能性，那么"复性"的要求只不过是提出要将这种可能性予以现实地实现而已。真正能将这种人性的善由可能性变为一种现实性的具体要求和功夫则是"节性"，而"节性"的准绳和依据全在于礼，凌廷堪由此提出其学礼的要求。其言曰：

> 夫人之所受于天者，性也；性之所固有者，善也；所以复其善者，学也；所以贯其学者礼，礼也。是故圣人之道，一礼而已。……性本至中，而情则不能无过不及之偏，非礼义以节之，则何以复其性焉？①

由"节性"而言学礼，与荀子由节欲而言礼义之化，二者途辙既相同，其所理解的礼义之性质、作用亦甚为近似。

荀子言圣人为避免人之情、欲导致的争斗而创制礼义，故以礼义为协调人与人在情、欲追求活动中之关系的法度。其言：

> 礼起于何也？曰：人生而有欲，欲而不得，则不能无求。求而无度量分界，则不能不争；争则乱，乱则穷。先王恶其乱也，故制礼义以分之，以养人之欲，给人之求。使欲必不穷乎物，物必不屈于欲。两者相持而长，是礼之所起也。②

---

① （清）凌廷堪：《复礼上》，载《凌廷堪全集》第1册，纪健生校点，黄山书社2009年版，第13页。

② 《荀子·礼论》。

　　凌廷堪的理解与此并无二致，虽然凌廷堪并不像荀子那样经常从人群内部关系上面来论述礼作为"群居和一"之道的作用，但其从礼以复性的角度，强调礼对于主体自身好恶的过与不及的纠偏作用，间接地即具有调节人与人之关系的作用，其言"修身齐家"、"治国平天下"皆在好恶①可为证明。但总体而言，由于凌廷堪较多地局促于主体一身之内言礼以复性，其礼学缺少荀子那样面向外部世界的闳深的社会意识和历史意识。②

　　荀子的礼不仅在于协调人际关系，更在于通过人际关系之协调以获得每个个体的人情、人欲的更好地实现，所以荀子强调"养人之欲，给人之求"的制礼宗旨。荀子于礼论之中特别拎出礼之"养"和"别"的涵义，其中又以"养"为根本，而"别"则是有助于"养"的实现的必要手段。凌廷堪亦强调礼之奉养的内涵。他说道：

　　　　性即食味、别声、被色者也。《大学》言"心不在焉，视而不见，听而不闻，食而不知其味"，即此意也。又云："是故为礼以奉之，为六畜、五牲、三犠以奉五味，为九文、六采、五章以奉五色，为九歌、八风、七音、六律以奉五声。"此言圣人制礼，皆因人之耳有声、目有色、口有味而奉之，恐其昏乱而失其性也。③

　　此言礼之奉养义与荀子"礼者养也"④的宗旨没有什么不同。

　　礼具有"养人之欲，给人之求"的作用，但是并不意味着礼只具有手段的意义。荀子讲，"礼有三本：天地者，生之本也；先祖者，

---

　　① 相关论述参见（清）凌廷堪《好恶说上》，载《凌廷堪全集》第3册，纪健生校点，黄山书社2009年版，第139—140页。

　　② 伍振勋以为，荀子"礼有三本"中的"先祖者，类之本"与"君师者，治之本"乃是"体认人心内在属于时间向度的'历史意识'与空间向度的'社会意识'来解释人类世界的价值与意识"。参见伍振勋《语言、社会与历史意义——荀子思想探义》，花木兰文化出版社2009年版，第54页。

　　③ （清）凌廷堪：《好恶说上》，载《凌廷堪全集》第3册，纪健生校点，黄山书社2009年版，第140—141页。

　　④ 《荀子·礼论》。

类之本也；君师者，治之本也"①。凌廷堪亦引用《左传》记载的子
产之言，有"礼本于天、地、人三才而制也"的认识。其言曰：

> 案《左传》昭公二十有五年，子太叔对赵简子曰："吉也闻
> 诸先大夫子产曰：'夫礼，天之经也，地之义也，民之行也。'"
> 此言礼本于天、地、人三才而制也。又云："天地之经，而民实
> 则之，则天之明，因地之性，生其六气，用其五行。气为五味，
> 发为五色，章为五声。淫则昏乱，民失其性。"②

凌廷堪依据《左传》而来的对于制礼之依据的此种认识，当然不
全同于荀子的"礼有三本"说。而且由于其并未进一步阐发礼作为
"天之经""地之义""民之行"的具体含义，我们不好具体比较其与
荀子"礼有三本"说的关系。但是有一点则是明确的，凌廷堪与荀
子均肯定：礼具有超越的天道之依据，从而具有内在的价值。这点意
思，在凌廷堪那里是以"天经地义"表达出来的，而在荀子那里则
是以"天地者，生之本"表达出来的。

凌廷堪不仅论礼之性质、依据有同于荀子之处，而且在论述以礼
修身的道德功夫方面基本承继了荀子思想的理路。凌廷堪与荀子一样
肯定礼对于人之情性的陶铸作用。荀子讲，"注错习俗，所以化性也；
并一而不二，所以成积也。习俗移志，安久移质"③。而凌廷堪则谓，
"自天子以至于庶人，少而习焉，长而安焉，礼之外，别无所谓学
也"。这种由"习"到"安"的过程，也就是荀子所言"成积""移
质"的过程。凌廷堪与荀子这种以礼仪变化性情的基本理解，张寿安
以为"和近人蔡元培所说'礼仪能造就习惯，而习惯是人的第二天
性'，颇有相通之处"④。至于在以礼仪转化人性之具体修为方法的阐

---

① 《荀子·礼论》。

② （清）凌廷堪：《好恶说上》，载《凌廷堪全集》第 3 册，纪健生校点，黄山书社
2009 年版，第 140 页。

③ 《荀子·儒效》。

④ 张寿安：《以礼代理：凌廷堪与清中叶儒学思想之转变》，河北教育出版社 2001 年
版，第 59 页。

述上，张寿安谓"廷堪……兼重知识也兼顾变化气质"。这两个方面，在凌廷堪的理解中，知识在于学礼；变化气质则在于反复行礼，故而可以"劝学崇礼"一语以概之，这与荀子思想之基本精神是高度一致的。只不过凌廷堪论知识，重在对于外在礼仪的学习，对于主体自身的心知作用（如解蔽、虚一而静）认识和阐述不够；凌廷堪论变化气质，只提出反复习礼，而对于从"法礼"到"足礼"的过程之中主体从"知虑""志意""血气"层面进行的"治气养心"的功夫亦没有理解。可见其在相关问题理解的深度、广度方面，表述的精细程度方面，都还不如荀子。这使得其崇礼之学虽然在具体礼制方面的研究取得前所未有的成就，整体思想仍总不免显得有些面向单一和格局不够弘阔。

凌廷堪论礼超越荀子的特出之处在于其对"礼"与"理"的区别和"以礼代理"主张的提出。当然，这是由于在凌廷堪前面有一个宋明理学在那里，所以他能够针对理学家言"理"的弊端而针锋相对地提出"以礼代理"，而在荀子那里"礼""理"之辨的问题并不存在。但是"荀子言仁，必推本于礼"① 亦成为凌廷堪用来为"以礼代理"张目的依据。

张寿安言，"廷堪全面否定理学，……考其立论基础，不过'实事求是'之学术理念一语耳。实事求是，是清学张目之旗帜，……唯他人之实事求是仅就经文考订而言，廷堪之实事求是却意指实事之致用"②。的确，凌廷堪的实事求是主张不仅要在学术上追求真实客观的历史知识，而且更为重要的是为实践求得普遍承认的客观行为规范。两种意义上的实事求是，虽然都是致力于"客观性"之寻求，但是一在纯粹认知领域，一在伦理实践的领域，涵义有所不同。凌廷堪否定言"理"之学，就是认为它不符合实事求是的客观性要求。其言曰：

---

① （清）凌廷堪：《荀卿颂》，载《凌廷堪全集》第 3 册，纪健生校点，黄山书社 2009 年版，第 75 页。

② 张寿安：《以礼代理：凌廷堪与清中叶儒学思想之转变》，河北教育出版社 2001 年版，第 37 页。

昔河间献王实事求是。夫实事在前，吾所谓是者，人不能强辞而非之；吾以为非者，人不能强辞而为是也。如：六书九数及典章制度之学是也。虚理在前，吾所谓是者，人可别持一说以为非；吾所谓非者，人亦可别持一说以为是也；如理义之学是也。①

凌廷堪认为，只有六书九数及典章制度之学具有客观性，而理义之学则不具有。这颇有近代言科学者欲逐哲学于科学领域之外的意思。如果说哲学是无定论②的，那么似乎凌廷堪要排斥一切的哲学思考。其实我们亦可这样认为，关于伦理道德的哲学思考可以人各一说，但是具体的伦理道德规范从指导实践的要求来看却须具有超越不同个体的自身的客观性。凌廷堪在理义之学上面所强调的亦不过是从道德判断到道德践履的一个客观性而已。礼、理之辨提出的是一个近于"道德客观性"的问题。现代道德哲学对于"道德客观性"的论述十分复杂，在此我们可不必深论。本书只要注意到凌廷堪对于道德客观性以普遍承认③为标准来理解就够了，那就是"吾所谓是者，人不能强辞而非之；吾以为非者，人不能强辞而为是也"，否则如"吾所谓是者，人可别持一说以为非；吾所谓非者，人亦可别持一说以为是也"即是缺乏这种客观性。受到戴震批判宋明儒学"理为意见"观点的影响，凌廷堪显然以为宋明理学的"理"表达不了这样的道德客观性的要求。甚而他对戴震本人发展起来的新的理义之学并致不满，其言："吾郡戴氏著书专斥洛闽，而开卷仍先辨'理'字，又借'体''用'二字以论小学，犹若明若昧，陷于阱攫而不能出也。"④

---

① （清）凌廷堪：《戴东原事略状》，载《凌廷堪全集》第3册，纪健生校点，黄山书社2009年版，第328页。

② 陈修斋：《关于哲学本性问题的思考》，载《哲学人生：陈修斋90周年诞辰纪念文集》，段德智编，人民出版社2011年版，第89—98页。

③ 在戴震思想里面，已有这样的因素。如戴震所谓"心之所同然始谓之理，谓之义；则未至于同然，存乎其人之意见，非理也，非义。凡一人以为然，天下万世皆曰'是不可易也'，此之谓同然"。参见（清）戴震《孟子字义疏证卷上》，载《孟子字义疏证》，何文光整理，中华书局1982年版，第3页。

④ （清）凌廷堪：《好恶说下》，载《凌廷堪全集》第3册，纪健生校点，黄山书社2009年版，第143页。

在其眼里，一切凡涉"理事""体用"的学说即不免于禅学。① 凌廷堪不知戴震之"理"已非程朱之"理"，戴震新的"分理"学说实可为传统礼学奠定新基，更新礼之内涵，这反映了凌氏思想狭隘、偏颇的一面。如此一来，在凌廷堪那里，能够找到的表达道德客观性之要求的范畴只能是"礼"了。在《复礼》三篇之中，凌廷堪屡屡言之：

> 如曰舍礼而可以复性也，是金之为削、为量，不必待镕铸模范也；材之为毂、为辕不必待规矩绳墨也。如曰舍礼而可以复性也，必如释氏之幽深微眇而后可，若犹是圣人之道也，则舍礼奚由哉！盖性至隐也，而礼则见焉者也；性至微也，而礼则显焉者也。故曰"莫见乎隐，莫显乎微，故君子慎其独也"。②
>
> ……舍礼而别求所谓道者，则杳渺而不可凭矣。……舍礼而别求所谓德者，则虚悬而无所薄矣。盖道无迹也，必缘礼而著见，而制礼者以之；德无象也，必藉礼为依归，而行礼者以之。③
>
> 圣人之道本乎礼而言者也，实有所见也；异端之道外乎礼而言者也，空无所依也。……性与天道，非不可得而闻，即具于诗书执礼之中，不能托诸空言也。夫仁根于性，而视听言动则生于情者也。圣人不求诸理，而求诸礼，盖求诸理必至于师心，求诸礼始可以复性也。④

舍礼则不可以复性，就如同离了模范就不能熔铸金器，离了规矩绳墨就不能制造车毂一样。性、道、德等均为内在隐微之物，无迹无象，其外在之发显必然表现出一定的形式和具有一定的方向，这就是

---

① （清）凌廷堪：《好恶说下》，载《凌廷堪全集》第3册，纪健生校点，黄山书社2009年版，第142页。

② （清）凌廷堪：《复礼上》，载《凌廷堪全集》第1册，纪健生校点，黄山书社2009年版，第14页。

③ （清）凌廷堪：《复礼中》，载《凌廷堪全集》第1册，纪健生校点，黄山书社2009年版，第16—17页。

④ （清）凌廷堪：《复礼下》，载《凌廷堪全集》第1册，纪健生校点，黄山书社2009年版，第18—19页。

礼的表现。反过来说，礼之形式、准则是性、道、德之正常显发的保证和判断标准，脱离礼之客观形式、准则而求性、道、德之正确发用和复性，很容易成为各凭意见的师心自用。在给钱大昕的信中，凌廷堪又重申此意，其言曰：

> 《记》曰："礼节民心。"又曰："齐明盛服，非礼不动，所以修身也。"然则圣人正心修身，舍礼末由也。故舍礼而言道，则杳渺而不可凭；舍礼而言德，则虚悬而无所薄。民彝物则，非有礼以定其中，而但以心与理衡量之，则贤智或过乎中，愚不肖或不及乎中，而道终于不明不行矣。释氏之言心性，极其微妙，皆贤智之过。吾圣人不如是也，但一于礼而已，所谓中庸也。①

舍礼而言道与德、心与理，贤智亦不免乎过，愚不肖更是常不及乎中，总之道、德、心、性、理皆不能离开明确的礼之准绳而言之、求之。礼作为具体的行为规范，能够保证"道德客观性"，不同于空言心、性、理、道，在此意义上讲崇礼之必要性，是凌廷堪对荀子崇礼思想的一个重要的发展。

第三节　性论与群学：阮元与荀子精神的相续

阮元的思想规模与凌廷堪总体上较为接近。依据吴通福的研究，阮元与凌廷堪一样，基本不怎么说"理""气"等概念②。在本书看来，这表明他们的理论兴趣主要在现实的人性及其规范上面，而对天道等形而上学层面的东西缺乏自己的思考。他们的思想缺少了这一重要的基础性环节，虽然在某些个别环节上面有着超越戴、焦二人的论述，但是其整体理论的深度却大大下降，完整程度亦不如戴、焦二人。不过，阮元与凌廷堪的具体情形还有些不一样。二人的思想核心

---

① （清）凌廷堪：《复钱晓征书》，载《凌廷堪全集》第3册，纪健生校点，黄山书社2009年版，第216页。

② 吴通福：《清代新义理观研究》，江西人民出版社2007年版，第126页。

都可用"以礼节性"概括，但是阮元论性、论礼至少在以下几点上有超出凌廷堪的地方。一是，凌廷堪重视论性，对于心的理解比较贫乏；而阮元"提及心知之性（八次）"①，"对心的悦礼义及心知的面相都有涉及（各有四次和八次）"②，可以看作是对凌廷堪人性论理解的一个补充。二是，即使论性，凌廷堪分言性、情，以为性善而情则有善有恶，继而并言复性与节性；而阮元则强调性、情、欲的一体，反对"复性"，专言"节性"，其思想的表达更为清晰和凝炼。三是，凌廷堪论礼，重在主体一身之内就着复性、节性而言；阮元通过发掘仁为"相人偶"之义，注重从人与人之间关系的社会性角度理解礼义。阮元思想相较凌廷堪有此发展，故而其对荀子思想的继承与发展与在凌氏那里的情形又不一样。本节拟分性论与群学两个子题，分别探讨一下阮元相关思想与荀子思想的继承和发展关系，并分析和揭示其重要理论意义。

一　阮元论"性"

凌廷堪论人分言性、情，阮元亦言"情发于性"。凌廷堪以为"性具于生初，情则缘性而有"③，又引用《中庸》所言喜怒哀乐之"未发""已发"解之④，其所理解的性、情乃是同一人性的不同体段，二者是一纵向的承继关系，钱穆称其有同于宋儒先天、后天之论。与之相较，阮元理解的性、情关系则有重大的不同。阮元引用汉儒见解以气之阴阳说性、情，性、情乃是同一人性结构之中的不同面向之间的横向关系。阮与凌的这种差别值得重视。阮元说道：

---

① 吴通福：《清代新义理观研究》，江西人民出版社2007年版，第126页。
② 吴通福：《清代新义理观研究》，江西人民出版社2007年版，第126页。阮元虽然多次提到"心知"，但实际论述尚为不足。其中较有特色的，如以"纤"说"心"，具体理解可以参见吴根友《试论阮元哲学思考的语言学路径及其得失》，载《比较哲学视野里的中国哲学》，中国社会科学出版社2012年版，第295—297页。
③ （清）凌廷堪：《复礼上》，载《凌廷堪全集》第1册，纪健生校点，黄山书社2009年版，第13页。
④ 同上。

情发于性，故《说文》曰："性，人之阳气，性善者也。情，人之阴气，有欲者也。"许氏之说，古训也。味色声臭，喜怒哀乐，皆本于性，发于情者也。情括于性，非别有一事与性相分而为对，故《诗·烝民》郑笺曰："其性有物象，其情有法则，情法性，阴承阳也。"郑氏解《诗》之物、则，盖言性而兼括情也。①

阮元将"情发于性"移转而为"情括于性"，性、情成为人性结构之中的相反相成的两个面向。在这一结构中，性为阳，情为阴。关于情之阴的具体内涵，阮元明确判定为欲；而性之阳，依阮元所引郑玄的话来看，当是指的欲之本具的法则。二者紧密相连，不可分离，乃是物象与其法则之间的关系。阳能主阴、阴须承阳，就性之阳能够主宰情之阴而言，性可称为善。这样阮元的性——情结构就成了"有物有则"意义上的性善理解了。

另外，阮元还继承戴震"血气心知"的说法来阐述性的内容，并从"性"字的造字结构上来加以论证。② 其言：

"性"字从心，即血气心知也。有血气，无心知，非性也。有心知，无血气，非性也。血气心知，皆天所命，人所受也。③
"性"字之造，于周、召之前，从心则包仁义礼智等在内，从生则包味臭色声等在内。④

---

① （清）阮元：《性命古训》，载《揅经室集》，邓经元点校，中华书局1993年版，第220—221页。

② 需要说明的是，本书并非对阮元相关认识的一种学术上的探讨，而是将其作为一种思想史的材料，考察其背后试图表达的一些哲学理念和认识，故而阮元结论与方法的得失并不影响本书的分析及其所得出的结论。至于阮元此种以训诂言哲学的做法，其具体结论的理解及在方法论上之得失的探讨，可以参见丁四新《"生"、"眚"、"性"之辨与先秦人性论研究之方法论的检讨：以阮元、傅斯年、徐复观相关论述及郭店竹简为中心》（上）（下），收于《中国哲学与文化》第六辑和第七辑。

③ （清）阮元：《性命古训》，载《揅经室集》，邓经元点校，中华书局1993年版，第217页。

④ （清）阮元：《研经室再续集·节性斋主人小像跋》，转引自王国维《静安文集·国朝汉学派戴阮二家之哲学学说》，载《王国维全集》初编第5册，大通书局1976年版，第1793页。

阮元以"血气、心知"论性，并认为此可从其造字结构"从生"与"从心"上面获得说明。

在阮元那里，性的"血气""从生"的涵义落实在声色嗅味之欲、喜怒哀乐之情上面。他说道："味色声臭，喜怒哀乐，皆本于性，发于情也。"①；又说："欲生于情，在性之内，不能言性内无欲也。……天既生人以血气心知，则不能无欲。……此孟子所以说味、色、声、臭、安佚为性也。"② 因此，他以为告子所谓"生之谓性""食色性也"等认识本来不误，孟子亦未辟之。其言曰：

> 性字本从心、从生，先有生字，后造性字。商周古人造此字时，即已谐声，声亦意也。然则告子"生之谓性"一言本不为误，故孟子不骤辟之，而先以言问之曰："生之谓性也，犹白之谓白与？"盖"生之谓性"一句为古训，而告子误解古训，竟无人物善恶之分，其意中竟欲以禽兽之生与人之生同论，与《孝经》"人为贵"之言大悖。是以孟子据其答应之"然"字，而以羽、雪至犬、牛、人之性不同辟之。盖人性虽有智愚，然皆善者也。所谓"有命焉，君子不谓性也"。孟子非辟其生之谓性之古说也。③

于《孟子》"告子曰'食色性也'"章，阮元亦言道：

> 告子……食色性也，四字本不误，其误在以义为外。故《孟子》此章惟辟其义外之说，而绝未辟其"食色性也"之说。若以告子"食色性也"之说为非，然则孟子明明自言口之于味，目之于色为性矣，同在七篇之中岂自相矛盾乎！④

---

① （清）阮元：《性命古训》，载《揅经室集》，邓经元点校，中华书局1993年版，第221页。

② 同上书，第228页。

③ 同上书，第230页。

④ 同上书，第230—231页。

　　阮元肯定"生之谓性"的古训，这种以情、欲来规定的人性内涵，同于凌廷堪性——情结构中的"情"的内容，与荀子情、欲为言的"性"之内涵亦为相同。阮元也正是在这个方面强调"节性"。其言："性中有味、色、声、臭、安佚之欲，是以必当节之。"① 这与荀子以礼义来化性的认识亦是一致的。

　　而性的另外一面"心知""从心"的内涵，阮元则以为须包仁义礼智为言。这里所谓性包仁义礼智如何理解呢？显然不能将其理解为宋明理学所讲人之先天本具的天地之性、义理之性，因为阮元屡言反对复性。其于《孟子》"牛山之木"章言曰：

　　　　此章即上章求放心之道，大指谓仁义为本心，故曰仁，人心也。若失其本心，害人、忍人、无耻、无礼则不成为人，与禽兽无异，与"仁人也"之说不合矣。所以言及于操心与存夜气者，仍是责之以仁，非令其于空寂处观本来面目，如释氏之明心见性也。②

　　释氏之明心见性与宋明儒之复归天地之性在具体内涵上虽然不同，但复性（归复"本来性"）的理路却是一致的，这是阮元不能赞同的。另外，"阮元认为性即命，命即性"③，所以在反对"复性"之外，又对"知命"的理解做出了辩正。其于《论语》孔子所言"五十而知天命，不知命无以为君子也"加以按语言曰：

　　　　孔子最重知天命，知天命无所不包。《孟子》"性也""命也"两节即知命之传也。孔子所知之天命，即孟子所说之命也。……又《韩诗外传》曰："子曰：'不知命，无以为君子。'"

① （清）阮元：《性命古训》，载《揅经室集》，邓经元点校，中华书局1993年版，第211页。
② （清）阮元：《孟子论仁论》，载《揅经室集》，邓经元点校，中华书局1993年版，第205页。
③ 吴通福：《清代新义理观研究》，江西人民出版社2007年版，第131页。

言天之所生皆有仁义礼智顺善之心，不知天之所以命生，则无仁
义礼智顺善之心，谓之小人，故曰"不知命，无以为君子。"
《小雅》曰："天保定尔，亦孔之固。"言天之所以仁义礼智保定
人之甚固也。《大雅》曰："天生烝民，有物有则。民之秉彝，
好是懿德。"言民之秉德以则天也。不知所以则天，又焉得为君
子乎？……又孔子曰"畏天命"，亦此义也。①

"知命"之"命"不过指的是人由天所生而皆有的仁义礼智顺善
之心，是天以此仁义礼智顺善之心来保定人。既然命、性可以同言，
那么性所包仁义礼智也应只是一种"顺善之心"而已。所以吴通福
指出，阮元"虽然也说'性'字'从心则包仁义礼智在内'，但是他
论性善是本于'天生烝民，有物有则。民之秉彝，好是懿德'的
'古训'，性善只是对于修仁好义的'好'的性向而已；这与戴震据
孟子理义悦心的立说是大致相同的"。② 吴通福此处的认识，可以与
倪德卫的意见联系起来理解。倪德卫以为，戴震利用理义悦心来证成
性善的理解，并非是指"我的心，像一个感官一样，发现礼义本身是
'妙味的'（delicious）"，而主要是说："我考虑人们可能采取的行为
方式，并认识到，我们所有人都接受有秩序的行为的规则，由此导
致：每个人得到的一份平均的好处要大于不接受之而得到的好处，并
且，没有忧虑的，这种好处会给我对我能过的生活的最大满足；明白
这一点，我就会许可这样做；对牵涉到许可的活动，我会有一种好的
或正面的感觉；这样，我就'喜欢'之。"③ 所以，"虽然他的语言都
是孟子的语言，但是，他确实用荀子的方式奠基道德的基础"④。阮
元的"仁义礼智顺善之心"，同样必须这样来认识。阮元反对把人的
顺善之心理解为像镜子那般物来即能照之而显，自然也要反对把其理

---

① （清）阮元：《性命古训》，载《揅经室集》，邓经元点校，中华书局1993年版，第
223页。

② 吴通福：《清代新义理观研究》，江西人民出版社2007年版，第131页。

③ ［美］倪德卫：《儒家之道：中国哲学之探讨》，［美］万白安编，周炽成译，江苏
人民出版社2006年版，第334页。

④ 同上。

解为像五官那样物来即能感之而当。故而其言道：

> 《易》……曰："寂然不动，感而遂通天下之故。非天下之
> 至神，其孰能与于此！"此言神道在《易》筮之内，寂然不动，
> 凡有人来筮者，能因人感而知天下之故，所以《易》道为天下之
> 至神，非说儒者之身心寂然不动，有感遂通也。否则天下至神，
> 虽周、孔不能，况一介之儒士乎！李习之之言性以静而通照，物
> 来皆应。试问：忠孝不能说在性之外，若然则是臣子但静坐无端
> 倪，君来则我以忠照之，父母来则我以孝照之，而我于忠孝过而
> 无曾留滞，试思九经中有此说否？①

此以忠孝为例，认为忠孝不在性外，但亦不能将人之心性理解为
君来即能忠、亲来即能孝的"能照""能感"。忠孝如此，仁义礼智
亦是如此。所以，阮元"性""从'心'则包仁义理智"，与朱熹所
谓心"具众理而应万事"② 不同，非谓仁义礼智为人之心性所先天本
具。在一些地方，阮元屡次强调，仁具于心非谓仁与心即可浑而为
一，表达的亦是这一个意思。其言曰：

> 为仁之道在于悠久。颜子但许三月不违，可见为仁之难。心
> 与仁不违，可见仁与人心究不能浑而为一。若直号仁为本心之
> 德，则是浑成之物，无庸用力为之矣。③
> 颜子三月不违仁，而孔子向内指之曰"其心不违"。可见心
> 与仁究不能使之浑而为一曰："即仁即心也。"此儒与释之
> 分也。④

---

① （清）阮元：《性命古训》，载《揅经室集》，邓经元点校，中华书局1993年版，第
229页。

② 朱熹：《孟子卷第十三·尽心章句上》，载《四书章句集注》，中华书局1983年版，
第349页。

③ （清）阮元：《论语论仁论》，载《揅经室集》，邓经元点校，中华书局1993年版，
第193页。

④ 同上书，第182页。

仁不即是本心之德，而是需要后天的艰难功夫来加以成就的。对此吴通福说道："所谓的人的仁义礼智之性，只能说人能通过社会行为成就仁义礼智而已，并非是先天的本具。"① 这种仁义礼智须为之而成的思想，在诠释《孟子》"五谷者，种之美者也。……亦在乎熟之而已矣"章时，阮元以按语的形式再次进行了发挥，其言曰：

> 此章言仁具于人心性，犹五谷之种。谷种须种之方熟，仁须为之方成，乍见即谷初生也。谷乃美种，可比人之性善，莨稗则牛羊之比矣。②

人之向善、为善的可能性需要后天的实做实践功夫才能变成一种现实性。这样，阮元的"性包仁义礼智"就比凌廷堪"人有仁义礼智信五性"更为明白地强调了它们不是所谓"复性"功夫所要归复的人之心性先天本具的善性，而是指的后天可至的人之向善为善的可能性。

由上所论可知，阮元论"性"重视从"心"、从"生"两个面向的内容：性之中有情、欲，情、欲需要以礼加以节制；但是性之中又存在仁义礼智的向善可能和好善倾向，通过后天的实事践履的功夫即可实现；二者处在同一结构之中，同为性之内涵。此中，前一面向同于荀子的"性恶"主张；后一面向则有同于荀子的"化性起伪"理解，人能化性起伪，正表明其向善的可能。阮元虽然继续使用了戴震、焦循的"血气心知"概念来论性，但其说明和论证"性善"的实现，不像戴震和焦循那样重视心知的区分、裁断功能，而是强调实事的践履。阮元论《论语》"一贯"，训"贯"为"行也，事也"，认为"一以贯之，犹言一是皆以行事为教"③；又论《大学》"格

---

① 吴通福：《清代新义理观研究》，江西人民出版社 2007 年版，第 131 页。

② （清）阮元：《孟子论仁论》，载《揅经室集》，邓经元点校，中华书局 1993 年版，第 202 页。这个比喻之中，阮元强调的是由谷种到谷子成熟之过程中培养工夫的重要，而非是谷子的一切可能性在其种子之中已然的本具，不可误解其意。

③ （清）阮元：《论语一贯说》，载《揅经室集》，邓经元点校，中华书局 1993 年版，第 53 页。

物"，以为"格物者，止于事物之谓也。凡家国天下五伦之事，无不当以身亲至其处而履之，以止于至善也"①。可见，阮元对于"性善"可能性之实现的论证和理解重在"行"的一面，而不在"知"的一面。不过，"知"和"行"这两个面向，要之均为荀子"化性起伪"而"积善成德"所必涵之要求。②与戴震、焦循较多地继承了荀子此中"知"的面向不同，阮元则近于凌廷堪，甚为重视"行"的面向，这与其反对宋明理学空谈心性，转而重视实行经世的意图是相关的。

二　阮元论"仁"

阮元以"相人偶"论"仁"，颇为当代研究者称赞。"凌廷堪以礼代理之后，就礼文而究礼意，提出礼生于仁义；但凌廷堪又用亲亲尊尊来将仁义加以具体的规定，亲亲为仁中之义，尊尊为义中之义，亲亲尊尊为礼意之并重之二系，而仁义必由礼表现出来。"③也即是说，凌廷堪以仁、义为制礼之本，但其对于仁、义的理解从亲亲和尊尊出发，虽然也开发出了不少新的伦理认识④，但终究未能摆落此一仍嫌具体的传统框架之限制。阮元在同于凌廷堪的"以礼节性"之论说外，又以"相人偶"来理解"仁"。在"仁"生"礼"的意义上，"仁"的这一新的理解，必将对于礼意的开拓带来新的广阔可能性⑤。在这意义上，阮元的仁论可以算是对于凌廷堪礼论思想的一个补充和发展，更为接近荀子群学的精神。

阮元以为孔门"仁"说"数语足以尽之"⑥，大体以下面一语为

---

①　（清）阮元：《大学格物说》，载《揅经室集》，邓经元点校，中华书局1993年版，第55页。

②　《荀子·正名》言道："心虑而能为之动谓之伪；虑积焉，能习焉而后成谓之伪。"可见无论是作为功夫的"伪"，还是作为效果的"伪"，都同时包括知的面向和行的面向。

③　吴通福：《清代新义理观之研究》，江西人民出版社2007年版，第136页。

④　张寿安对于清代学者考礼、议礼之中的思想新义做了精辟的揭示，谓其"考证制度的同时也建立了新的情理观"。参见张寿安《十八世纪礼学考证的思想活力——礼教论争与礼秩重省》，北京大学出版社2005年版。

⑤　参见本节末尾所引张丽珠的言论。

⑥　（清）阮元：《论语论仁论》，载《揅经室集》，邓经元点校，中华书局1993年版，第176页。

其总纲，其言曰："春秋时，孔门所谓仁也者，以此一人与彼一人相人偶而尽其敬礼忠恕等事之谓也。"① 此条总纲之下，又可分二目，一曰"凡仁，必于身所行者验之而始见"②；二曰"必有二人而仁乃见"③。而其论说所针对和对治的问题则由以下一语可以见之，即所谓"一人闭户斋居，瞑目静坐，虽有德理在心，终不得指为圣门所谓之仁矣"。

与对"性"的考察一样，阮元同样地从"仁"字的起源、结构来说明和论证"相人偶"的仁之理解。其《论语论仁论》言道：

> "仁"字不见于虞、夏、商《书》及《诗》三《颂》、《易》卦爻辞之内，似周初有此言而尚无此字。其见于《毛诗》者则始自《诗·国风》"洵美且仁"。再溯而上，则《小雅·四月》"先祖匪人，胡宁忍予"。此"匪人""人"字实是"仁"字，即人偶之意，与《论语》"人也。夺伯氏邑。"相同。盖周初但写"人"字，"周官"礼后始造"仁"字也。④

在《孟子论仁论》里阮元言之又详，都是说明"仁"字在中华典籍之中的使用起源及其本始涵义。不仅如此，阮元又通过对于"仁"字造字结构的分析来进一步确认其"相人偶"的古义、本义，并以此来贯通诸经论"仁"文字。他以《说文》为据，言曰：

> 许叔重《说文解字》："仁，亲也。从人二。"段若膺大令《注》曰："见部曰：'亲者，密至也。'会意。《中庸》曰：'仁者，人也。'《注》：'人也，读如相人偶之人，以人意相存问之言。'《大射仪》：'揖以耦。'《注》：'言以者，耦之事成于此意

① （清）阮元：《论语论仁论》，载《揅经室集》，邓经元点校，中华书局1993年版，第176页。
② 同上。
③ 同上。
④ 同上书，第179页。

相人耦也。'《聘礼》:'每曲揖。'《注》:'以人相人耦为敬也。'
《公食大夫礼》:'宾入三揖。'《注》:'相人耦。'《诗·匪风》
笺云:'人偶能烹鱼者。人偶能辅周道治民者。'"元谓:贾谊
《新书·匈奴篇》曰:"胡婴儿得近侍侧,胡贵人更进得佐酒前,
上时人偶之。"以上诸义,是古所谓人耦,犹言尔我亲爱之辞。
独则无耦,耦则相亲,故其字从人二。①

　　阮元以为"仁"字从"人二",因而为人我亲爱之辞,并广引经
注为证。仁字从"人二"的造字结构,在其看来意味着造字的古人
即认为仁必于人与人之关系中始可见之。以此为据,阮元以为,仁与
不仁的道德判断和评价只能对于人与人之间的伦理关系而发。这与当
代马克思主义伦理学从人与人的关系方面理解道德的主张是一致的。
罗国杰指出"伦理原则和道德规范,是专指在同一社会中的人为了调
整人与人之间的关系而形成的一些行为原则和道德要求"②。相应的,
道德品质、伦理德性作为人的性情、意志和行为长期表现出来的符合
或违背一定道德规范的稳定心理倾向③,亦须从人与人之间的关系中
始可言之。总之,道德必于一人与他人之关系中始可存在。一个人完
全独处而不与任何他者发生关系,此种情况下他的情感、意志和行为
都不会具有道德的意义,即是说无所谓道德与不道德的问题。阮元
"相人偶"所强调的"必有二人而仁乃见"应该说是抓到了道德的这
种最为重要的本质。
　　当然,我们也须对于"相人偶"的涵义有一适如其分的认识,不
可将人与人的关系理解得过于狭隘。"相人偶"所指人与人之关系,

---

　　① (清)阮元:《论语论仁论》,载《揅经室集》,邓经元点校,中华书局1993年版,
第179页。
　　② 罗国杰:《罗国杰文集》上册,河北大学出版社2000年版,第320页。
　　③ 王海明以为,"所谓美德或品德无非是一个人长期的道德行为所形成和表现出来的
稳定的心理状态,是一个人长期遵守或违背道德规范的行为所形成和表现出来的心理自我。
一个人的品德乃是他的行为长期遵守或违背道德规范所得到的的结果,意味着,'道德'
'规范'和'行为者''做什么'是原因、前提;'品德''美德'和'是什么人'则是结
果、结论"。参见王海明《伦理学原理》,北京大学出版社2001年版,第7页。

不仅指于言语、身体行为之中发生的人与人之间的关涉，而且亦应包括人在认知、情感和意志等心理、意识层面对于他人的关涉①，也就是说在人之心理、意识和品质的内在方面也可以发生个人与他人之间的关系，只要这些内心的东西指向了他人。所以方东树在《汉学商兑》中对于阮元的批评是不妥当的。方东树举出孔子称颜回"其心三月不违仁"，又举"夷叔西山其意，不求人偶，而求仁得仁"②，以此为反例，认为此两处"仁"并不具有"相人偶"的涵义。只须稍微分析一下，便可见方东树的反例并不能成立。"三月不违仁"是孔子称颜回之"心"，但是颜回此"心"即使未得机会见诸行为，亦必在心理、意识的层面指向对人之关爱，若是绝感于人、漠不与人相涉，又何得谓其为"仁心"？至于伯夷、叔齐不与周朝统治者合作，但是主动与他者脱离关系的不合作也是一种与他人之间存在的特殊关系，况且伯夷、叔齐之仁并非是对于周之统治者的仁，而是对于被周所灭的商朝之仁，何得谓其之仁非于人偶关系之中而见？方东树以为，依阮元"相人偶"之义，"杀身成仁"必二人同杀乃成其仁③，更是完全误解了"相人偶"之义。

正是由于在人与人之关系中乃能见仁，所以阮元特别重视从人己的关系来理解《论语》的"克己复礼为仁"，其言：

> 颜子"克己"，"己"字即"自己"之"己"，与下"为仁由己"相同，言能克己复礼，即可并人为仁。一日克己复礼而天下归仁，此即己欲立而立人，己欲达而达人之道。仁虽由人而成，其实当自己始，若但知有己，不知有人，即不仁矣。孔子曰，勿谓仁者人也，必待人而后并为仁，为仁当由克己始，且即继上二"克己"字叠而申之曰："为仁由己，而由人乎哉！"亦

① 现象学理论认为，"意向性"是人的意识结构的本质特性，"意识的规定就是对某种自身以外的东西的趋向"。舍勒还"将意向性理论和现象学方法全面地引进了他的价值哲学中"。参见《价值学大词典》，"意向性"词条。

② （清）方东树：《汉学商兑》卷中之上，清光绪十一年（1885年）刻本。

③ 同上。

可谓大声疾呼，明白晓畅矣。若以"克己"字解为"私欲"，则下文"为仁由己"之"己"断不能再解为私，而由己不由人反诘辞气与上文不相属矣。颜子请问其目，孔子答以四勿。勿即克之谓也。视、听、言、动，专就己身而言。若克己而能非礼勿视、勿听、勿言、勿动，断无不爱人，断无与人不相人偶者，人必与己并为仁矣。俚言之，若曰："我先自己好，自然要人好。我要人好，人自与我同作好人也。"一介之士处世，天子治天下，胥是道也。①

"克己"之"己"即为"自己"的意思，所谓"克己"即是以礼来约束自身的视、听、言、动。而约束自己是为了使自己与他人处在一个相亲爱的和谐关系中，所以克己重在避免"但知有己，不知有人"的倾向。阮元还引用俚言"我先自己好，自然要人好。我要人好，人自与我同作好人也"来说明这个道理，使其更为容易使人明白。这些完全都是在人、己关系的对待下考察"克己复礼"的内涵。阮元还引用凌廷堪的"克己复礼"解释来做自己的理解的佐证。其言：

凌次仲教授曰："即以《论语》'克己'章而论"，下文云"为仁由己，而由人乎哉"！"人""己"对称，正是郑氏相人偶之说。若如《集注》所云，岂可曰"为仁由私欲乎"？再以《论语》全书而论，如"不患人之不己知"，"夫仁者己欲立而立人，己欲达而达人"，"己所不欲，勿施于人"，"古之学者为己，今之学者为人"，"修己以安人"，"君子求诸己，小人求诸人"，皆"人""己"对称。②

凌廷堪从《论语》文本之中找到了了许多"人""己"对称的

---

① （清）阮元：《论语论仁论》，载《揅经室集》，邓经元点校，中华书局1993年版，第181页。
② 同上书，第183页。

例子，作为"克己复礼"之"己"即是对于人而言的"自己"之"己"的理解佐证。而阮元则在凌廷堪的理解之上，进一步从中得出仁必于人与人之关系中而始可言的结论。阮元的"克己复礼"理解是对凌廷堪人、己对称认识的一个重大的提升。他的"克己复礼为仁"诠释不仅是对"仁"的这一本质（仁必于人与之人之关系乃可言）的一个强调，也是对于"礼"之内涵的一个说明——礼是处理人与人关系的规则，是实现仁的具体标准和措施。在这个意义上，阮元的"相人偶"的"仁"论是对凌廷堪"礼"论的一个深化和补充。

阮元论仁，强调"必有二人而仁乃见"，认为这是仁字之"从人二"的造字结构便可表达出来的意思，也是"相人偶"的字面涵义，还比较容易让人理解和接受。但是阮元又特别重视仁"必于身所行者验之而始见"，这似乎并不能包含在"仁"字的"从人二"的结构和"相人偶"的训诂之中。而且前面已经指出，"必有二人而仁乃见"的仁之呈现，亦可于人心之情感、意志的层面存在，否则阮元便不能回应方东树的批评。但是此处阮元又说，仁"必于身所行者验之而始见"，他的此一主张是否与"相人偶"一语的涵义并无内在之必然联系，而只是他对于"仁"在"相人偶"之外的一个认识呢？其实不是这样的。

阮元重视仁之"实事"，强调为仁只具"仁心"而不至"实事"实不得谓之"仁"。"实事"即是"身之所行"。所以阮元强调由"仁心"到"仁之实事"之全体过程的完整践履。其言：

> 一介之士，仁具于心；然具心者，仁之端也，必扩而充之，著于行事，始可称仁。孟子虽以恻隐为仁，然所谓恻隐之心，乃仁之端，非谓仁之实事也。孟子又曰"仁之实，事亲是也"。是充此心，始足以事亲、保四海也。若齐王但以羊易牛而不推恩，孝子但颡有泚而不掩父母，乍见孺子将入井而不拯救，是皆失其仁之本心，不能充仁之实事，不得谓之为仁也。孟子论良能、良知，良知即心端也，良能实事也。舍事实而专言心，

非孟子本指也。①

仅有"仁心"不可谓之"仁",须有实事才可算"仁"。所以,于《孟子》"仁,人心也"之说法,阮元特别澄清"此谓仁犹人之所以为心,……非谓即心即仁也"②。阮元反对仅具"仁心"便谓之"仁"的实现,屡言:

仁必须为,非端坐静观即可曰仁也。③
若心无所著,便可言仁,是老僧面壁多年,但有一片慈悲心,便可毕仁之事,有是道乎?④

心中存有的"仁情""仁意"虽然自身亦有价值,但终须见之身之行为,始可获得仁的真正实现。这反映在阮元的思想中,道德评价的依据已由主体的动机转到行为及其效果上面去了,动机的价值也须从其对于行为之善的促成意义上认识,真正意义上的道德价值只能存在于行为的客观表现上面。阮元对孔子称许管仲之仁的看法可为其此一主张的佐证,其言曰:

仁道以爱人为主,若能保全千万生民,其仁大矣。⑤

仁可以大小论,表明阮元在仁之中重视的是其客观的表现和效果。阮元这种主张背后隐藏着一种重视实效的经世情怀。

阮元论仁重视仁之实事,强调"必于身所行者验之",其积极意义已言之如上。但是下面将要回答的是前面所已提出的问题:它是否

---

① (清)阮元:《孟子论仁论》,载《揅经室集》,邓经元点校,中华书局1993年版,第195—196页。
② (清)阮元:《论语论仁论》,载《揅经室集》,邓经元点校,中华书局1993年版,第178页。
③ 同上书,第180页。
④ 同上。
⑤ 同上书,第190页。

与"相人偶"一语并无本质的联系？本书在这里尝试给出一个解释。"相人偶"强调仁与不仁的判断与评价只能施加于人与人之一定的伦理关系，但是人与人之间的伦理关系究竟是体现在人之身、心的那个层次，或者说以那个层次为中心呢？在主体涉及与他者之关系的全部身心要素之中，有属于内在之心的一时表现的知、情、意或作为它们的长期稳定结构的品质，也有属于外在之身的一时行为和作为其长期稳定的表现而呈显一定趋向的行为模式。虽然在一时的表现来看，心之知、情、意是外在身之行为的源起；但从长时段的表现来看，外在的一定行为的长期积累才是内在稳定心理品质形成的原因。而且从道德评价的角度来看，内在之心理动机必须通过外在的行为才能为他人所认识和判断。所以在人与人之间的伦理关系中，行为的实际层面才是其中心，心灵的层面只能是因着行为的层面才得以存在和被人认识的附属于其上的一个因素。人与人之间的关系，必须以行为为中心来理解，那么"相人偶"的仁之要求，也就必须在行为的层次上加以实现。而且就着阮元道德经世的为学目的来看，内在之行为动机的道德价值必须通过外在的身之行为才能最终实现，其对于人与人之道德关系的理解强调行为的层面也就是十分自然的事了。

这样，阮元"相人偶"的仁论，不仅强调在人与人之伦理关系中理解仁，而且重视在实际身之所行的行为层次落实仁。这是"相人偶"的仁论思想的两个方面，其与荀子的思想亦甚为一致。

从人与人的关系来理解仁、礼作为人道之要求，也即从人与人的关系角度来理解道德意义上的善、恶。荀子对于所谓善、恶的定义，明显地体现了这样一种理解。《荀子·性恶》篇在讨论性之善恶问题时，自觉地对其所理解的善、恶给出了一个定义式的说明，其言曰：

> 凡古今天下之所谓善者，正理平治也；所谓恶者，偏险悖乱也：是善恶之分也矣。①

---

① 《荀子·性恶》。

这里"正理平治"和"偏险悖乱"二语，无论如何都脱不了关系的涵义："正理平治"描述的是一种社群之内人与人的和谐关系，"偏险悖乱"则是这种和谐关系的破坏和失去。荀子的性之善、恶就是在性对于人际关系之效应的好坏上面来判断的。阮元从人与人的关系角度理解仁与不仁，与荀子从人与人的关系角度理解善与恶，其实质是一样的。在这样的认识之上，阮元的仁成为对于人与人关系的一种调节原理和要求，这和荀子以礼义作为调节人与人之关系的"群道"① 的主张也甚为一致。阮元论仁重视"相人偶"，可谓是对于荀子重视群道精神的一种吸收和发扬。

阮元论仁，强调行为层面的实事践履才是道德的完成，于荀子思想之中亦有渊源可寻。荀子言：

> 不闻不若闻之，闻之不若见之，见之不若知之，知之不若行之。学至于行之而止矣。行之，明也；明之为圣人。圣人也者，本仁义，当是非，齐言行，不失豪厘，无他道焉，已乎行之矣。故闻之而不见，虽博必谬；见之而不知，虽识必妄；知之而不行，虽敦必困。不闻不见，则虽当，非仁也。其道百举而百陷也。②

此处荀子的观点颇为平衡，知之明和行之实都是他所强调的。所以他一方面认为没有知之自觉，行之虽能偶有所当，也不得称之为仁；另一方面他又强调学问、道德终须行之乃成，即所谓"学至于行之而止矣"。荀子主张知而须能行，其言：

> 凡论者贵其有辨合，有符验。坐而言之，起而可设，张而可施行。③

---

① 语见《荀子·王制》。另《荀子·荣辱》有"群居和一之道"的说法。
② 《荀子·儒效》。
③ 《荀子·性恶》。

亦是强调学问必须能够见之于行事。阮元强调仁之实事，有重视行为之客观表现和功效的经世精神存在，同荀子强调"儒效"的精神亦为一贯。

张丽珠赞扬阮元的"相人偶"的仁论，乃至以为"阮元开拓群己关系、讲求平等对待原则的'仁'论，为儒学演进之从传统'束身寡过'、修身养性的'仁'学传统，到后来讲求社会体制、社会公德等社群伦理的'群'学传统，建立起会通两者所必要的价值转换、以及经验领域思想落实之基础"①。此论虽有拔高之嫌②，但实为有见。要之，关于阮元"相人偶"的仁论对于清末民初以来的群学发展的积极意义必须给予积极的肯定。在强调阮元仁论思想在后世此一影响的时候，本书必须提出的是，阮元"相人偶"的仁学之中所包涵的群道的理解、群学的精神，于其之前的思想史中亦有源可寻，其中最为重要的就是荀子的相关思想。在一定意义上，可以说阮元"相人偶"的仁论是荀子群学思想在乾嘉时代的一个延续与发展。

---

①　张丽珠：《清代义理学新貌》，里仁书局1999年版，第334页。
②　阮元虽然从人与人的关系来理解仁，但是他于仁道之内涵的理解并未或甚少认识到后来的群学所强调的所谓社会体制、社会公德、人际关系平等对待的原则等内容，相反他只能重复《孝经》、《论语》之中"孝悌为仁之本"的老论。其于仁道在社会之全面的实行，提出的办法也只是《孝经》所标"由孝入仁"的老路："取天子诸侯卿大夫庶人最重之一事〔引者注：孝亲〕，顺其道而布之天下。"参见（清）阮元《论语解》，载《揅经室集》，邓经元点校，中华书局1993年版，第50—52页。

结　语

现代研究者大多认为清代存在一个荀学的复兴现象①，又多从其时之学者对于《荀子》文本的考释、荀子观点的新诠来理解此一荀学复兴的内容。但这尚还只是在荀子作为清代思想学术的研究对象的意义上论述清代思想学术与荀子之交涉关系，本书则将荀子思想作为清代思想学术的对话对象和建构资源，来探讨以戴震、章学诚为代表的乾嘉学者的义理之学与荀子思想之间的关系，以图从此视角透视乾嘉学者的义理思想的基本面貌，并从中考察乾嘉学者是如何整合和转换先秦儒学资源，尤其是荀子思想资源，进而重构乾嘉时代的新的儒学理论的。

由此考察旨趣和思路出发，本书通过三章的内容分别考察了戴震、章学诚及戴震后学焦循、凌廷堪和阮元等五人与荀子的思想关系。以上五人分属戴学及章学两派。章学诚思想学术虽在乾嘉时代影响不彰，远不若戴震学派繁盛，但现代学者研究指出，章、戴二人实为乾嘉思想界并峙之双峰，戴由经学训诂而入，章以文史校雠而行，但二人究明大道的义理追求甚为一致，且在具体义理理解上亦有共同倾向。具体论及二人与荀子思想之关系方面，章学诚甚而有较戴震更为接近荀子的地方。戴、章二人正可视作乾嘉时期新义理的一致而有

---

① 论述最为详尽的当以马积高和田富美为代表，另外宋立卿、郭志坤、刘仲华等人亦持此种认识。具体内容参见马积高《荀学源流》，上海古籍出版社 2000 年版；参见田富美《清代荀子学研究》，博士学位论文，"国立"政治大学中国文学系，2006 年；参见宋立卿《试论荀学的历史命运——中国文化史上一桩千古未决的悬案》，《河北大学学报》（哲学社会科学版）1990 年第 4 期；参见郭志坤《浅说荀子及其荀学之浮沉》，《学术月刊》1994 年第 3 期；参见刘仲华《清代荀学的复活》，《兰州大学学报》2001 年第 1 期。

别的两位代表。故而本书戴学与章学并论，亦以见乾嘉学者的义理之学在其展开的各个不同面向与荀子思想之紧密关系，全面揭示乾嘉新义理学鲜明的荀学性格。

戴震及其后学焦循、凌廷堪、阮元四人在其以伦理学为中心的思想的各个方面——包括天道观、人性论、人道观等的理解都与荀子思想的理路甚为一致。章学诚则在天道之超越性，人道之伦理政治秩序的起源与发展的历史过程以及此中圣人参天道以为人道之地位、圣人与百姓之关系、经典的性质与价值等历史哲学问题上对于荀子思想精神有一继承、深化与完善的关系。二者正好继承与发展、改造和转换了荀子思想不同面向的一些内容，许多地方更可形成一种互补的关系。

在天道观方面，戴震以气化之过程规定道之存在，以"生生而条理"描述此一客观实在过程的性征，与荀子以气化言"天行有常"的认识是一致的，不过戴震理解和论述的丰富、具体已非其前二千年的荀子所能相比了。戴震以"分理"来表达道之条理的本质，更是与荀子以"明分"的思维来论"统类"的思想遥相契合，但理解侧重点已有所转移——荀子"统类"概念强调"类"概念所含共理的涵义（就其规定类之内部所有成员共有属性而讲），戴震"分理"概念注重"类"概念所含殊相的意义（就其规定一类事物之区别于他类事物的特殊属性而言）。现代一些学者从"分解的尽理精神"（牟宗三）、"主客相分"（张世英）、"明分之道"（储昭华）等哲学基础观念来接引现代科学、自由和民主等价值，其中个别人已经注意到戴震与荀子在这方面有着共同的资源可以提供。本书则指出，戴震"分理"学说重视事物殊异性的理解，较之荀子的"统类"思想更为适合用来做此接引。戴震从气本论出发以经验世界的实有事象及其法则来论"道"说"理"的基本理解，虽然在焦循等后学那里阐发不多，也基本没有什么新的突破，但它还算是得到了基本的承继，所以戴震思想与荀子思想在此气本论理路之下的一致性在焦循等后学那里也是存在的。但是戴震"分理"学说具有的为现代科学与自由、平等、权利等价值奠定哲学基础的积极意义却没有得到其后学的充分认识和重视。其中比较特别的是焦循，他注意到"分理"概念所表达的事物之特殊性亦即其有限性，认为人若于一事物只知执守此有限性，而不能吸取和包容他者之合理性，则易产生"执一""相争"（理足以启争）的弊端，所以他特别重视于"分理"之上进而求其"一贯之道"。章学诚的天道理解与戴震的天道理解亦颇可沟通，均区分了道之形上、形下两个层面，但是章学诚通过区分"道"与"道之迹"，在形上的方面更为强调道之超越性的特征，在形下的世界强调道之历史性的理解，在这些方面其认识是优于戴震学派的，当然也是对于荀子天论思想的更好的发展。

在人性论方面，戴震提出合"血气心知"为一本的人性理解，认为出于血气的情、欲和出于心气的心知都为人性之应有内容，并从心知能够为情、欲寻得合宜之实现法则，影响和调整情、欲之实现方式来阐发一种新的性善理解。焦循基本继承了戴震这一人性内容的规定及其性善的证成理路。不过焦循在一般肯定心知的知善、欲善的能力之外，特别注重从心知作为人性之灵带给人的自我意识、自我修正的变通能力来对其进行具体理解和论述，以为此即性善之根据，从而提出了"能知故善"的主张。凌廷堪以好恶言性，包举血气、心知为言，实为血气、心知综合作用的现实表现；阮元以"性"字从"心"从"生"，亦以为人性应包情欲和心知为言。在人性之内容的规定上，他们二人与戴、焦并无重大区别，不过论述方式稍有不同而已。惟在性善的论证方面，凌、阮二人对于心知之地位、作用认知不足，而是从五伦、五常之为天命民彝的方面为说；戴震、焦循虽也有理义为性的说法，但其所谓理义实靠心知对于情、欲的合宜安排来实现，性善理解的真正落实之处仍然在于心知，理义为性不过是佐证和补充的说法。而且，戴、焦、凌、阮四人理义为性的说法也好，五伦、五常之性的说法也好，虽由宋明理学转手而来，但其理义、五伦、五常等在人性之内的具有已然不同于宋明理学"性即理""心即理"中"天理"之内在而超越的先天的本具，而是必须通过后天之道德实践的作为才能真正实现出来的可能性的内具。要而言之，就其四人对于人性之内容及性善之证成的理解，实是对于荀子"性""心"分言的心性论的一种综合和重构，这从其"血气""心知"概念与《荀子·修身》所言"血气""志意""知虑"等颇为类似的表达之中①亦可窥见一斑。戴震等四人将在荀子那里用"心"之概念来理解的人之知善、欲善的能力纳入人性概念之内，并从此"心"的知、能本身（相当于荀子"心虑而能为之动谓之伪"）及其对于理义、五伦、五常的成就成果（相当于荀子"虑积焉，能习焉，而后成谓之伪"）来论证"性善"和说明"人禽之别"，是对于荀子性伪相分理解背后被忽视的性伪相合面向（"无性则伪之无所加，无伪则性不能自美"）的阐发——以其"伪"的能力和成果肯定其"性善"的可能性。更为重要的是，荀子心性思想经戴震学派此番转换和改造之后，更具现代性的色彩了。在荀子那里，主于情、欲为言的人性追求在性恶主张之下不脱负面意义。而戴震等人认为情、欲为人性所必涵，乃是理解人之道德实践的基础，性善正在于情、欲的合宜实现，人之感性情、欲追求的道德合理性得到充分的正面肯定。在荀子那里，心知仍然重在对于外在礼义规范的习知，不脱权威主义之色彩。到了戴震、焦循这里，心知之自我意识的意涵、自我修正的能力得到更为清楚的阐述，心知自身即具一定之原则和程序（以情絜情、絜矩、格物）以权衡具体情境中人之行为是否正当，一切礼义规范的制作亦得据此而论，否则即为非礼。戴震等人对于以心知而言的人之道德理性的强调，更新了宋明理学以来主于德性而言的道德主体理解，从知性方面凸显了道德主体的独立、能动的地位。

在礼义观方面，戴震等四人继承和发展了荀子那里作为人情人欲之协调原理的礼义认识。戴震提出"以情絜情"、焦循主张"情之旁通"，一者强调个体在其情感、欲望的追求活动中以不妨害他人之同等情感、欲望之实现为合理分界，一者重视人情人欲之追求需要彼此

---

① 当然，戴震以血气、心知论人性，一般认为来源于《礼记·乐记》"夫民有血气心知之性，而无哀乐喜怒之常，应感起物而动，然后心术形焉"的说法。不过，鲜少有人注意到《荀子》亦有"血气""知虑"的说法，更不用说荀子之"性""心"实与戴震之"血气""心知"有一对应之关系。在本书看来，不论戴震等人的"血气""心知"概念取于何处，指出它们与荀子"血气""志意""知虑"等说法意涵上的相似就足够了。

沟通而互相尊重和体贴以免逞私忘人，虽有"分"与"通"的不同论述侧重，但本质精神是一致的，都以情感、欲望之追求活动的人际协调原理来理解礼义，并以人情人欲的协调来保障和促进每个人情、欲追求的更好的实现和人群生活的幸福康宁。凌廷堪以礼为节制好恶以复五常之德的依据，间接地即具有调节人与人之关系的作用，其言"修身齐家""治国平天下"皆在好恶可为证明。阮元更是以"相人偶"之论强调仁必于人际关系之中才能成立，为从人群之关系来理解和发展礼义之社会制度涵义打开了大门、奠定了基础。这些都与荀子以"明分使群"来理解的礼义之道的根本精神是一致的。戴震"以情絜情"的提法，更是与《荀子·非相》"以人度人""以情度情"的说法极为相似。戴震等人在以情、欲的人际协调原理看待礼义上面与荀子甚为一致，但在进一步如何理解和具体规定这种协调原理上面，戴震等人对于荀子的思想有了重大发展。荀子强调"维齐非齐"，在其作为"明分之道"来理解的礼义之中，等级名分的色彩过重。而戴震从"以情絜情"、焦循从"情之旁通""絜矩"、阮元从"相人偶"来规定的礼义（理义），强调了人我对等的平等地位，平等权利的追求和平等关怀的要求凸显出来，是对荀子所论的传统礼义精神的重要现代化改造。最后，戴震以人性之"必然"和"自然"、焦循以"道之分有理，理之得有义"、章学诚用无形无名之"道"等概念来进一步阐发荀子那里由人文理性寻绎出来的作为人欲人情协调原理的礼义，使得礼义之内容在客观世界之超越的依据更为清晰，可以看作是对荀子思想之中天地为礼义创生之本的认识的进一步发展。焦循、章学诚对于道德秩序之起源与演变过程的历史性理解，消除了戴震思想之中尚存的形而上学色彩，是对荀子思想"法后王"主张之中体现的"体常尽变"思想的一种继承与发展。

在成德的路径和功夫的认识上面，戴震等人基本继承了荀子思想由智达德的路向，在具体要求上提出劝学崇礼的途径，亦与荀子礼义积伪的理解甚为一致。相对而言，戴震、焦循更为重视心知的作用，强调智德的培养和依据一定原则（"以情絜情""絜矩""格物"）的运用；凌廷堪、阮元更为强调学习具体礼仪规范对于人之伦理行为的成就和道德性情的转移作用。这两个方面内容本来均为荀子所有，戴与焦、凌与阮于此各有侧重，就其思想的整体而言，他们各人的论述反而不如荀子全面和均衡；但就具体方面来看，他们的论述相较荀子的论述有了重大的拓展和细化。就对于从"可道"到"守道"、由"知"到"行"的道德实践过程的理解来看，荀子强调伦理行为必以明确、客观的道德理性认识为先导，又必于行为的具体实践之中才算最终完成。戴震、章学诚为代表的乾嘉思想家也继承了这两个方面的理解，前者以戴震去私必先去蔽、重行必先重知的理解以及凌廷堪"以礼代理"思想中对于道德客观性的强调为代表；后者以章学诚性命非可托于空言、道因器而显、官师合一等主张和阮元仁"必于身所行者验之而始见"等思想为代表。不过，戴震、章学诚等乾嘉儒者重视道德认知、道德践履，具有批判宋明理学影响之下以闭户独坐、体验心性即为道德践履的错误做法的针对性。正因有宋明理学在前，戴震、章学诚等人在道德践履之"知""行"环节的相关要求和理解较之荀子思想更为明确和具有了新意。分别说来，乾嘉儒者在"知"的环节，突出了对于道德认知之客观性的寻求；在"行"的环节，则重视道德践履的行为效果的实现；两个方面又都与其经世的追求密切呼应。

最后，章学诚在论述伦理、政治秩序的起源和演变时，对于此一过程中圣人与天道的关系（参天道以为人道的历史地位），圣人与众人的关系，历代圣王之间的关系，经典的性质与价值等历史、文化哲学问题的阐发，与荀子对于圣王之创制的理解、"法后王"的思想具有一种继承与深化、完善的关系。章学诚将天道运行之"自然"比作车轮，将圣人创制的代表人类应付天道而满足自身各种需要的文明施设之"不得不然"看作是轨辙，较好地说明了圣人参天道以为人道过程之中的人的主体性创造与天道的客观制约之间的关系，是对荀子相关思想的明确和深化。章学诚又论述了社会政治秩序之起源与演变的社会历史性质，强调其是以历代圣王为代表的众多历史人物之共同创造和推动的结果。与荀子的圣王创制思想相比较，在章学诚的理论之中，普通百姓在历史发展之中的地位得到更多的肯定，人类道德与文明秩序的起源和演变的具体历史过程也得以合理地阐明。此外，章学诚的"六经皆史"命题包含着重视当世之典章制度的思想因素，与荀子"法后王"的主张也是一脉相承的。

戴震、章学诚等人与荀子思想交涉的具体情况如上，但是他们对于自身思想与荀子思想的这种关联并无如此明晰的自我意识。不过就着这些人物之间的思想发展而言，他们对于荀子思想的认识水平以及自身思想与荀子思想关联的自觉程度均在不断地提高。戴震虽然认为荀子人性理解之中有性善的倾向，且肯定荀子善言学，但是严厉批评荀子以性为恶有同于程朱理学的气质，以礼义为外于性有类于程朱理学之天理，所以他将荀子与宋明理学联接起来进行批判。其中戴震确有见于自己思想与荀子思想的不同，但是其对荀子思想理解的不足以及尊经、尊孟的传统思维制约了他更多地发现荀子思想与自己思想更为重要的在基本理路上的一致倾向。而章学诚的六经皆史的理解使得他能够突破狭隘的经学立场，主张孟荀思想各有侧重，可谓殊途而同归。故而其论伦理政治秩序之起源与演变的历史过程以及此中圣人参天道以为人道的地位、圣人与众人的关系等内容，虽未提及荀子，但实颇有取于荀子思想而予以发展的地方。焦循思想私淑戴震，而又能有取于章学诚，论学主张"一贯忠恕"而十分包容，其于荀子思想实有更多的贴切见解。所以其作《孟子正义》不像戴震《孟子字义疏证》那样联接宋明理学与荀子而并致批评，而是认为，荀子所言性恶的论述正可用作孟子道性善的证明，荀子法后王的理解正如孟子称尧舜之通变神化。他不过对于"性恶""法后王"的言词表达略致不满而已，在一定程度上对于荀子能够越其言表而体其实意。凌廷堪更是作有《荀卿颂》，从崇礼的方面极力表彰荀子，其仁、义、道、德隐微难言必依附于礼乃能正确发显的主张是对荀子崇礼思想的重大补充和发展。以此数人的情况为代表，可见乾嘉思想家对于荀子的认识和肯定及自身思想与荀子思想的关系的自觉是越来越充分了。

以上所述乃为本书之粗浅看法，有些观点初步提了出来，但具体深入的论证仍然有待来日。戴震、章学诚及戴震后学焦循、凌廷堪、阮元等人为乾嘉时代最具思想性的五大家，本书深知对于他们思想的把握仍然十分局限，更不用说对于他们之外的乾嘉思想学术的整体面貌的深入认识。以后的研究工作，笔者当从几个方面继续深化和扩展：一是深入进行戴震、章学诚、焦循等乾嘉思想家的个案研究，在对个人的整体思想有一全面理解之后，再来看待他们与荀子思想的关涉；二是扩充考察乾嘉思想学术的一般面貌，以图对乾嘉思想学术的整体精神、多种样态等问题有一更深把握，然后以此整体认识帮助重新定位戴震、章学诚等人的思想学术；三是纵贯考察宋元明清以来思想学术之演变及其中荀子学研究的发展状况，梳理荀子思想学术的历史命运与宋元明清思想学术发展之间的关联。有此几步的深入工作，对于戴震、章学诚等人与荀子思想的关系的理解才为有了十足充分的基础。当然，这些工作只能留待以后了，此处提出目标作为自我努力的方向。

附　　录

一　戴震与荀子之思想关系研究综述

戴震的哲学思想虽然以重返六经、孔、孟为旗帜，并以对于《孟子》进行疏解的形式阐发出来，但自其诞生不久起，就不断有学者指出其与荀子思想的相似，20世纪以来学者对于戴震与荀子之思想联系的辨析更是十分丰富。本书拟就天道观、人性论、礼义观和功夫论四个方面对于已有的关于戴震与荀子思想关系的论述做一番梳理，并对已有的研究给出自己简单的评论。

（一）"气本论"脉络下的天道观："分理"学说与"天行有常""天人相分"

中国古代哲学一向的探讨重心落在了人道的领域（人性论与伦理学），而天道论（形上学或本体论、存在论）则相对居于次要和从属的地位，后者一般是作为前者的依据和基础来为前者的论述服务的。戴震与荀子都是典型的中国古代哲学家的代表，在他们的理论论述之中亦是人道观重过天道论的内容，由此导致后来学者对于二人思想联系的阐发亦是如此，因此关于戴震思想中的天道观与荀子天道观之联系的考察相较二人在人性论与道德论上的联系所获得的关注显得远为薄弱。

大陆学者在马克思唯物主义哲学视野下的研究，一般都把戴震与荀子放在同一个唯物主义的传统下看待，认为他们都是"气本论"者①。

---

① 参见张岱年《中国唯物主义思想简史 从周秦到明清唯物主义思想的发展》，中国青年出版社1957年版；参见张岱年《中国唯物主义思想简史》，中国青年出版社1981年版；参见张岱年主编《中国唯物论史》，河南人民出版社1994年版。

这一认识大致不错，但鲜有人就此比较戴震与荀子的相关论述，具体探讨戴震之"气本论"与荀子之"气本论"的联系和区别。可见的关于戴震天道观和荀子天道观联系的具体论述，反而首先是由台湾的韦政通做出的。其言曰："东原说'道，犹行也；气化流行，生生不息，是故谓之道'，这是把'道'看作客观运行的规律，与荀子'天行有常'的天道自然观相同。"① 这是韦氏提出的有关"东原思想与荀子思想相同或相似之处"的几个例子之一。不过，韦氏又说，"这些未必是东原承袭于荀子，二人在心态上都表现为认知心，心态相同，许多类似的观念是可以独自发展出来的"②。他的论述十分谨慎和节制。如果说韦政通尚只指出戴震与荀子对于自然的运行（天道）有其一定规律的一致肯定，田富美则注意到在对于作为世界运行客观规律的"理"或者说"常"③ 的具体意涵和求取方法的认识上戴震与荀子更进一步的契合。关于这点，田富美讲道："'气'不再是理气二分之下与'理'相对，甚或具负面的意义；'理'或'道'不再是先设、圆满且绝对神圣的概念，由经验事实的角度来论'道'说'理'，成为大多数清儒的共同立场。"④；而同样地，"荀子所论的'道'，则是由人们潜存的'欲善'意识在实有的现象、经验世界中所寻绎出的普遍规律或准则"⑤；两相对比，戴震等人"在气本论的脉络下，透过训诂考证的方式，解'道'为'行'、为'大路'，依此而引申出'道'的概念，乃是就实体实事所遵循的普遍规律而论，强调本诸经验事实的行述中探究'道'，这样的思考理路，无疑是具有强烈的荀学倾向的"⑥。这样的认识是十分确当的。

---

① 韦政通：《中国思想史》下，水牛出版社1989年版，第1432—1433页。

② 同上书，第1432页。

③ 在荀子那里讲"天行有常""体常而尽变"，在戴震那里则讲"有物有则""循之而得其分理是谓常"，两者讲的都是事物的"不易之则"。

④ 田富美：《清代荀子学研究》，博士学位论文，"国立"政治大学中国文学系，2006年，第162页。

⑤ 同上书，第163页。

⑥ 同上。

与韦政通、田富美的关注角度不同，马积高和储昭华着重从"天人相分"及其背后"明分"的思维方式来谈论戴震与荀子思想在天道、天人关系理解上面的联系。

在天人关系上，马积高说"戴震在表面上亦与荀子不同"，因为戴震的论证方式总是"自人道溯诸天道，自人之德行溯诸天德"的天人合一论，认为"仁义之心，源于天地之德者也，是故在人为性之德，斯二者，一也"。（《原善》）但是戴震又以气化生生而有条理来理解天道，"可见其所谓天道，只是一种自然规律，并非神的意志的体现。这在一定程度上继承了荀子的'天行有常'的观点，只是他以人道傅会天道，与荀子坚持天人相分不同"①。马氏认为，虽然戴震主张"气化生生而有条理"与荀子"天行有常"一脉相承，但其"天人合一"的理解与荀子"天人相分"不同。的确，戴震更多地强调人道秩序与天道法则具有一致的关系；而在荀子那里人道之礼义秩序则被认为是圣人之积伪，人道似乎更多的是人类社会的一种建构。冯友兰表达过与此相同的见解："东原与荀子不同者，荀子之宇宙论中，无客观的理。礼义道德皆人伪以为人之生活工具者，东原则以为有客观的理，礼义道德皆此客观的理之实现。"② 冯氏认为戴震之礼义道德皆客观宇宙之理的实现，而荀子之礼义则全属人为建构，而不是从宇宙客观之理而来。其实，荀子关于礼义也有过"天有常道，地有常数，君子有常体"③，"礼有三本：天地者，生之本也"④，"夫义者，内节于人而外节于万物者也"⑤，"天地以合，日月以明，四时以序，星辰以行，江河以流，万物以昌，好恶以节，喜怒以当，以为下则顺，以为上则明，万变不乱，贰之则丧也。礼岂不至矣哉"⑥ 等这样的论述，也即礼义在荀子那里同样具有天地秩

---

① 马积高：《荀学源流》，上海古籍出版社 2000 年版，第 306 页。
② 冯友兰：《中国哲学史》，中华书局 1961 年版，第 1007 页。
③ 《荀子·天论》。
④ 《荀子·礼论》。
⑤ 《荀子·强国》。
⑥ 《荀子·王制》。

序的意义和依据。① 这其实也是一种"人道"与"天道"的合一。荀子思想之中，在天人相分的主张之外，也有天人合一的认识，它与戴震以天道为人道奠定依据的做法同样都是一种"天人合一"论。另外，戴震的论述虽然是以"天人合一"的思维模式为主体框架，但是他也有关于"人道"与"天道"之区别的明白认识，如"夫人之异于物者，人能明于必然，百物之生各遂其自然也"②。荀子亦有关于人与物之区别的许多深刻认识，如指出人有"辨"、有"分"、有"义"。二人具体论述不同，但就其能够指出人道与天道存在区别而言，二者都有着对于"天人相分"的明白认识。最后，荀子的"天人相分"不过在于强调天道自然，天并不直接干涉和主宰人世之祸福、治乱。通过指出天、人各有自己的职分、作用范围，从而为人类发挥自己的主体性划出自己的领地以为保障和激励③，这在荀子的时代具有重大的积极意义。到了戴震的时代，荀子"天人相分"所针对的问题即使不能说没有了，也已远远失去了其重要性，因此戴震的理论意识里并没有要处理它的必要性。但是如果以荀子此种意义的"天人相分"主张来询问戴震，戴震必会乐意地加以承认和揄扬。因此，并不存在冯、马二位所言戴震"天人合一"与荀子"天人相分"两种主张之间实质的不同，戴震与荀子二人的认识不过各有侧重而已。

　　储昭华选择戴震作为荀子思想在后世之影响的一个例证，特别从

---

　　① 可以这样理解，在荀子那里，礼义虽然是社会人群的一种历史建构，但亦具有其天地秩序之形上依据。圣人积伪而成礼义，但圣人不是随意地创造了礼义，而是根据天地之秩序，参酌人类社会之需要而建立起人类之礼义秩序。戴震只从"本质"的意义上论礼义之来源，所以其由人道上溯天道。荀子既从"本质"的意义来论礼义之依据，亦从"发生"的意义上论礼义之起源，所以其圣人之积伪应理解为许多人文先哲之不断的历史文化创造的积累。二人之异同、短长尚大可论述。

　　② （清）戴震：《孟子字义疏证》，载《孟子字义疏证》，何文光整理，中华书局1982年版（2009年重印），第16页。（中华书局将戴震的主要哲学著作，如《法象论》《原善》《孟子私淑录》《绪言》《孟子字义疏证》《与彭进士允初书》等，结集为一册，仍以"孟子字义疏证"为名，作为理学丛书的一种予以出版。）

　　③ 相关论述亦可参见田富美《清代荀子学研究》，博士学位论文，"国立"政治大学中国文学系，2006年，第15页。

"分理"说方面论述了戴震与荀子的思想关系。他注意到,"在继承理学有关理有分殊的思想基础上,戴震也批判了理学赋予理的抽象普遍性的缺陷,进一步贯彻发展了分殊方法,提出了分理的主张"①,而且戴震的"这些思想无论是在具体概念的表述上,还是思想内容本身,都与荀子思想有着相当的一致性,虽然按照戴震自己的表述,是从'六经'的'有物有则'出发提出其'分理'之说,但显然也不能排斥同时受到荀子的启发与影响因素,而且实质上也是对荀子思想的一种发展"②。这向我们提示,戴震以"分理"取代"天理"背后的思维方法和荀子"明分"的思维方法是一致的。储氏揭示荀子"明分"的方法论,特别重视其哲学、伦理学的意义,尤其与现代民主政治的自由、权利概念之间的联系。相应地,他也注意到戴震的"分理"学说所具有的为接引现代科学③、平等、自由等价值奠定理论基础的作用。储昭华关于戴震"分理"说与荀子"明分之道"的一致关系的论述,实属创见,给笔者以极大的启示,其中大有可以进一步具体发掘论述的空间。

(二)人性论:"血气心知"与"以心治性"

从浅层的语言表述来看,戴震主张性善论,荀子主张性恶论,二者之间似乎不可能存在什么联系。但是历来的学者却注意到戴震深层哲学思想中对于人性的认识,无论是人性的内容还是性善的证成,与荀子的相关思想都具有一种高度的近似关系。对于戴震思想这一方面的特征,其同时代的学者已有所揭示。他就是"与东原交垂三十年,

---

① 储昭华:《明分之道——从荀子看儒家文化与民主政道融通的可能性》,商务印书馆2005年版,第321页。

② 同上书,第323页。

③ 储教授对于戴震"分理"说的积极意义,引用明清哲学研究专家吴根友教授的观点加以说明,赞同其所言"戴震的'分理'说实际上为中国的现代科学研究活动提供了理论的解释与前提","开始体现出现代思维中分门别类的科学分析精神和理论体系的特点"(参见吴根友《中国现代价值观的初生历程——从李贽到戴震》,武汉大学出版社2004年版,第281页)。

知东原最深"①，被有的学者称为"戴震哲学的一位知音"②的程瑶田。进入 20 世纪以来，更是不断地有学者指出，戴震的人性理解之中有同于荀子性恶论的因素，或是荀子的心性论说之中亦有近于戴震性善论的认识，或是戴震的人性论以荀子为主而综合了孟子和荀子二人的思想，总之认为戴震在人性论上的认识颇有同于或近于荀子的地方。

作为戴震挚友的程瑶田并不完全赞同戴震的哲学，他说道："今之学者动曰'去私''去蔽'。余以为，'道问学'其第一义不在'去私'，致知之第一义亦非'去蔽'。盖本不知者，非有物以蔽之；本未行者，非必有所私也。若五金然，其性有光，能鉴物，是'明德'也；铄之，煎之，锻之，范之，鑪之，厉之，是'明明德'也。鉴受尘则拭之，有垢则磨之，是'去蔽''去私'也。……问学之事，崇德一大端，大之大者也；修慝亦一大端，所以辅其崇德，大之次者也。今之言学者，但知修慝为大端，认修慝为即以崇德，其根由于不知性善之精义，遂以未治之身为丛尤集愆之身，虽亦颇疑于性善，及其著于录也，不能不与《荀子·性恶》篇相为表里。"③此处以为，通过正面的格物、致知功夫求取事物之理，然后以诚意、正心的功夫使人之造意、发心皆能与此事理相符，才是真正的"'道问学'以'尊德性'"的功夫；戴震不讲通过格物、致知的"道问学"功夫以"明明德"，是不晓性善之精义，而大倡"去私""去蔽"，是以未治之人性为恶，与荀子性恶主旨相近，就如同医生只知已病后的针砭之术而不知无病之时的养生功夫。这是通过功夫论的主张逆推人性论的理解，因为一定的功夫论主张背后是一定的人性论的预设。程瑶田以为，戴震在功夫方面"去私""去蔽"主张的背后蕴含着一种类似荀子性恶的思想因素。

---

① （清）程瑶田：《程瑶田全集》三，陈冠明等校点，黄山书社 2008 年版，第 316 页。

② 方利山、杜英贤：《戴学纵横》，中国文联出版社 1999 年版，第 22 页。

③ （清）程瑶田：《程瑶田全集》一，陈冠明等校点，黄山书社 2008 年版，第 31—32 页。

　　钱穆更是严词深辨戴震之"性善"宗旨与孟子的"性善"绝不相同,而实无异于荀子之"性恶"。戴震以"血气心知能底于无失"为性善,而孟子以人具仁义礼智四端之心以显人之性善。钱穆认为,"决不能即以口之于味、目之于色、耳之于声、鼻之于臭、四肢之于安佚之能知其限而不踰以底于无失者,谓即恻隐、羞恶、辞让、是非之心也","又不能以声、色、臭、安佚之能知其限而不踰以底于无失者,为即爱亲敬兄之本也"。他又说,"孟子明以耳、目、口、鼻、四肢与仁、义、礼、智分说,而东原必为并成一片,谓性即味、色、声、臭、安佚之谓,性善即知其限而不踰以底于无失之谓。……孟子书中亦明说两种境界,而东原必归之于一,又不归之仁义,而必归之食色,是东原之言近于荀子之性恶,断然矣"①。所以,"东原之所指为性者,实与荀卿为近,惟东原以孟子性善之意移而为说耳"②。钱穆斩截地指出戴震的性善论证与孟子性善论证绝不相同,但是他只能有限肯定戴震理解的人性的内涵近于荀子性恶思想,尚未能意识到戴震的人性主张与荀子的人论从性善的理解方面亦可沟通。

　　首先发现戴震人性论与荀子思想关系的上述面向的是容肇祖。容肇祖指出,戴震认为荀子"涂之人可以为禹则然,涂之人能为禹未必然也。虽不能为禹,无害可以为禹"的说法,"于性善之说不惟不相悖,而且若相发明"③,由此可见在人性论上戴震与荀子也有一致之处,他们都有某种性善的认识。④

　　美国汉学家倪德卫,在辨析了戴震的性善论与孟子的性善论的不同实质之后,进一步指出戴震在性之善恶的理解方面实则有同于荀子的人论主张。戴震通过疏解孟子的性善来讲述自己的性善理解。他全然接受了《孟子》之中"礼义之悦我心,犹刍豢之悦我口"和"圣人先得我心之所同然"的说法。倪德卫发现戴震虽然引用了孟子的话语,但实际上戴震和孟子对于"悦"的理解是不同的。倪氏说道:

　　① 钱穆:《中国近三百年学术史》上,商务印书馆1997年版,第401页。
　　② 同上书,第399页。
　　③ (清)戴震:《孟子字义疏证》,何文光整理,中华书局1982年版,第31页。
　　④ 容肇祖:《容肇祖集》,齐鲁书社1989年版,第699页。

"'悦'一词指两种东西。我想戴并未注意两者的区别。（1）它可以指：我的心，像一个感官一样，发现礼义（他人行礼义和我自己行礼义）本身是妙味的（delicious）。（2）它也可以指：我考虑人们可以采取的行为方式，并认识到，我们所有人都接受有秩序的行为规则，由此：我们每个人得到的一份平均的好处要大于不接受之而得到的好处，并且，没有忧虑地，这种好处会给我对我能过的生活的最大满足；明白这一点，我就会许可这样做；对牵涉到许可的活动，我会有一种好的或正面感觉；这样，我就"喜欢"之。[①] 倪德卫肯定孟子说的是第一种意思，但戴震的意思应该更接近第二种。因为在《孟子字义疏证》"理（九条）"中戴震有过这样的认识："耳目口鼻之官，臣道也；心之官，君道也。臣效其能而君正其可否。理义非他，可否之而当，是谓理义。"[②] 这种理解同荀子的认识是完全一致的。所以，倪德卫认为"虽然他（戴震）的语言都是孟子的语言，但是，他确实用荀子的方式奠基道德的基础"[③]。倪德卫的这些判断，实已指出在心能治性的意义上戴震和荀子的主张都是某种意义的性善论。

更进一步对于戴震的人性论与荀子思想的相近关系做出全面揭示和理解的是储昭华、刘又铭和田富美。

储昭华认为，戴震的人性论是对于荀子相关思想的继承和完善。首先，戴震肯定人之自然的情感欲望本身并不是恶，只是流为私才成恶，"这一立场与荀子的一致性可谓显然"[④]。其次，戴震的人性论将荀子的情欲和心知合为一体来论"性之全体"，"这不只是扩展了性的内涵或者说使性的内涵更为全面而明晰，也由此出发按照荀子本身的理路逻辑纠正了荀子思想中的矛盾或缺陷，实现了对荀子思想的发

---

①　[美]倪德卫：《儒家之道：中国哲学之探讨》，[美]万白安编，周炽成译，江苏人民出版社 2006 年版，第 333 页。

②　（清）戴震：《孟子字义疏证》，何文光整理，中华书局 1982 年版，第 7 页。

③　[美]倪德卫：《儒家之道：中国哲学之探讨》，[美]万白安编，周炽成译，江苏人民出版社 2006 年版，第 334 页。

④　储昭华：《明分之道——从荀子看儒家文化与民主政道融通的可能性》，商务印书馆 2005 年版，第 324 页。

展和超越"①。在戴震那里，礼义既是调节、规范人的欲望感情的必然准则，同时又不违离"血气心知"的人性之自然。储氏认为，通过这一改造重构，戴震的人性论，"从字面上看是反对荀子的性恶论、推崇孟子的性善论，而实质上是按照荀子的思想原则和趋向，即关于人的自然欲求的正当性、合理性的肯定以及从人性出发来确立、解释价值世界的思想立场和原则，并以此清除了孟子理论中由于对通过道德修养追求自我完善的过分推举而导致的对人的自然本性欲望、对现实之利的遮蔽和压抑之'偏蔽'"②。

刘又铭认为荀子哲学潜藏着一种性善的理解，明白指出戴震的性善观即是这种荀子形态的性善观。刘又铭借用傅伟勋"创造的诠释学"方法，重新"在'蕴谓'层次发现并建构一个比较具有积极意义比较能被接受也可能更合乎荀子本意（虽然他实际上不曾意识到）的'人性是善'的人性论"③。他认为"从'蕴谓'层次来看（这点是必须再一次强调的），荀子的'性'，就其表现或作用的内涵来说，可以扩大地包括'情——欲'与'心知'两个方面"。接着他便从"情——欲"和"心知"两个方面及其相互作用来论述荀子的"性善观"的体现。刘又铭认为，人性"其中'情——欲'部份一般处在混沌的不见有善的状态，如果没有'心知'进一步活动的介入，便将逐渐走向混乱失序（这正是荀子在'意谓'层主张性恶的原因）；可是就在这个'情——欲'的混沌状态里面，其实已经蕴藏着一个可以使种种欲望、情感的冲突达到'本末终始莫不顺比'的潜在的礼义秩序，这个潜在的礼义秩序跟'情——欲'的混沌状态是兼容相涵的关系，而不是紧张相斥的关系。这里，这个内在地潜存于人的'欲'与'情'当中的'礼义秩序'便是荀子性善观的基本面"④。这是从人之情欲内涵一定的律则和秩序来讲人性善。刘

---

① 储昭华：《明分之道——从荀子看儒家文化与民主政道融通的可能性》，商务印书馆 2005 年版，第 322 页。

② 同上书，第 325 页。

③ 刘又铭：《从"蕴谓"论荀子哲学潜在的性善观》，载《"孔子与二十一世纪"国际学术研讨会论文集》，（台湾）政治大学文学院，2001 年，第 50—77 页。

④ 同上。

又铭又对荀子的"心知"做了新的理解。他不同意牟宗三等人将其断为"逻辑思辨"和"知性层的认识心",认为"就'心知'来说,除了一般的认知、思虑的功能外,它还具备了一种(跟孟子不一样的型态)非通透性的'依他型'道德直觉或者说道德良知。只不过这个'依他型'的道德良知不能(也许更应该说是不愿意)直接地、通透地对'情——欲'的部分发出道德律令。事实上它跟一般的认知、思虑作用以及'情——欲'的部分都是相依相涵的辩证关系。它必须依赖认知、思虑的操作性配合,在后者的帮助以及它自己的直觉认知下,才能找出足以调节、安顿情感和欲望的内在准则——也就是潜存在情感和欲望之内的'礼义之道',然后进一步做出意志的抉择和遵行。这里,这个蕴含在整体的'心知'当中,而跟心的认知功能相依相涵地综合为一的'依他型'道德良知可说就是荀子性善观的积极面"[①]。这是说,荀子之"心知"同样具有道德价值意识。经此两方面的判定,刘又铭主张"在荀子的'蕴谓'层次里面确实包含着一个性善观——一个荀子所不曾意识到却又是十足荀学性格(而非孟子型态)的性善观"[②]。

刘又铭指出,"上述这样型态的性善观并不是一个孤立的例子。在儒家哲学史上,我以为最能充分表现、彰明这种型态的性善观的是戴震"[③]。戴震以"血气""心知"论性,刘又铭说,"单单从这里已经可以看出,他的人性论的基本间架跟我们上面所论荀子在蕴谓层的人性论是极为相同的"[④]。他进一步主张,"从相同的起点出发,戴震进一步发展出相同的理路:一方面,正如一切天地、人物、事为之中皆有其内在的一个个的自然的'分理'一样,在人的种种欲、情之中也都有其作为'自然中的必然'的内在的理义,事实上欲、情的'不爽失'就是'理'的所在;另一方面,人的'心知'先天就具备

---

①　刘又铭:《从"蕴谓"论荀子哲学潜在的性善观》,《"孔子与二十一世纪"国际学术研讨会论文集》,(台湾)政治大学文学院,2001 年。

②　同上。

③　同上。

④　同上。

辨知理义、爱悦理义的本能，这种本能起初可能处于蒙昧状态，但只要经由问学，都可以进到明智、圣智的状态（显然这也不是孟子道德创造的本心与良知的一路）；以上这两方面，便是他性善论的主要依据"①。对于戴震性善论的此一论证径路，刘又铭说："这跟我们前面就蕴谓层重建荀子人性论所采取的进路是完全一样的。"②

田富美的理解与刘又铭基本一致，但一些结论下得更为谨慎。田富美以为，"在荀子心性论的架构中，被纳入人性内涵的人欲人情虽可能导致'恶'的结果，但另一方面，人欲人情中亦隐含了对现实生活事物各得其宜的内在要求；而潜在着欲善的心知，透过后天实践中的锻炼，便可妥帖的处理人欲人情以合乎稳定秩序的准则，这即是道德实践的基础"③。刘又铭以为，在荀子那里，人之情、欲之中已经内涵一定的律则和秩序；田富美仅言，人欲人情隐含一种对事物求得合宜的要求，并未肯定这种合宜的律则和秩序即内在于人之情欲当中。田富美对于荀子的这种理解显然更为妥当。至于肯定荀子思想中人的心知具有知善、欲善、行善的能力，田富美则与刘又铭基本没有差别。而关于戴震的人性论，田富美认为，戴震以"血气心知"作为分于阴阳气化的"性之实体"，将欲、情、知三者列为其基本内涵；在此人性内涵的理解上，戴震从人欲人情中本有内在的理义与心知能辨认、悦慕理义两个方面证成一种性善的理解。田富美对荀子的认识和其对于戴震的认识二者相较，其心目中的戴震人性论与荀子心性论之近似关系不言而喻。

以上所述乃是认为戴震的人性论近于乃至同于荀子的心性论的一些主张。还有一些学者认为，戴震的人性论乃由调和孟、荀思想而来，但基本底色还是荀子式的，如章太炎、冯友兰、韦政通、马积高、郭齐勇、刘仲华等。

---

① 刘又铭：《从"蕴谓"论荀子哲学潜在的性善观》，《"孔子与二十一世纪"国际学术研讨会论文集》，（台湾）政治大学文学院，2001 年。

② 同上。

③ 田富美：《清代荀子学研究》，博士学位论文，"国立"政治大学中国文学系，2006 年，第 184 页。

胡楚生以为，近世以来，"讨论戴氏之学，目光如炬，深刻而能中理者，则当推余杭章太炎先生为最早焉"①。关于戴震与荀子思想的渊源，太炎先生也是先发其秘。在《释戴》篇中，章太炎设问而自作回答："戴震资名于孟子，其法不去欲，诚孟子意耶？章炳麟曰：长民者，辅万物之自然，而不敢为，稍欲割制，而去甚、去奢、去泰，始于道家。儒法皆仰其流，虽有稍易，其致一也。虽然，以欲当为理，莫察乎孙卿。孙卿为《正名》一首，其言曰：'凡语治而待去欲者，无以道欲，而困于有欲者也。……'极震所议，与孙卿若合符。以孙卿言性恶，与震意拂，固解而赴《原善》。夫任自然者，则莫上老聃矣。寄于儒名，更宾老聃，以孟轲为冢子，斯所谓寓言哉！"② 大抵章氏认为戴震主张"欲不可绝，欲当即为理"与荀子所论完全符合。他甚至认为戴震《原善》之作乃是对荀子性恶有所不满而试图扬弃之。他亦指出戴震的哲学著作依托孟子之名，是一种"寓言"的写法。

冯友兰在其《中国哲学史》中论戴震的一节专辟一目"东原与荀子"，对戴震思想与荀子的关系进行了论述。冯说："东原以为吾人之心，不具众理。其中只有荀子所谓'可知之质，可能之具'。固需因学以知众理而实行之。至于知识既盛，道德既全，吾人之自然皆合乎必然，有完全之发展。此最后之成就，并非复其初。正荀子之说也。"③ 他认为，在肯定心不具理，只有辨知和实行理的能力上面，戴震与荀子是相同的。不过在肯定这一共同点之后，冯又细辩二者之异。"荀子所说之心，实只有知、情、欲三者。所谓知只知利害而不知善恶，后因经验见善能致利，恶能致害，因以知善之为善、恶之为恶。东原虽亦明言吾人之心，只有知情欲三者，而按其所说，则似心除有知外，又能直觉地觉善觉恶。"④ 这是以为，荀子的心知只是知利害的工具理性；而戴震则继承了孟子的一些理解，心知能直接辨知和慕悦理义，

① 胡楚生：《清代学术史研究》，台湾学生书局 1988 年版，第 151 页。
② 章炳麟：《章太炎全集》四，上海人民出版社 1985 年版，第 122 页。
③ 冯友兰：《中国哲学史》，华东师范大学出版社 2011 年版，第 1006 页。
④ 同上书，第 1007 页。

冯将其称为一种觉察善恶的道德直觉能力。不过，冯氏既然认为戴震的心有直觉善恶的能力，又有认识作为客观对象之理义的能力，那么心的这两种作用之间的关系具体如何也应该得到一个说明。

韦政通在《中国思想史》的"荀子"章中论述"荀学的影响"时，专辟一目来讲："清代思想家戴震，他论性论知，显然是荀子的路数，但他并不是单纯的想跟着荀子走，他企图把荀子天生而自然的性，和孟子先天的善性，这两种意义不同的先天之性加以统合，遂产生了一套新的理论，但基本精神，仍是近于荀子而远于孟子。"① 关于戴震企图统合荀、孟，韦政通在戴震的著作中找出两条文本加以证明：一是，"血气心知之性主乎材，天之性全乎善；主乎材者成于化，全乎善者通于命"②；二是，"人有天德之知，有耳目百体之欲，皆生而见乎材者也，天也，是故谓之性"③。他认为戴震所谓"主乎材者成于化"即荀子"化性起伪"之说；"心之明所止，于事情区以别焉，无几微爽失，则理义以明"中之"区以别""无几微爽失"即荀子所说的"辨""中理"。

马积高的看法有类于韦政通，认为在人性论方面，戴震的思想是对孟、荀的一种调和，但是根本精神是归于荀子的。马积高认为，"荀子的性恶论是基于人之有欲。孟子则是撇开人的基本的食色之欲去谈性善。戴氏与孟、荀均不同，他认为欲的合理化即是善，反之为恶。这在形式上是调和孟、荀。但荀子说：'人生而有欲，欲而不得，则不能无求，求而无度量分界，则不能不争。争则乱，乱则穷。先王恶其乱也，故制礼义以分之，以养人之欲，给人之求。'（《礼论》）故从根本上说，戴氏实同于荀子，其区别只在于荀子把'养人之欲，给人之求'的礼义归于圣人之积伪，而戴则归之于圣人因人之自然以归于必然耳"④。他也基本认为戴震的人性论与荀子的人性思想是同中稍有小异。

---

① 韦政通：《中国思想史》上，吉林出版集团 2009 年版，第 342 页。
② 同上。
③ 同上。
④ 马积高：《荀学源流》，上海古籍出版社 2000 年版，第 305 页。

　　关于戴震的人性论，郭齐勇认为："戴震有自然人性论的倾向，在内心更同情荀子（但不标举荀子，而是阳孟阴荀），所谓'血气心知'云云，即肯定人之自然欲望、情感与知识之追求的合理性。戴震的论述是对荀学的发挥，同时也是对孟荀之新的综合。"① 郭氏认为戴震的"血气心知"的人性规定，肯定了人的自然感性的欲求，与荀子一样乃为一种自然人性论的主张。关于戴震与孟子、荀子在人性论上的具体关联，郭齐勇进一步说道："孟子、荀子对人性界定不同，孟子讲天赋于人的善性，人异于禽兽、万物的性，就是四端之心。此性需要扩充。而荀子讲性是本始材朴，好逸恶劳。此性需要改造。但两人讲到最后，殊途同归，都是要人成其为人。戴氏有取于荀子，讲学习、知识的训练和积累，把孟子的扩充，讲成荀子的学习、改造，讲成血气心知之性，这当然是综合孟荀而创造综合。戴震核心思想与孟子有一致处，也有不一致处。最大的一致处是肯定性善；最大的不同是把性善论坐实到现实性上，因此把孟子先天的'性'讲成了后天学习的'性'。"② 在人性的界定和性善的理解上面，戴震的思想都是对于孟荀的一种综合，但从郭齐勇的论述中可以看出，他其实是以为这种综合的结果仍然是较多地接近于荀子的学说。

　　刘仲华著有《清代诸子学研究》，认为"在戴震思想的许多方面，我们都能找到荀子思想对他的影响"③。刘仲华以为，"戴震和荀子都肯定'情''欲'是人性的'自然'"④，而且都认为在人之情、欲产生偏私的时候应该"解蔽"和"劝学"。总之，"戴震论人性、论学的思想显然都是暗承荀子"⑤。另外刘仲华也指出，"戴震认为礼义之善天生即存于人性之中，并不经后天的养成；但是荀子所说礼义与性之间，却要经过'矫糅之功'。戴震因无法撇开性善说，就不得

　　① 郭齐勇：《戴震思想的创获》，载《儒教文化研究》（国际版）第 8 辑，儒教文化研究所编，成均馆大学校出版部 2007 年版，第 100 页。
　　② 同上书，第 106 页。
　　③ 刘仲华：《清代诸子学研究》，中国人民大学出版社 2004 年版，第 279 页。
　　④ 同上书，第 280 页。
　　⑤ 同上书，第 281 页。

不在孟子、荀子之间寻求平衡"①。其观点大致不出以上几位学者所论，亦是认为戴震思想多暗承荀子但又力图在孟荀之间寻得一个平衡。

第三类学者则以为戴震的人性论虽然糅合了荀子思想的一些因素，但是与荀子的心性理解存在不可忽视的差别，甚至是远于荀子而近于孟子的。其中以劳思光、张丽珠、郑吉雄为代表。

劳思光以为，戴震以《礼记》中的"血气心知"来说性之内涵，是"将人与动物相同之能力及其与动物相异之能力，合而视为人之性。……在此意义下，'性'表人之本能之全部"②。由此理解出发，他以为戴震的人性概念与荀子专取动物性为人之"性"的理解不同，戴震的人性概念比荀子多了"理义""心知"的要素。不过劳思光以为，戴震的心知不过是一种能够趋利避害的"智巧"；"又戴氏虽谓'理义'属'性'，然其释'理义'则步步化归于'利害'观念，而又以为'有血气夫然后有心知'，则所谓'性'中之'理义'，并非道德意志或自觉之谓。'理义'不过是人由'心知'或'智'所认知之事实性质及规律，此种性质或规律本身原无善恶可说，而所谓'善'者，即系归于本能之要求——如怀生畏死饮食男女之类，则在戴氏眼中，人之行为在方向上说，皆只顺动物性之本能欲求而动，'智'不过有利于本能欲求之满足"③。有了此种对于戴震的"心知""理义"之工具性的理解，劳思光又折回来认为"戴氏虽反荀子，其眼中之人'性'基本上只属动物本能——但多一智巧而已。此则又与荀子眼中之'性'相近……"④ 总之，戴震与荀子在人性之内涵的认识上基本是一致的，都以动物本能为性。但是以荀子的"心"和戴震的"心知"均为一种"智巧"的看法，在当今的荀子学和戴震学研究者中已经越来越受到批评。

劳思光认为，在人性之内涵的规定上，戴震与荀子无甚根本差

---

① 刘仲华：《清代诸子学研究》，中国人民大学出版社 2004 年版，第 282 页。
② 劳思光：《新编中国哲学史》三卷下，广西师范大学出版社 2005 年版，第 629 页。
③ 同上书，第 631 页。
④ 同上。

异，但是在人性善恶问题上，戴震则与荀子存在根本不同。其言：
"依戴氏所用之语言看，所谓'恶'并非指意志方向，而只指行为效
果。戴氏确以为人之意志及行为之方向，均是本能欲求之满足，但在
戴氏自己的语言中，此种方向不称为'恶'。戴氏既以'不爽失'
'不逾其限'等语说'善'一面，则其所谓'恶'自即通过'爽失'
'逾限'等义定其义。如此，戴氏之说终非'性恶论'。荀子原以种
种动物性本能要求为'恶'，而又以此为'性'之内容，故说'性
恶'；戴氏则未尝以本能之欲为'恶'，故与荀子不同。"① 这是以为，
戴震哲学中的人性之内涵虽与荀子基本相同，但戴震并未与荀子一样
就着情欲之性来言性恶。戴震对于人之血气较之荀子对于人之情欲在
道德实践方面的影响有着更为正面的看法，此种认识确实符合二人思
想关系的实际，不过，由于劳氏不能正面肯定荀子的"心"、戴震的
"心知"具有一种道德价值的自觉意识的涵义，这终究只是其对戴震
的人性论和荀子的心性论关系的不完整的理解。

　　张丽珠认为，在人性论上，"在证明了早期儒家其实颇为重视情
性的郭店楚简《性自命出》、上博简《性情论》出土之前，荀子是最
为儒家熟悉的'以气论性'持论者"，"戴震所主张的'凡以品物之
性，皆就其气类别之'，'舍气类便无性之名'，遂与荀子同具'以气
论性'的近似性"。但她又认为，"唯亦不能据此便略异取同地径说
两人性论即同"②。对于荀子的性恶论，张丽珠将其具体理解为一种
"欲恶"的立场——"荀子的'性恶'说，严格说起来，'恶'的部
分是'欲'"，因而她认为荀子论性不涵礼义而以善为外铄。而戴震
的性概念则不仅包括血气情欲，还涵盖"理义"，张丽珠以为"就其
'礼义为性'的部分而言，不但清楚地说明了他主'性善'的立场，
也可见他即以此而殊异于荀子"③。总之，"戴震虽然和荀子同样从气
性出发，但却与荀子不承认人具有道德创造性、否认人有超越的道德

---

① 劳思光：《新编中国哲学史》三卷下，广西师范大学出版社 2005 年版，第 631 页。
② 张丽珠：《戴震与荀子思想之歧异》，载庞朴主编《儒林》第四辑，山东大学出版
社 2008 年版，第 319—320 页。
③ 同上书，第 323 页。

本心的理论结构，具有本质上的殊异"①。张丽珠此处的表达似乎认为，戴震承认人具有道德创造性，而且是在肯定人具有超越的道德本心的意义上承认的，实际上戴震从孟子那继承下来的"礼义为性"的说法绝不可以被理解为对于一种超越的道德本心的肯定。另外，张丽珠认为荀子不承认人具有道德创造性的理解无论如何也是不能成立的。相反，荀子与戴震都承认人的道德创造性，但都反对在超越的道德本心的意义上讲这种道德创造性。所以，张丽珠所谓，在人性理解方面，戴震和荀子"两人之殊异不容抹杀"的认识根本不能成立。

张丽珠赞同戴震批评荀子"视性与礼义隔阂不可通"的说法，这其实也是她论述戴震与荀子在人性论上的不同的依据。但仅依据戴震的自我理解来讨论戴震与荀子的思想关系，使得张丽珠未能注意到戴震错会荀子的思想并对自身与荀子的关系缺乏自觉甚至产生错误觉解的可能性。其实，戴震对于荀子的理解和批评是可以重新讨论的。我们可以而且应该把戴震与荀子思想上的客观联系与戴震自身对此的觉解区别开来。

郑吉雄是又一位强调戴震的性善论与荀子之性恶论差异的学者。他认为，戴震的思想虽然在某些方面与荀子更为一致，但是在性善论上却与荀子的人性论存在重大的差别。不过，他将此视作是东原思想的局限。他说，"东原宁可放弃与其思想可能更为一致的荀子儒学理论，为了坚持'性善论'而转为疏证《孟子》（用章太炎《释戴》之说），就很显明地显示出他的理想性和局限性：他其实一方面仍然顺着宋明理学家的主流思想，坚持了《孟子》'性善'的理念，而在另方面阐发了理学家未尝阐发的情欲、尊卑、分殊、血气心知等新观念，甚至引导出诸如'平等'之类的新价值。甚至也许在东原的论著中，还存在许多有待发掘的启发性观念"②。郑吉雄从其自身理论立场出发，以为"如果我们站在那些不需要'性善论'支撑的当代

---

① 张丽珠：《戴震与荀子思想之歧异》，载庞朴主编《儒林》第四辑，山东大学出版社 2008 年版，第 315 页。

② 郑吉雄：《再论戴东原思想中的"理""欲"问题》，载《戴东原经典诠释的思想史研究》，台大出版中心 2008 年版，第 146—147 页。

知识领域的立场看，'性善论'是有其理论上的限制的"①。所以他认
为，戴震对于孟子及宋明理学家的"性善"观念的坚持，其实是对
于戴震更大更多的哲学发挥造成了牵扯。郑吉雄说："就东原自身的
思想体系而言，他其实已注意到权力倾轧、种族异同所形成的政治、
社会黑暗面的问题。他大可以选择径入荀子的理论范畴，进而对于人
性多层次的阴暗面做出更为深刻的探讨和思考，并作出和'性善论'
不同、但可以互相参校的整体理论。然而，他最后却选择了和他所反
对的宋明理学家一样的立场，将自己约束在'性善论'的框架中，
同时又选择和程朱理学展开激战。这反而使他始终无法以适切的态
度，针对人类心性之'恶'和社群集体之'恶'提出分析和解决办
法，并建构一套崭新的思想。"② 这即是说，戴震一方面认识到强者、
尊者总是挟权势借"天理"之名遂行个人私欲现象的普遍存在，批
评宋明理学家之"天理"的实践成为现实中的"意见"的强加，但
是戴震却只为其在哲学理论上寻找到认识方面的原因，所谓"夫以理
为'如有物焉，得于天而具于心'，未有不以意见当之者也"；"苟舍
情求理，其所谓理，无非意见也"③，故而亦只是侧重在"道问学"
的方面给出解决的办法。郑吉雄似有意以为，强者、尊者的以"意
见"当"天理"恰正是人性之恶的一种表现，戴震未能认识及此，
未能对这种人类心性之"恶"与社群集体之"恶"给出更为有效的
解决办法，这是他受制于"性善论"立场的原因。总之"如果东原
真能发展'性恶'说的精髓，也许他的思想将有更强的现代性意义
与贡献"④。郑吉雄对于戴震的此一批评为一般的戴震学研究者所未
见，其是否能够成立仍值得进一步探讨，但是其启发性意义不容
忽视。

　　劳思光、张丽珠和郑吉雄强调戴震在人性论上与荀子思想的差

　　①　郑吉雄：《再论戴东原思想中的"理""欲"问题》，载《戴东原经典诠释的思想
史研究》，台大出版中心2008年版，第147页。
　　②　同上书，第147页。
　　③　（清）戴震：《孟子字义疏证》，何文光整理，中华书局1982年版，第5页。
　　④　郑吉雄：《再论戴东原思想中的"理""欲"问题》，载《戴东原经典诠释的思想
史研究》，台大出版中心2008年版，第148页。

异。他们都认为戴震未尝与荀子一样主张性恶，但是对于其评价或中立、或正面、或负面，很不一样，这又与他们对于戴震、荀子各自思想的具体认识和自身的哲学理论立场的不同有关。我们虽不必接受他们的结论，但这提示我们需要在准确理解戴震与荀子各自的人性思想之后，再来认真研讨戴震思想在人性论上面与荀子思想的具体联系，然后才能妥当评价戴震思想相对荀子思想的发展及其得失。

（三）礼义观与功夫论：学以去蔽、恕以去私与劝学崇礼

目前学者对于戴震与荀子思想关系的探讨，在天道观方面略显不足，在人性论上意见较为集中但却难以统一，至于在礼义观与功夫论方面的认识则比较一致。大多数学者认为，在礼义观和功夫论上，戴震的思想大体是近于荀子而远于孟子的；当然亦有一些学者强调了二者的差异。

第一类学者注意到戴震在礼义之性质的理解和践行礼义之功夫主张方面对于荀子思想的继承与发展，认为二者的基本精神是相似、相通的。

程瑶田即是首先注意到戴震"去私""去蔽"的修养方法论，然后才由此而上溯其人性论，揭示戴震思想与荀子主张的相似。

章太炎在《释戴》篇中，自己设问而自作回答："戴震资名于孟子，其法不去欲，诚孟子意耶？章炳麟曰：长民者，辅万物之自然，而不敢为，稍欲割制，而去甚、去奢、去泰，始于道家。儒法皆仰其流，虽有稍易，其致一也。虽然，以欲当为理，莫察乎孙卿。孙卿为《正名》一首，其言曰：'凡语治而待去欲者，无以道欲，而困于有欲者也。……'极震所议，与孙卿若合符。以孙卿言性恶，与震意拂，固解而赴《原善》。"① 大抵章氏认为，戴震《原善》之作，虽然是对荀子性恶论有所不满而试图扬弃之，但在主张欲不可绝、欲当即为理的礼义观（理义观）上戴震与荀子所论完全符合。章太炎认为戴学与荀学相似的观点，得到了后来一些学者的认同。侯外庐对此说

---

① 章炳麟：《章太炎全集》四，上海人民出版社 2014 年版，第 122 页。

道："他以戴震与荀子相接，这种疏戴之意是有道理的。"① 胡楚生在《章太炎〈释戴篇〉申论》一文中，归纳章太炎论述戴震与荀子的思想关系的结论——"戴氏'体情遂欲'之说，实即本于荀子'道欲'之义"②，又为章氏找出多条荀子文本疏通证明之。他再次肯定："戴氏东原所谓'体情遂欲''理欲不离'之说，委实近于荀卿而远于孟轲，是为不争之事实。"③

容肇祖在《戴震说的理及求理的方法》一文论及"戴震学说的渊源"时，亦认为"戴震的学说，多渊源于荀子"④。容氏的论证可以概括为以下三点，其中第一和第三分别涉及礼义观与功夫论。首先，在论为学之功夫上，"戴震说，'解蔽莫如学'，而荀子则有《解蔽篇》，又有《劝学篇》为荀子一书的冠首"⑤。二者无论是在表述语辞上，还是思想内容上都是高度一致的。就着戴震讲荀子"善言学"，容肇祖作出结论："他的言学的渊源於荀子可见。"⑥ 其次，戴震评论荀子礼论道"所谓通于神明，参与天地者，又知礼义之极致，圣人与天地合其德在是。圣人复起，岂能易其言哉"？二者对于礼义的意义和价值的认识亦是相通的。

章太炎与容肇祖的认识颇有创见，但尚只是摘出戴震与荀子思想相似的典型观点或戴震肯定荀子思想的关键话语而粗略证之。更为全面地比较二人思想特征，揭示他们在礼义观和功夫论上的相似关系的则有待 20 世纪后期的学者了。这类学者以韦政通、倪德卫、刘又铭、储昭华和田赋美为代表。

韦政通在《中国思想史》"荀子"章中论述"荀学的影响"时，认为戴震的思想企图统合孔孟，但基本精神是近于荀子的。韦氏的论述，主要集中在戴震的由智达德的功夫进路与荀子思想的相似，认为他们同属中国儒学中的一条重视知识的传统。韦氏在戴震

① 侯外庐：《中国思想通史》第 5 卷，人民出版社 1956 年版，第 459 页。
② 胡楚生：《清代学术史研究》，台湾学生书局 1988 年版，第 166 页。
③ 同上书，第 169 页。
④ 容肇祖：《容肇祖集》，齐鲁书社 1989 年版，第 698 页。
⑤ 同上书，第 699 页。
⑥ 同上。

的著作中提出两条文本对此加以证明：一是，"血气心知之性主乎材，天之性全乎善；主乎材者成于化，全乎善者通於命"①；二是，"人有天德之知，有耳目百体之欲，皆生而见乎材者也，天也，是故谓之性"②。韦政通先生认为戴震所谓"主乎材者成于化"即荀子"化性起伪"之说；"心之明所止，于事情区以别焉，无几微爽失，则理义以明"中之"区以别""无几微爽失"即荀子所说的"辨""中理"。在"戴震"章中，韦政通又提出："明末因反王学末流之弊，思想史上出现了两个明显的趋向，一是经世致用，一是重知识。经清初诸大师，17 世纪终了后，前一趋向因外缘的缺乏日益萎缩，后一趋向到了 18 世纪中后期，却获得了很大的发展，东原是其中最重要的一个代表。这一条知识之路，在思想史上源远流长，近程可追溯到朱熹，远程可以追溯到荀子。"③ 就是在这个理解背景下，韦政通先生再次论述了戴震与荀子思想的关系，认为"就重智的心态看，他比历史上任何一位思想家更接近荀子"④。他举出了一些证据，如东原说"惟学可以增益其不足而进于智，益之不已，至乎其极，如日月有明，容光必照，则圣人矣"。韦氏认为"这是一条'由智达德'之路，在儒家传统里首先开启了这条路子的，是荀子，他早已认识到知识或经验的学习在道德实践中的必要性，认为"君子博学而日参省乎己，则智明而行无过矣"⑤；又以为，"东原、朱子、荀子，他们三人对知行问题一致地主张知先于行，表示他们实是同一心态"⑥。

韦政通在举出上述例证时，论述非常地有节制。他说："这些例子，未必是东原承袭于荀子，二人在心态上都表现为认知心，心态相同，许多类似的观念是可以独自发展出来的。"⑦ 但是对于戴震、朱

① 韦政通：《中国思想史》上，吉林出版集团 2009 年版，第 342 页。
② 同上。
③ 韦政通：《中国思想史》下，吉林出版集团 2009 年版，第 1427 页。
④ 同上书，第 1428 页。
⑤ 同上书，第 1430 页。
⑥ 同上书，第 1432 页。
⑦ 同上。

熹和荀子等所代表的重视知识的儒学路向及戴震在这一传统中的地位，韦氏给予了相当肯定的评价："由东原与朱子及荀子的关系，我们可以指出，这三位杰出的思想家，是中国儒学传统中由认知心出发，开出了重知识之路的最重要代表。由于他们的存在，才使儒家内部产生一股冲击的力量，这股力量既丰富了儒学的内容，但是，这股力量的兴起与发展，自始就在孟子的压力之下。秦、汉以降，东原以前，仅能处于从属或潜流的地位，没有能获得充分的发展。这是中国有道统，而学统却显得萎靡不振的重要原因之一。……东原的时代，陆、王心学经充分发展之后，已百弊丛生，佛教的挑战已成过去，考证使学术工作趋向专业化，所以东原比较能专心一意地走他的知识之路，……他撇开尊德性的朱子，坚定地朝道问学的朱子之路走下去，完成了朱子以认知观点改造孟子的未竟之业，孟子的原意虽不免遭到破坏，孟子的生命却因此得以延续。"① 韦氏还从其个人理解出发，指出戴震所代表的中国古代儒学的知识路向发展所存在的问题："较大的问题还是在认知心这一边，它因为无法摆脱既成的权威，又限定在道德问题上，认知心很难有充分的发展。在今天，这依然是我们在哲学上面临的问题。"② 的确，这个问题在中国儒学的知识路向中一定程度地存在着，但在荀子、朱熹和戴震那里表现的程度却还不一样。如果说荀子的文本不免给人以过于重视权威的印象，到了戴震这里，则无论如何不能讲他"不能摆脱既成的权威"，而且在戴震为代表的清代考据学者那里，知识的独立性已相当凸显，认知心在广泛的领域获得了独立的表达和发展。韦氏看到了以荀子、朱熹和戴震为代表的中国儒学重视知识的传统，但是对于这一传统内部的发展和进步似乎还认识不够。

倪德卫在《儒家之道——中国哲学之探讨》中认为："虽然戴震的最后和最重要的著作《孟子字义疏证》表面上是对孟子道德哲学

---

① 韦政通：《中国思想史》下，吉林出版集团 2009 年版，第 1433 页。
② 同上书，第 1434 页。

的解释和维护，但是，大多数学者都认识到，戴事实上更接近荀子。"① 其实他这不仅是在叙述别人的观点，也是在表达他自己的观点，而且在具体阐述上，倪德卫做得更为详尽。倪德卫注意到戴震文字之中对于荀子思想的批评与其自身思想对于荀子思想的实质吸纳之间的分裂。他的观点是，"戴误读了荀子。他认为，荀子把性和礼义对立起来，并以之作为其体系的'二本'。实际上，荀子在《礼论》和其他地方主张，称心如意的是：源于我们之'性'的欲望应当被满足，但是人们只有通过接受礼义的约束才能满足之，这是一种由我们的理智行为（伪）的能力给予我们的见解。欲和知才是荀子的两个'本'，二者结合起来产生礼义。经过有趣的发展以后，这种观点成为戴自己的观点，以多种形式体现于多个地方（例如《原善》卷上，《孟子字义疏证·理》）"②。也就是说，戴震批评荀子礼义与性"隔阂不可通"，是误解了荀子。实际上，荀子以"欲"和"知"结合导出礼义的思想理路也是戴震自己的理路。

台湾学者刘又铭，除了着重在人性论上指出"戴震的人性论实质上是荀子性恶论话语中所蕴涵的性善观，是荀子人性论的'戴震版'或者说'清代革新版'"③ 之外，还提到了戴震哲学与荀子哲学在为学的功夫与目的之认识上的相似。"戴震认为'圣贤之道德即其行事……古人之学在行事，在通民之欲，体民之情，故学成而民赖以生'（《戴震集·与某书》），这也就是说，为学的终极目标，在于最后能有具体的作为来调节、安顿人民的欲望和情感。此外，既然没有一个先天的价值满盈的道德主体，戴震便主张'德性资于学问'，强调'惟学可以增益其不足而进于智'。（《戴震集·孟子字义疏证》）这都跟荀子哲学相互呼应"④。

储昭华则专门指出，通过人性论的改造，戴震使得其所谓理、礼

---

① ［美］倪德卫：《儒家之道：中国哲学之探讨》，［美］万白安编，周炽成译，江苏人民出版社 2006 年版，第 332 页。
② 同上书，第 333 页。
③ 刘又铭：《从"蕴谓"论荀子哲学潜在的性善观》，《"孔子与二十一世纪"国际学术研讨会论文集》，（台湾）政治大学文学院，2001 年。
④ 同上。

义"无论在内容上还是在形式上都进一步朝着成为促进和保障每个人的自由发展的工具的方向又大大迈进了一步"①。在荀子那里还存在着尊卑之别的不平等倾向的"礼义之分"原则，戴震赋予其以平等的精神，强调"通过礼义的分界使每个人的本性需求都得到充分的实现"②。"从这种改造的方向和过程中，在某种程度上甚至已初步可以看出民主政道的曙光"③，储氏的这种说法无疑是对章太炎关于戴震学说的政治意义的具体而有创见的发挥。另外，储昭华与其他许多学者一样也指出，戴震的"求真去蔽"的研究方法与荀子"无论是在具体概念的表述上，还是思想内容本身，都与荀子的思想有着相当的一致性"④。

　　田富美则从气本论、心性论和功夫论的连贯脉络出发，在指出戴震为代表的清儒在气本论、心性论上与荀子思想的相似关系之后，又论述了二者在功夫论上的一致取径。其言"孟子这种由内而外扩充式的成德功夫，至宋明理学时期有高度的发展与推衍；而荀子的'强学''隆礼'主张则在清代的学术中被凸现出来，这当然与清儒在理气、心性论上的主张有密切关系"⑤。而对于清儒的修养功夫论，田富美从两点予以概括，一是"着重于具体的行事作为，包括心知的增进与扩充，即问学的重视"；一是"礼意的推崇与礼仪制度的探究"⑥。他认为，"由清儒所提出问学、崇礼的修养功夫论来看，即使清人并没有承认或意识到其理路与荀学的相似之处，但却不减损其阐发荀学思想的事实"⑦。田富美在对戴震等清儒的功夫论述中，还特别指出戴震等人强调实事践履和重视学习礼义对于道德客观性的保

---

　　① 储昭华：《明分之道：从荀子看儒家文化与民主政道融通的可能性》，商务印书馆 2005 年版，第 325 页。
　　② 同上书，第 326 页。
　　③ 储昭华：《明分之道：从荀子看儒家文化与民主政道融通的可能性》，商务印书馆 2005 年版，第 326 页。
　　④ 同上书，第 323 页。
　　⑤ 田富美：《清代荀子学研究》，博士学位论文，"国立"政治大学，2011 年，第 184 页。
　　⑥ 同上。
　　⑦ 同上书，第 185 页。

证。这些是荀子思想之中已本有的倾向，但是经过戴震等清儒对其的再次扩大阐扬，却具有了反宋明理学的新的思想史意义。

另一类学者与上述学者的看法有所不同，他们虽然承认戴震思想在礼义观、功夫论方面与荀子相关思想的联系，但又强调二者之间存在不可忽视的差别，不过总体看来，他们认为这种差别尚不及戴震与荀子在人性理解上的差别巨大。他们之中有冯友兰、钱穆、马积高、张丽珠等人。

关于戴震的功夫论，冯友兰说："'知之失为蔽'，'解蔽莫如学'。此二语完全荀子之意。荀子注重学，东原亦极重视学。……东原以为吾人之心，不具众理。其中只有荀子所谓'可知之质，可能之具'。固需因学以知众理而实行之。至于知识既盛，道德既全，吾人之自然皆合乎必然，有完全之发展。此最后之成就，并非复其初。正荀子之说也。"① 他认为，在重视积学明理上，戴震与荀子是相同的。不过，冯氏特别指出，戴震的理和荀子的理却有重大不同。其言："不过东原与荀子不同者，荀子之宇宙论中，无客观的理。礼义道德皆人伪以为之人之生活工具者，东原则以为有客观的理，礼义道德皆此客观的理之实现。此东原所受于理学家之影响也。"② 冯氏讲戴震与荀子在重视"因学以知众理而实行之"的道德实践路径上的相同，却又认为戴震之理为客观之存在、荀子之理为人伪之建构，前后论述之间是否存在落差？因为若戴震的客观存在的理与荀子人伪建构的理真有不同，对于它们的认知与学习途径亦必有不同，那么，虽然戴震与荀子同重视学，其内涵必有不同。这是冯氏没有具体深究到的。

钱穆论述戴震与荀子思想的关系更为详细。他在《中国近三百年学术史》"戴东原"一章论述"东原思想之渊源"时曾就戴震与孟子、荀子思想的关系有过仔细分疏。他指出如下几点：一，"荀主性恶，极重后天人为，……此即东原精研自然以底于必然之说也"③；二，"荀子则要其归于礼，……戴学后起，亦靡勿以礼为说，此又两

---

① 冯友兰：《中国哲学史》，华东师范大学出版社 2011 年版，第 1006 页。
② 同上书，第 1007 页。
③ 钱穆：《中国近三百年学术史》上，商务印书馆 1997 年版，第 394 页。

家思理相通而至似者也"①。这两点是说，荀子重视以礼义积伪为内容的后天学习，戴震"问学崇礼"的精神与其一致。他又认为，"东原谓理者就人之情欲求之，使之纤悉无憾之谓理，正合荀卿'进近尽，退节求'之旨"②。即是说，在主张欲不可绝、欲当即为理上戴震与荀子也是如出一辙的。这基本继承了章太炎的看法。但是，钱氏对于戴震和荀子以节欲表达的道德实践理解是持一种批评的态度的。其言："若专从人类个己怀生畏死、饮食男女之情，以求其不爽失，求其知限而不踰，则所得即无异于荀子之所谓理义，所谓性恶矣。何者？因其全由私人怀生畏死、饮食男女之情仔细打算而来，若人类天性不复有一种通人我、泯己物之心情故也。"③ 在强调戴震与荀子对于道德实践理解的一致时，钱穆隐含一种批评——即他们均将礼义道德理解为私人的一种利益的打算，而泯灭了人之感通万物的先天道德情感。其实钱氏这样的批评是不能成立的，荀子思想中的"心之所可"绝不仅是一种利益的计算，戴震的"以情絜情"更是要求个人设身处地体贴和感受他人的痛苦与快乐进而给之以同自己的情感欲望一样的平等尊重。

　　马积高指出戴震与荀子都以欲望的合理化为善，在这根本点上戴震是同于荀子的，"其区别只在于荀子把'养人之欲，给人之求'的礼义归于圣人之积伪，而戴则归之于圣人因人之自然以归于必然耳"④。在主张"欲不可绝，欲当即为理"上，戴震与荀子是毫无二致的，这是从章太炎先生以来学者就着力阐述过的。马氏的论述在这里又有所推进。他指出，戴震与荀子同样认为欲当即为理义，但是荀子只是讲圣人制作礼义，戴震则对于圣人如何制作礼义给出了"因人之自然求其归于必然"的说明和规定。这个意思，马积高进一步明确言道："荀子特重礼。戴氏亦曰：'一阴一阳，盖言天地之化不已也，道也。一阴一阳，其生生乎，其生生而条理乎。……条理之秩然，礼

---

① 钱穆：《中国近三百年学术史》上，商务印书馆 1997 年版，第 394 页。
② 同上。
③ 同上书，第 399 页。
④ 马积高：《荀学源流》，上海古籍出版社 2000 年版，第 305 页。

至著也；条理之截然，义之著也。'（《原善》）'礼者，天地之条理也'（《疏证·仁义礼智》）。""这与荀子在《礼论》中所言，礼之意是'养人之欲，给人之求'，其要在制'度量分界'，其大旨是相同的，只是荀子纯从人为言，戴氏则推本于天罢了。"① 这是说，戴震与荀子一样重视礼，并对礼之性质的阐释具有相同的地方，都认为礼是人之自然欲望的条理秩序。二者不同的是，荀子认为这种条理秩序纯从人之积伪而来，戴震则为其寻找到天道的形上基础。这种理解颇类于冯友兰所见。惜乎冯氏、马氏均未能深察，这种不同并不意味戴震与荀子在此点上不可融通：圣人之积伪，可以作为对于礼义的一个发生学上的历史的解释；天道生生之条理，则是对于礼之制作在内容上之根据的哲学解释，二者完全可以并行而不悖。荀子本人还有"礼有三本：天地者，生之本也；先祖者，类之本也；君师者，治之本也"这样的说法，也是对于圣人兴作礼义之依据的一种认识。

张丽珠继辨别戴震与荀子在人性论上的不同之后，接着指明二人在功夫论上亦是似同实异。其言："戴震以'智性'说'人禽之别'，其功夫进路因此落在'重问学，贵扩充'之'主智重学''扩充其智'上。"② 故而表面上看，戴震的功夫论也与荀子重学的功夫论近似一路。但是由于戴震与荀子在人性论上的不同，他们重学的功夫论纵然表面相似，究其内涵实则不同。所以张丽珠的结论是："就功夫论而言，'主智重学'的戴震，路数似是接近荀子；但是当论及核心理论时，则戴震性论就和荀子相去甚远了。是以他们即使同时主张'重学'的功夫，其中也还是有所别的。戴震重'学'主要是为了增进主观道德判断能力（即养智）——曰'人莫大于智足以择善'，'学以牖其昧而进于明'。其目的在于挺立知性的主观与能动性；荀子'隆礼'则强调客观的礼教学习、'师法之化'——'明礼义以一之''制礼义以分之''得礼义然后治'。"③ 这是在说，戴震的重学在于擦亮主体的道德判断力，荀子的重学则是获取和认同外在的规范

---

① 马积高：《荀学源流》，上海古籍出版社 2000 年版，第 307 页。
② 张丽珠：《戴震与荀子思想之歧异》，山东大学出版社 2008 年版，第 326 页。
③ 同上书，第 328 页。

来约束自己。张丽珠是将戴震的重学理解为"从'智性'角度切入以发挥孟子的'扩充'之义"①，"将孟子的'扩充'说都落实到经验实在界的经验途径上，由此以说道德涵养的功夫"②。张丽珠对于戴震的此种理解是否正确，孟子的"扩充"说如何能落实到经验实在界的经验途径上来加以发展，这都值得再加以讨论。另外荀子也强调"诚心""养心"，提出"虚一而静"的要求，可见他在强调心知对于客观礼法的认识和领受之外，亦十分重视养智，培养心之"知道"的能力。张丽珠在此方面，对于荀子思想的认识和把握显然是不全面的。

以上学者们对于戴震与荀子思想关系的论述，涉及双方在天道观、人性论、礼义观与功夫论的多个领域上的联系，应该说是比较全面的。

在天道观上，学者对于戴震与荀子的相似关系论述不多。田富美从气本论的角度对此作了比较详细的揭示，韦政通亦有提及；马积高从天人关系的角度有过一个比较。但是总体来说，对于这一方面的论述是不够的。尤其是戴震对于荀子的天道观在继承之外显然又有重大的发展，比如，在天道的理解上更为细致和深入，在天人关系上二人的论述亦有侧重的不同。

在人性论上，一些学者（钱穆、倪德卫、储昭华、刘又铭、田富美）认为戴震以"血气、心知"为人性之内涵，并从心能辨别理义、悦慕理义来证成性善，与荀子以心治性的主张是完全一致的。亦有一些学者（韦政通、马积高、郭齐勇、刘仲华）认为戴震的人性论是对于孟、荀人性论的一个糅合与平衡，但基本精神尚还近于荀子。还有个别学者严辨戴震与荀子人性论上的歧异。如张丽珠认为戴震继承和认同孟子及宋明理学家的"理义为性"，与荀子的思想具有本质上的差异。冯友兰先生认为戴震的心知具有直觉善恶的能力从而与荀子类于工具理性的心知不同，也属于此。要给这些歧异的看法做出一个

① 张丽珠：《戴震与荀子思想之歧异》，山东大学出版社 2008 年版，第 328 页。
② 同上。

判别，关键在于分辨戴震对于孟子"理义之悦心"说法的袭用是否同于孟子的"仁义内在"，因为认为戴震性善论同于孟子或者糅合了孟子思想的学者立论的依据基本在此。在这方面，倪德卫的分疏应该对于问题的回答是有启发意义的。

在礼义观上，大多数学者仅见戴震与荀子重视礼义"养人之欲，给人之求"的共同处，但对于二人思想中礼义性质、内涵之不同的揭示尚还存在不足。正面肯定二人联系的学者，在戴震的礼义观对于荀子思想的发展和改造的方面注意不够。其中储昭华指出，戴震的礼义认识以一种平等意识取代荀子礼义的等级精神，使得礼义"无论在内容上还是在形式上都进一步朝着成为促进和保障每个人的自由发展的工具的方向又大大迈进了一步"，属于少有的创见。而强调戴震与荀子礼义观的不同的学者，如冯友兰、马积高，他们以为戴震的礼义具有客观的宇宙论——形上学的基础，而荀子的礼义则纯为一种人为的工具性建构，对二人思想的理解均拘于一偏，实不知二人理解虽各有侧重但完全可以并行而互补。

在功夫论上，学者们比较集中地肯定了戴震与荀子"问学崇礼"的共同之处，特别是就戴震重视知识、重视学习的倾向与荀子论学思想作了比较论述。其中值得提出的是，韦政通先生将戴震与荀子共同看作儒家重视知识一路的传统代表，惜乎其对这一传统从荀子到戴震的发展与进步论述不足。储昭华注意到戴震之"分理"与荀子"明分之道"方法论的联系，他同意许苏民、吴根友等人的观点，认为"分理"概念为现代科学的分类研究方法提供了基础。结合二人带给我们的启发，就儒家的知识传统的发展来谈戴震对于荀子思想的继承与发展，仍有大量内容可以发掘。另有田富美特别指出戴震为代表的清儒在继承荀子劝学崇礼的修养功夫论方面对于实事践履的重视和对于道德客观性的强调，从而让我们注意到戴震思想虽然与荀子思想颇为一致，但其作为清学而具有的独特特征不可忽视。

关于戴震思想与荀子思想的关系，学界已有的讨论给我们以重大的启示，但留给我们进一步深入、系统论述的空间仍然巨大。首先，前述学者关于戴震思想与荀子思想的关系的讨论尚未有一致意见，有待进一步系统整理和判定其得失，另外，戴震思想是否遗失了荀子思想的某些重要方面，这从戴震思想与其他乾嘉学者，如章学诚、焦循等人的思想比较之中可见，前述学者中尚未有人详细论述；所有这些工作就有待今天的有志学人了。

二 章学诚与荀子之思想关系研究综述

与戴震和荀子的思想关系为诸多的学者论及的情形相较，章学诚与荀子思想的关联则鲜有人提及，相关的研究极不充分，还有进一步开拓的巨大空间。这或许是因为章学诚在其文本中提到荀子的地方不多，而其思想的表现形态与荀子又是如此的不同[1]，学者难以想到章学诚与荀子思想的联系还是一个可以值得考察的课题。侯外庐认为，"学诚的天道思想，是唯物主义的自然史观；这一思想是揉合了老子、庄子、荀子的学说而成的"[2]。侯氏还注意到，章学诚论圣王创制与人道秩序的起源和荀子礼论的相关思想是相近的。董平在其论文之中，亦以为章学诚关于"道"自"未形"而"形"而"著"之论，"原本于荀子之说"[3]。不过侯氏、董氏的认识并没有获得进一步的具体论述。田富美在其博士论文《清代荀子学研究》中则较为具体地提到，章学诚指出"伪""为"相通，认为"荀卿之意，盖言天质不可恃，而学问必藉于人为，非谓虚诳欺罔之伪也"[4]，对于荀子的"化性起伪"主张从训诂上有一个澄清和辩护。他又注意到，"章学诚曾就荀子非议孟子的问题提出看法。言：'荀卿非孟子之说，……宗旨不殊，而所主互异者也。'"[5] 田氏就章学诚与荀子的关系，在章

---

① 余英时认为，"章学诚是以'文史校雠'之学——也就是由厘清古今著作的源流，进而探文史的义例，最后由文史以明'道'，来对抗当时经学家所提倡的透过对六经进行文字训诂以明'道'之学"。参见余英时《论戴震与章学诚：清代中期学术思想史研究》，生活·读书·新知三联书店 2006 年版，第 160 页。

② 侯外庐：《中国思想通史》五，人民出版社 1956 年版，第 524 页。

③ 董平：《章学诚与南宋浙东学派》，《华东师范大学学报》（哲学社会科学版）2007 年第 4 期。

④ （清）章学诚：《文史通义·说林》，上海古籍出版社 2008 年版，第 105 页。

⑤ 田富美：《清代荀子学研究》，博士学位论文，"国立"政治大学，2011 年，第 128 页。

学诚的著作中发现了这么两条内容,在材料的发掘上自有其价值。但这两条材料的发现以及田富美的分析给人的印象是,章学诚只不过在某些局部理解上持一泛泛调和孟、荀的立场,田氏实不足以见章学诚与荀子思想上的整体联系和区别。对于章学诚与荀子之思想联系最为详细和精辟的见解,则是由美国汉学家倪德卫做出的。除此而外,提及章学诚思想与荀子思想之关联的学者就难以觅见了。下面主要对倪德卫的研究做一述评。

倪德卫说,"章在任何意义上都不是孟子主义者,虽然他草率地接受了孟子的人性观(例如,在《原学上》中),虽然《原道》以董仲舒(汉代的孟子主义者)和孟子的话开头"[1]。他认为,章学诚的思想在一定意义上是对于戴震哲学的回应,"在回应戴的过程中,章更直率地发展了一种荀子主义的观点"[2]。

章学诚的荀子主义的观点,主要体现在对于道德秩序的起源的认识上。倪德卫提出,章学诚认为,"制度上的道德秩序的产生明确地是历史的和积累的,是圣人对出现的人类需求的回应(章的圣人也是自然化的:他们是我们周围最有能力的人,他们冲到社会演化过程的最高点)"。而倪德卫认为,"荀子本人在谈及礼义作为圣人之'积伪'显示了类似的观点(《性恶》)"。因此,"在这里,章可能说了他认为的荀子已说的或应该说的东西"。[3]

此外,对于圣人和经典在人的道德教育和道德学习过程中的作用,章学诚与荀子的观点也存在一种继承和发展的关系。荀子"反复强调一个主题:老师的指导,圣王的模范和规则对于一个要变得道德完善的人来说是必不可少的"。倪德卫认为荀子理论在这里面临一个困难,就是"对于圣人独一无二的地位的说明问题"。他对荀子提出这样一个问题:"如果具有跟我一样的才能的圣人能制定礼义,为什么我不能呢?"荀子似乎是认为,有德有位的国王可以制定礼义,天

---

[1] [美]倪德卫:《儒家之道:中国哲学之探讨》,[美]万白安编,周炽成译,江苏人民出版社 2006 年版,第 336 页。

[2] 同上。

[3] 同上。

子取代了圣人的地位，这就使得荀子的伦理学在后世滑向权威主义。到了章学诚这里，就比较好地解决了荀子面临的这个问题。章学诚认为，"仅仅一个圣人不能写下一本规则之书，此书没有疑问地能适合整个后来的历史，规定其所有展开的细节。事实上，经典根本不可能是道德的烹调书。它们不是一个'圣人'写的，而是历史的长过程的产物"①。"经典不是道德真理的法典，而是人类随着文明形成而创造其价值的漫长历史过程的'遗迹'"，这就是章学诚"六经皆史"的意义。圣人没有也不可能在经典中道出全部的绝对道德真理，但是每一圣人和经典的地位又是独一无二、不可替代的。道在社会和历史的发展过程中显示自身，历代圣人参与这一演变过程，"洞悉所处时代的历史需要，察觉到'必然'，即'不得不然'，从而创设了相应的典章制度，推动道的表现向前发展。这一过程到周公时达到顶峰。这一过程的文字遗物，也就是为古代圣王留下的政府文献，由孔子编辑而保留在六经之中。因此，六经不是'载道之书'，而是'道故之遗迹'。人们通过把经读之为史而直觉地把握道"②。章学诚就这样一方面认为，圣人和经典不具有绝对的道德真理，另一方面又肯定，它们具有独一无二的价值和地位，对于圣人和经典的作用和地位给出了一个比较恰当的说明。倪德卫认为，章学诚的这些理论，"好像是对儒家伦理的荀子版本的一种得体的修正"，虽然，"章没有把自己声称为批评地修正了荀子，可能甚至也没有想到自己在做这事"③。

　　依照章学诚的观点，随着历史不断地继续，更多的圣人及其经典在未来产生，将会是一种非常自然的事情，虽然它们的产生并不会取代原来的圣人和经典，因为每一位圣人与其经典都是历史中独一无二的。但是章学诚仍然肯定周公、孔子及其六经超越后世一切圣人和经典的独特地位。他将历史描述为终结于孔子的时代，道在历史之中，而道器合一的理想历史却终结于孔子修订六经的时代，周、孔圣人及

---

　　①　［美］倪德卫：《儒家之道：中国哲学之探讨》，［美］万白安编，周炽成译，江苏人民出版社 2006 年版，第 63 页。
　　②　同上书，第 318 页。
　　③　同上书，第 64、338 页。

其六经正是这一完美之道的历史遗迹，这就"以另一种方式保证了六经价值之优先或者不可超越性"①。倪德卫认为，章学诚这种独特的历史演进观念，"背离了他的潜在的自然主义的形而上学。如果道能够在历史之中得到完全的体现，那么道就不是离不开它的表现，而是先在和永恒的"②。倪德卫这是以为，章学诚在推进解决荀子面临的圣人及其经典的地位的问题中最终还是走入了歧途。

倪德卫认为，在关于道德秩序起源之历史过程以及这一过程中产生的圣人及其经典在后世的价值和地位等问题的认识上，章学诚继承和修正了荀子的观点。倪氏的这一认识基本能够成立，但是关于章学诚对于荀子思想之修正的得失，他并未探得其实情，原因则在于他对章学诚和荀子思想的理解都有偏差的地方。如章学诚并没有如倪德卫所认为的那样，认为道在历史之中曾经得到完全的实现，只不过是主张六经由以产生的古代官师合一的社会更为符合和接近其道器合一的理想。不仅如此，章学诚关于"三人居室而道形"，"仁义忠孝之名，刑政礼乐之制，皆其不得已而后起者"，"人之初生，至于什伍百千，以及作君、作师、分州、画野，盖必有所需而后从而给之，有所郁而后从而宣之，有所弊而后从而救之，羲、农、轩、颛之制作，初意不过如此"③ 等论述，与荀子论述圣人制作礼义之意亦颇多相通之处，而倪德卫在这些方面，则未能有所阐发。另外，荀子"天地始者，今日是也；百王之道，后王是也"（《荀子·不苟》）、"欲观千岁，则数今日；欲知亿万，则审一二"（《荀子·非相》）对于历史、时间的理解与章学诚的历史观念亦有可资比较之处。荀子以"凡论者，贵其有辨合、有符验。故坐而言之，起而可设，张而可施行"（《荀子·性恶》）的标准来批评孟子的性善论，章学诚亦批评后儒"崇性命而薄事功"，主张"空言不可以教人"，可见在重视经世致用和强调理论必须而且应该能够用于实践等认识上，章学诚与荀子亦有一致的地

---

① ［美］倪德卫：《儒家之道：中国哲学之探讨》，［美］万白安编，周炽成译，江苏人民出版社 2006 年版，第 338 页。

② 同上。

③ （清）章学诚：《文史通义·原道》，上海古籍出版社 2009 年版，第 34 页。

方。所有这些方面，尚待未来学者的发掘。

三 戴震后学与荀子之思想关系研究综述

（一）焦循与荀子

关于焦循与荀子的思想关系，钱穆注意到焦循论证性善时所说"非性善无以施其教，非教无以通其性之善。教即荀子之所谓伪也"[①]的认识，却没有对此展开更多的论述。

直到 20 世纪 80 年代，王茂等人才在《清代哲学》中就人性论、道德的起源和性质等问题，将焦循的认识与戴震、荀子的相关论述做了一个比较，稍微全面地提示了焦循与荀子的思想关联。其书以为，"戴震分人性为欲、情、知三个方面，以欲为人性的物质内容，以知为道德意识的根据。焦循在其《孟子正义》《性善解》中，摄取了戴震的基本论点。戴震之说性善，以人之气禀而有心知，心知之精爽进于神明，因而能知礼义为论据。但此论脱离了人类的历史发展，只从定义、概念出发。焦循则以《荀子》《淮南子》关于圣人教民礼义的历史内容，充实了戴震的道德起源论，提出'能知故善'的命题"[②]。这段话是说，焦循与戴震同样以情欲、心知来界说性之内涵，并将性善的证成落实在心知的作用上来说，但是戴震对心知作用的理解缺少一种社会历史的视角，焦循的心知则肯定了在圣人、百姓之间的礼义之创造和学习行为的社会历史性——心知的表现获得了其社会、历史的内容。的确戴震哲学在此处具有一种形而上学的抽象意味，而焦循由于其从易学研究中获得的变通观念，对于性善的证成强调"能知故善"，更进一步地理解为"能移固善"，"仁义由于能变通"，从而将社会性和历史性的维度引入了进来。在道德的起源问题上，戴震哲学对于荀子思想中历史意识的继承与发挥是不够的，而焦循则显然做得更为出色。人性何以"能知"又"能移"呢？焦循认为，人性为利而能变通。人能认识自己的利益所在，为了实现自己的利益故而能够

---

① 钱穆：《中国近三百年学术史》下，商务印书馆 1997 年版，第 502 页。

② 王茂等：《清代哲学》，安徽人民出版社 1992 年版，第 696 页。

改变自己的行为方式；能改变自己的行为方式则能习之以礼义。当然，焦循此种认识成立的前提是一种以利为义的礼义观。王茂等人认为此种礼义观亦"实则主荀子之说"。

田富美从气本论、心性论和功夫论几个方面系统地论证了焦循思想与荀子思想理路之间的相似。

田富美讲："虽然在焦循的著作中，似乎不见有明确且直接的气本主张之论述，但在此他将'道'解释为现象界的'行'，而'理'则视为是经验界事理原则无所差缪意涵的'分'，所呈现的均是承袭顾炎武、戴震以气为本的思想系统而来，"① 而"强调本诸经验事实的形迹中探究'道'，这样的思考理路，无疑是具有强烈的荀学倾向的"②。

以气为本的主张贯通下来，以欲、情为性之内涵就是逻辑必然的结果了。既以情、欲为性，则性善的证成只能从肯定人自身即具认知和遵循情、欲之节度、条理的能力上来落实。焦循对人性的规定与性善的论证正是循着此一理路下来的。在人性的认识上，焦循"再三强调生养欲求是性的基本内涵，……肯定人欲人情具有正面的意义"③。另一方面，他又突出"知"作用，提出"能知故善"的观点。对于焦循思想的这些内容田富美都有所揭示，认为它与荀子的思想理路亦是十分一致的。

在礼义观和功夫论上，田富美认为，焦循主张重学崇礼以修己治人：一方面，屡屡强调"一贯之道"（即"忠恕"）和"絜矩"；一方面，严辨"理""礼"，认为"理必附乎礼以行"。可惜的是，田氏只是一般地肯定它与荀子崇礼思想的一致，并没有对此种联系的具体内容进行详细揭示。

田富美甚至认为，"相较于戴震对荀子的理解，焦循似乎有更进一步的掌握"④。首先体现在人性论上。于性伪相分之外，荀子亦说

---

① 田富美：《清代荀子学研究》，博士学位论文，"国立"政治大学，2011 年，第 156 页。
② 同上书，第 163 页。
③ 同上书，第 170 页。
④ 同上书，第 245 页。

"无性则伪无所加""无伪则性不能自美",透露出"性""伪"具有一种相互依存之关系。焦循即运用这一"性""伪"之依存关系来证明人性之善。田富美说道:"他认为,人们能在现实生活中践行道德,就是人性之中具有道德本质的证明,即所谓'为之而能善,由其性之善也。'"① 焦循表面上不同意荀子的性恶主张,但其所谓性善的理解事实上却与荀子的化性起伪思想具有高度的一致性。田富美以为,焦循"将潜藏于荀子文字中的思想呈现了出来"②。田富美认为,这与"戴震未能认识荀子的礼义亦同源于人性"③ 相较,的确是对荀子的理解更进了一步。其次,田富美提出,在关于"法后王"与"法先王"的问题上,焦循与荀子的思想主张是近似的,同样体现出"体常尽变"的思想,虽然他的评论是以诠释孟子而批评荀子的吊诡形式出现的。而戴震则由于其哲学一定程度存在的形而上学倾向,未能注意到荀子这一方面思想的意义。

整体而论,焦循其实是一个思想体系颇为完整的思想家,他对荀子思想的把握是比较独到而又全面的。虽然关于这方面的研究目前不多,但已基本把握了其主要的内容。从自然的气本论,以情、欲为内涵的人性内涵界定,到"能知固善"的性善论证成方式及问学崇礼的功夫论,焦循的这一理路环环相扣,十分完整,田富美基本揭示了其与荀子思想理路的整体一致性。王茂的"以利为义"亦是把握到了这一理路的核心环节。另外,王茂等注意到焦循注重从社会历史性的视角论述和理解道德秩序的起源。田富美亦注意到在"法后王"问题的认识上焦循与荀子思想的实质相似性。王、田二人都能指出焦循对于荀子的"历史性"思想能够有所继承,而且认为这是焦循胜过戴震的地方。但是,焦循之所以能够暗承荀子思想中的历史意识,可能与其整体思想体系尤其是其易学的变通观念有些关联,二人对此都还未来得及仔细阐发。

---

① 田富美:《清代荀子学研究》,博士学位论文,"国立"政治大学,2011 年,第 246 页。

② 同上。

③ 同上书,第 244 页。

焦循讲"忠恕""絜矩",重视心知的"神明"作用,有类于戴震;讲"以礼代理",强调客观化精神,有同于凌廷堪;又如章学诚一样,能够注意到荀子思想中的历史意识,可见焦循对于荀子思想的继承和发挥是十分全面的。如果能对以上几人在继承和发展荀子思想上的侧重异同做一比较工作,亦将会是十分有意义的。

(二)凌廷堪与荀子

钱穆较早见及凌廷堪思想与荀子的密切关系,并将它与戴震和荀子的思想关系做了一个比较。他说,"东原论性本近荀子,而空尊孟子性善以为说。次仲深慕东原,乃论古径推荀卿,较东原为条达矣"①。钱氏指出,凌廷堪论性、情本来与宋儒不二,但"以礼为复性之具,如金之待镕铸,木之待绳墨,则全是荀子性恶善伪之论"②;又以为,凌氏"既专以声、色、味之好恶言性,故曰性不可以不节,芸台承之,乃有节性之论,要之为荀学之承统而已"③。总之,钱穆认为凌廷堪以礼复性、节性的核心思想乃是"上接孔、荀传统,尽排余说"。

张舜徽在其撰写的《校礼堂文集》提要中,对于凌廷堪与荀子之间的思想关系亦有精核的说明。张氏谓凌廷堪"所著《礼经释例》,固已极其湛深。是集卷四有《复礼论》三篇,以明先民制作之意,阮元叹为唐宋以来儒者所未有。其意盖以礼为复性之具,如金之待镕铸,木之待绳墨,实自荀子化性起伪之旨推演而出。持论与戴震为近。宜其於荀卿及戴氏之学,推尊尤至。是集卷十有《荀卿颂》,卷三十五有《戴东原先生事略状》。私淑诸人,何可掩也"④。他也认为,凌廷堪以礼复性的主张乃由荀子化性起伪学说推演而来。今人王章涛著《凌廷堪传》引用张舜徽此论,称其"言简意赅,鞭辟入里"。其实,关于凌廷堪与荀子之思想关系,张舜徽所论与钱穆所见几无二致。

---

① 钱穆:《中国近三百年学术史》下,商务印书馆1997年版,第545页。
② 同上书,第544页。
③ 同上书,第549页。
④ 张舜徽:《清人文集别录》,中华书局1963年版,第284页。

今人张寿安著有研究凌廷堪的专著，关于凌廷堪的认识最为深入和全面。她认为，凌廷堪"推尊荀子，其因有三：一、二人之性论相契；二、荀子重学重礼；三、荀子传经，功在孟子之上"①。就此三点，张寿安做了比较详细的阐发。

张寿安指出，"廷堪论性与荀子为近"②。凌廷堪与戴震一样，表面仍以性善为旗帜，主张性之内即涵仁义礼智信，但是内里的实质已然不同于宋儒所谓"性即理"之说。以情欲好恶来论性，与荀子所言性的内涵近似。张氏谓凌廷堪"说到以礼节性以礼节心时，性善的立论点，更是明显动摇，反倒和荀子所论礼与性之关系的见解相近，颇有主张性恶之势"③。就凌廷堪的全部文本而言，张寿安以为："廷堪论性，时而主张性善，时而主张性恶，又时而有善恶混合的倾向，看似矛盾，其原因则是廷堪根本无意对此一问题作深入探究。他认为理学者就是把性析辨的太精才落入虚玄。因此，廷堪只讨论到行为终究之善必须借诸礼仪规则此一层次，即不再内索。若从此一观点反思廷堪的人性观，不难看出他认为人性兼有向善和生物性的两面，而他最看重的则是人的可变化性。唯因人有可塑造性和可教导性，礼才有可著力之处。这种朴素的人性观，和孔子'性相近，习相远'的说法，颇为相契。"④她以为，凌廷堪的人性论述虽然有些地方近于荀子，就其整体而言则与孔子"性相近，习相远"的认识较为一致（在同书中别的地方，张寿安还有认为凌廷堪人性论类于告子性无善无恶的说法），所以凌廷堪才以孔子"性相近"为准绳折衷孟荀人性论之说。

戴震将荀子的"心"纳入其"性"范畴从而将其性恶论转而为一种新的性善论，性善落在心能治欲之上，因而其思想特重"心知"之积极能动的学习作用。凌廷堪则特别注重外在之礼仪法则对于人之

---

① 张寿安：《以礼代理·凌廷堪与清中叶儒学思想之转变》，河北教育出版社2001年版，第47页。
② 同上。
③ 同上书，第45页。
④ 同上书，第50页。

好恶的约制，对心知的能动作用阐发不多，虽亦有性善之说法，但总体而言其对人何以能认识和接受外在的礼义规则之在主体方面的依据认识不足。二者相较，戴震更多地把握到荀子思想的精义，而凌廷堪只偏重强调和继承了荀子思想重礼之一面，而对荀子劝学、养心的一面注意不够。张寿安虽然注意到凌廷堪人性论主张之于荀子人性论理解的滑移，却对其中的具体关节仍然认识不够，当然更不能指出凌氏相关思想的缺失了。

凌廷堪既主人性不出好恶二端之后，便须继以言以礼节性，以使好恶必出于无过与不及的中道。张寿安认为"此一论调和荀子所论礼之起源、礼之功用和礼与人性之关系，皆如出一辙"①。

最后张寿安亦有注意到："廷堪辨学术源流亦言史记孟荀同传无分轩轾，至于罢黜荀学而以孔孟并举，视孟学为孔学之唯一真传，乃后儒之私意耳。又析论荀子传经、传礼之功。"② 张氏以为，肯定荀子传经之功，是凌廷堪与汪中、孔广森等人的共识。

田富美指出，凌廷堪"对于荀子长期以来不受重视深感不平，……要求'孟、荀并列'"③，肯定荀学源出于孔门；又以孔子"性相近"之旨折衷孟、荀人性论，判定孟、荀"各成一是，均属大儒"④。首先，凌氏反对宋儒"理"字，强调"追求既有的、更为明确且易遵循的礼制条文"⑤，其"由经验实事来论'道'"⑥ 的立场是"近于荀子而远于孟子"⑦ 的。其次，凌氏"纯就感官的好恶来说明人性的内涵，并将之与礼的制立联系起来"⑧，其论性与荀子是一致

---

① 张寿安：《以礼代理·凌廷堪与清中叶儒学思想之转变》，河北教育出版社 2001 年版，第 46 页。
② 同上书，第 49 页。
③ 田富美：《清代荀子学研究》，博士学位论文，"国立"政治大学，2011 年，第 138 页。
④ （清）凌廷堪：《凌廷堪全集》第 3 册，黄山书社 2009 年版，第 74 页。
⑤ 田富美：《清代荀子学研究》，博士学位论文，"国立"政治大学，2011 年，第 161 页。
⑥ 同上书，第 162 页。
⑦ 同上。
⑧ 同上书，第 171 页。

的。最后，凌氏讲求"礼意的学习、礼仪的实践"的修己治人的功夫论主张，亦是荀子的理路。田富美从上述道论、性论和功夫论三个方面认识凌廷堪与荀子的思想关系，不过，如同其对戴震、焦循的论述一样，囿于其写作体例，这些内容的阐发分散在各处，她对凌廷堪的整体思想体系及其与荀子的关系辨析和表达得不够明晰的地方仍然不少。

王章涛著有关于凌廷堪的专书《凌廷堪传》，也许囿于传记的体裁，其中对于凌氏思想的辨析和理解的深度、广度均比不上张寿安的研究。不过，他亦认识到：凌廷堪"崇奉荀学"，"对荀子的见解似有大突破"①。他从几个方面来对此进行说明。首先，凌廷堪从学术史的角度强调自汉迄唐，荀孟并称，未分轩轾；以后罢荀子从祀，以孟子独承孔子，"盖出后儒之私意"②。凌氏以其重视经学、礼学的思想为衡量标准，甚至他认为荀高于孟："荀卿氏之书也，所述者皆礼之逸文，所推者皆礼之精意也，"而孟子"至于礼经，第曰'尝闻其略'"，其文时有违礼之处，"盖仅得礼之大端"③。凌氏又认为，荀子传经，功在孟子之上。王章涛指出的这些不过是对凌氏《荀卿颂》内容的概述。其次，在人性论方面，王章涛说："廷堪对孟子、荀子两家关于人性的认识，使人觉得他处于自相矛盾之中。"比如，"他承认人性本善，那么还要礼何用？他又十分崇奉荀子，因为荀子讲礼。但是荀子的'礼'说是建立在他的性恶论基础上。因为人性恶，必须以礼为政教而化之"④。而关于凌氏人性论的多种说法如何协调的问题，其与凌氏的以礼节性主张如何关联的问题，王张涛实无深切的洞见，只能一般性地指出，凌廷堪主要强调性之隐微、"道""德"之无迹无象需要依礼而著见，而对人性则在善、恶之间取其中流。

综上所论，关于凌廷堪与荀子的思想关系，钱穆最先洞见大要，指出凌廷堪倡导以礼节性全是荀子性恶善伪之论。认为凌廷堪"纯就

---

① 王章涛：《凌廷堪传》，广陵书社 2007 年版，第 164 页。

② 同上。

③ 同上书，第 165 页。

④ 同上。

感官的好恶来说明人性的内涵，并将之与礼的制立联系起来"，就此论述凌廷堪思想与荀子的相似性，后来的学者基本完全接受和继承了钱穆的这一看法。但是张寿安、田富美和王章涛注意到，同样主张以礼节性，凌廷堪的人性论有别于荀子之性恶论。张寿安指出，"廷堪论性，时而主张性善，时而主张性恶，又时而有善恶混合的倾向，……这种朴素的人性观，和孔子'性相近，习相远'的说法，颇为相契"①。田富美亦认为凌廷堪以孔子"性相近"之旨折衷孟、荀人性论。王章涛则认为凌廷堪在性善与性恶之间量度以取中。对于凌廷堪既然继承荀子以礼节性的宗旨何以又对人性持有不同于荀子性恶论的主张，张寿安和王章涛都有所解释。张寿安认为，"廷堪根本无意对此一问题（引者注：性善、性恶抑或性善恶混？）作深入探究。他认为理学者就是把性析辨的太精才落入虚玄。因此，廷堪只讨论到行为终究之善必须借诸礼仪规则此一层次，即不再内索"②。她认为凌廷堪只要注意到人性之可塑性使得其礼有一着力处就可以了，故而不须深究性之善恶问题。王章涛则尝试指出，凌廷堪强调礼对于性、道、德具有客观化的保证作用，可以避免宋儒讲"理"陷入主观主义的师心自用，至于性之善恶并非其在此必须着意之重点。张寿安强调凌廷堪的礼之塑造范铸作用，王章涛注意到凌廷堪之礼的客观形见作用。强调礼义之必不可少，固须突出性恶待治；强调礼义之范铸情感好恶、客观化内在心性的作用，则于性之善恶无须执着，这就是张寿安、王章涛二位对于凌廷堪人性论何以不同于荀子人性论的说明。由于他们局限于凌廷堪人性论的表面论述，先入为主地即以为其不同于荀子，所以他们才需竭力从凌氏和荀子礼义理解的不同上面来回溯解释二者人性理解不同的原因。他们没有意识到，凌氏的性论与荀子的心性论述的不同完全可能只是一种表面的差异而已。另外，张寿安等人未能对凌廷堪与荀子之关系和戴震与荀子之关系做一对比。其若能对于戴、凌二人在继承与修正荀子思想上的不同有所认识，则

---

① 张寿安：《以礼代理·凌廷堪与清中叶儒学思想之转变》，河北教育出版社 2001 年版，第 50 页。

② 同上。

可见及更多的东西，而不仅仅是凌氏与荀子在性论上的表面差别，如：凌廷堪抛弃荀子"心"论部分思想的局限，凌之于戴在思想规模上的不足等。钱穆认为凌廷堪对于荀子的推崇更为"条达"，"直承孔荀，尽排余说"。其论固然有见于凌廷堪继承和推尊荀子思想的直接性特点，但也许正因凌廷堪对于孟子思想认识不足，对心性论固不甚相契，所以亦未能充分注意荀子论心主张之价值。此正如马积高所说，对于宋儒言理、气、心、性、体、用，"凌氏尽扫而去之，虽痛快，却失之隘矣"①。

（三）阮元与荀子

关于阮元思想与荀子的关系，学者论述尤为不足。目前能够见到的就是田富美在《清代荀子学研究》中的论述。田富美认为，"阮元对道、器的实象化解释，其实都是'以气为本'观点的引申"②，这样的气本论立场是近于荀子而远于孟子的。阮元肯定情、欲为人性的内涵，主张以礼节性，尤其反对李翱的复性说，在心性论的立场上也是近于荀子的。在功夫论方面，"阮元以'行事'解'一贯'，强调'身体力行'、见诸'实行实事'"③，提倡"理必附乎礼以行"④，亦是荀子的理路。

阮元的思想较为接近凌廷堪（二者均不纠缠性之善恶的问题，不像戴震、焦循注重从心知上面证成一种不同于孟子的新的性善论；对人性的讨论重在为其强调礼治服务，主张以礼节性），因此在与荀子的关系上，二者的表现也是基本一致的。田富美似乎尚未见及此处。

关于阮元哲学思想最为精彩的部分，即其"相人偶"的仁学，这部分内容尤与荀子思想的群学精神颇为一致，除张丽珠提及外，学者对此尚还一无所论。总之，关于阮元与荀子的思想关系犹有很大的论述空间。

---

① 马积高：《荀学源流》，上海古籍出版社 2000 年版，第 310 页。

② 田富美：《清代荀子学研究》，博士学位论文，"国立"政治大学，2011 年，第 162 页。

③ 同上书，第 189 页。

④ 阮元：《书东莞陈氏学部通辨后》，载《揅经室集》，邓经元点校，中华书局 1993 年版，第 1062 页。

参考文献

一　古籍

（一）《荀子》文本及校释

（清）王先谦：《荀子集解》，中华书局1988年版。

哈佛燕京学社引得编纂处编：《荀子引得》影印本，上海古籍出版社1986年版。

李涤生：《荀子集释》，台湾学生书局1979年版。

［美］诺布洛克（J. Knoblock）英译：《荀子：汉英对照1、2》，张觉今译，湖南人民出版社、外文出版社1999年版。

王天海校释：《荀子校释》上海古籍出版社2005年版。

张觉：《荀子译注》，上海古籍出版社2012年版。

（二）戴震、章学诚、焦循、阮元、凌廷堪文本

（清）戴震：《孟子字义疏证》，何文光整理，中华书局2008年版。

（清）戴震：《戴震全书修订本》，杨应芹、诸伟奇主编，黄山书社2010年版。

（清）章学诚：《章学城遗书》，文物出版社1985年版。

（清）章学诚：《文史通义新编新注》，仓修良编注，浙江古籍出版社2005年版。

（清）章学诚：《文史通义》，吕思勉评，李永圻、张耕华导读整理，上海古籍出版社2008年版。

（清）章学诚：《校仇通义通解》，王重民通解，傅杰导读，田映曦补注，田映曦补注，上海古籍出版社2009年版。

（清）章学诚：《（乾隆）永清县志卷二十五》，清乾隆四十四年

（1779 年）刻本。

（清）章学诚：《（嘉庆）湖北通志检存稿卷四》，民国刘氏嘉业堂刻
　　章氏遗书本。

（清）焦循：《焦循诗文集下》，剑建臻点校，广陵书社 2009 年版。

（清）焦循：《焦循诗文集上》，剑建臻点校，广陵书社 2009 年版。

（清）焦循：《孟子正义》，中华书局 1987 年版（2011 年重印）。

（清）焦循：《论语通释》，清木犀轩丛书本。

（清）焦循：《礼记补疏》，清道光六年（1826）半九书塾刻六经补
　　疏本。

（清）焦循：《易话》，清江都焦氏刻雕菰楼易学本。

（清）焦循：《易章句》，清江都焦氏刻雕菰楼易学本。

（清）焦循：《易通释》，清江都焦氏刻雕菰楼易学本。

（清）焦循：《易图略》，清江都焦氏刻雕菰楼易学本。

（清）凌廷堪：《凌廷堪全集》，纪健生校点，黄山书社 2009 年版。

（清）阮元：《揅经室集》，邓经元点校，中华书局 1993 年版。

（三）其他古籍

（清）程瑶田：《程瑶田全集》，陈冠明等校点，黄山书社 2008 年版。

（清）方东树：《汉学商兑卷中》，清光绪十一年（1885）刻本。

（清）傅山：《傅山全书一》，刘贯文等主编，山西人民出版社 1991
　　年版。

（清）江藩：《国朝汉学师承记》，钟哲整理，中华书局 1983 年版。

（清）孙希旦：《礼记集解下》，中华书局 1989 年版。

（清）谭嗣同：《仁学》，印永清评注，中州古籍出版社 1998 年版。

（清）汪中：《新编汪中集》，广陵书社 2005 年版。

（北宋）张载：《张载集》，章锡琛点校，中华书局 1978 年版。

（南宋）朱熹：《四书章句集注》，中华书局 1983 年版。

二　研究专书

（一）《荀子》研究著作

储昭华：《明分之道：从荀子看儒家文化与民主政道融通的可能性》，

商务印书馆 2005 年版。

陈礼彰：《荀子人性论及其实践研究》，花木兰文化出版社 2011
　　年版。

东方朔：《合理性之寻求：荀子思想研究论集》，"国立"台湾大学出
　　版社 2011 年版。

惠吉星：《荀子与中国文化》，贵州人民出版社 1996 年版。

孔繁：《荀子评传》，南京大学中国思想家研究中心编，南京大学出
　　版社 1997 年版。

龙宇纯：《荀子论集》，台湾学生书局 1987 年版。

李哲贤：《荀子之核心思想：礼义之统及其现代意义》，文津出版社
　　1994 年版。

劳思光：《新编中国哲学史》一卷，广西师范大学出版社 2005 年版。

李亚彬：《道德哲学之维孟子荀子人性论比较研究》，人民出版社
　　2007 年版。

梁启超等：《荀子二十讲》，廖名春选编，华夏出版社 2009 年版。

林宏星：《〈荀子〉精读》，复旦大学出版社 2011 年版。

牟宗三：《名家与荀子》，台湾学生书局 1979 年版。

马积高：《荀学源流》，上海古籍出版社 2000 年版。

孙伟：《重塑儒家之道：荀子思想再考察》，人民出版社 2010 年版。

唐君毅：《中国哲学原论·原性篇》，中国社会科学出版社 2005
　　年版。

唐君毅：《中国哲学原论·原道篇》，中国社会科学出版社 2005
　　年版。

唐君毅：《中国哲学原论·导论篇》，中国社会科学出版社 2005
　　年版。

韦政通：《中国思想史上》，水牛出版社 1980 年版。

韦政通：《荀子与古代哲学》，台湾商务印书馆 1992 年版。

伍振勋：《语言、社会与历史意识——荀子思想探义》，花木兰文化出
　　版社 2009 年版。

王楷：《天然与修为：荀子道德哲学的精神》，北京大学出版社 2011

年版。

夏甄陶：《论荀子的哲学思想》，上海人民出版社 1979 年版。

徐复观：《中国人性论史·先秦篇徐复观文集》第三卷，李维武编，湖北人民出版社 2004 年版。

周群振：《荀子思想研究》，文津出版社 1987 年版。

张匀翔：《摄王于礼、摄礼于德——荀子之智德及伦理社会建构之意涵》，花木兰文化出版社 2010 年版。

张祥龙：《先秦儒家哲学九讲：从〈春秋〉到荀子》，广西师范大学出版社 2010 年版。

（二）清代思想学术研究著作

陈鼓应、辛冠洁、葛荣晋主编：《明清实学思潮史》下卷，齐鲁书社 1989 年版。

冯友兰：《中国哲学史》，中华书局 1947 年版。

侯外庐：《中国思想通史第 5 卷：中国早期启蒙思想史十七世纪至十九世纪四十年代》，人民出版社 1956 年版。

黄俊杰：《中国孟学诠释史论》，社会科学文献出版社 2004 年版。

梁启超：《梁启超论清学史二种：清代学术概论·中国近三百年学术史》，朱维铮校注，复旦大学出版社 1985 年版。

罗检秋：《近代诸子学与文化思潮》，中国社会科学出版社 1998 年版。

刘又铭：《理在气中：罗钦顺、王廷相、顾炎武、戴震气本论研究》，五南图书出版有限公司 2000 年版。

林庆彰、张寿安主编：《乾嘉学者的义理学》，"中央研究院"中国文哲研究所，2003 年版。

刘仲华：《清代诸子学研究》，中国人民大学出版社 2004 年版。

劳思光：《新编中国哲学史》三卷下，广西师范大学出版社 2005 年版。

钱穆：《中国近三百年学术史》上，商务印书馆 1997 年版。

钱穆：《中国近三百年学术史》下，商务印书馆 1997 年版。

韦政通：《中国思想史下》，水牛出版社 1980 年版。

王茂等：《清代哲学》，安徽人民出版社 1992 年版。

吴根友：《中国现代价值观的初生历程——从李贽到戴震》，武汉大学出版社 2004 年版。

吴根友：《明清哲学与现代哲学诸问题》，中华书局 2008 年版。

吴根友：《比较哲学视野里的中国哲学》，中国社会科学出版社 2012 年版。

吴通福：《清代新义理观之研究》，江西人民出版社 2007 年版。

萧萐父、许苏民：《明清启蒙学术流变》，辽宁教育出版社 1995 年版。

余英时：《论戴震与章学诚：清代中期学术思想史研究》，生活·读书·新知三联书店 2005 年版。

张舜徽：《清儒学记》，齐鲁书社 1991 年版。

张舜徽：《清人文集别录》，华中师范大学出版社 2004 年版。

张丽珠：《清代义理学新貌》，里仁书局 1999 年版。

张丽珠：《清代新义理学传统与现代的交会》，里仁书局 2003 年版。

张丽珠：《清代的义理学转开型》，里仁书局 2006 年版。

张寿安：《十八世纪礼学考证的思想活力：礼教论争与礼秩重省》，北京大学出版社 2005 年版。

章太炎等：《中国近三百年学术史论》，上海古籍出版社 2005 年版。

郑宗义：《明清儒学转型探析：从刘蕺山到戴东原（增订版）》，中文大学出版社 2009 年版。

［美］倪德卫（DavidS. Nivison）：《儒家之道：中国哲学之探讨 investigations in Chinese philosophy》，周炽成译，江苏人民出版社 2006 年版。

［日］沟口雄三：《世界汉学论丛：中国前近代思想的演变》，索介然、龚颖译，中华书局 2005 年版。

［日］小野泽精一等：《气的思想：中国自然观和人的观念的发展》，李庆译，上海人民出版社 1990 年版。

（三）戴震研究

蔡锦芳：《戴震生平与作品考论》，广西师范大学出版社 2006 年版。

成中英：《知识与价值：成中英新儒学论著辑要》，李翔海编，中国广播电视出版社 1996 年版。

方利山、杜英贤：《戴学纵横》，中国文联出版社 1999 年版。

胡适：《戴东原的哲学》，安徽教育出版社 1999 年版。

梁启超等：《戴东原二百年生日纪念论文集》，晨报社出版部 1924年版。

李开：《戴震评传》，南京大学出版社 1992 年版。

丘为君：《戴震学的形成：知识论述在近代中国的诞生》，新星出版社 2005 年版。

申笑梅、张立真：《独树一帜戴震与乾嘉学派》，辽宁人民出版社1997 年版。

王茂：《戴震哲学思想研究》，安徽人民出版社 1980 年版。

许苏民：《戴震与中国文化》，贵州人民出版社 2000 年版。

周辅成：《戴震——十八世纪中国唯物主义哲学家》，湖北人民出版社1957 年版。

周兆茂：《戴震哲学新探》，安徽人民出版社 1997 年版。

郑吉雄：《戴东原经典诠释的思想史探索》，台大出版中心 2008年版。

［日］村濑裕也：《戴震的哲学：唯物主义与道德价值》，王守华等译，山东人民出版社 1996 年版。

（四）章学诚研究

仓修良：《章学诚评传》，南京大学出版社 1996 年版。

胡适：《章实斋年谱》，姚名达订补，商务印书馆 1944 年版。

刘延苗：《章学诚史学哲学研究》，中国社会科学出版社 2012 年版。

［美］倪德卫：《章学诚的生平及其思想：1738—1801》，江苏人民出版社 2007 年版。

［日］山口久和：《章学诚的知识论：以考证学批判为中心》，上海古籍出版社 2006 年版。

（五）焦循研究

陈居渊：《焦循儒学思想与易学研究》，齐鲁书社 2000 年版。

陈居渊：《焦循阮元评传》，南京大学出版社 2006 年版。

何泽恒：《焦循研究》，大安出版社 1990 年版。

赖贵三：《焦循年谱新编》，里仁书局 1994 年版。

刘建臻：《焦循著述新证》，社会科学文献出版社 2005 年版。

刘瑾辉：《焦循评传》，广陵书社 2005 年版。

刘建臻：《焦循学术论略》，社会科学文献出版社 2012 年版。

（六）凌廷堪研究

高舫：《凌廷堪》，云南教育出版社 2009 年版。

商揆：《一代礼宗：凌廷堪之礼学研究》，万卷楼图书股份有限公司
　　2004 年版。

王章涛：《凌廷堪传》，广陵书社 2007 年版。

张寿安：《以礼代理：凌廷堪与清中叶儒学思想之转变》，河北教育
　　出版社 2001 年版。

（七）阮元研究

郭明道：《阮元评传》，社会科学文献出版社 2005 年版。

李成良：《阮元思想研究》，四川人民出版社 1997 年版。

王章涛：《阮元年谱》，黄山书社 2003 年版。

王章涛：《阮元评传》，广陵书社 2004 年版。

张鉴：《阮元年谱》，中华书局 1995 年版。

（八）其他研究著作

陈修斋：《关于哲学本性问题的思考》，见段德智编：《哲学人生：陈
　　修斋 90 周年诞辰纪念文集》，人民出版社 2011 年版。

傅伟勋：《从创造的诠释学到大乘佛学》，东大图书公司 1990 年版。

何卫平：《通向解释学辩证法之途：伽达默尔哲学思想研究》，上海
　　三联书店 2001 年版。

刘师培：《刘申叔遗书》，江苏古籍出版社 1997 年版。

罗国杰：《罗国杰文集》上册，河北大学出版社 2000 年版。

李明辉：《孟子重探》，联经出版事业公司 2001 年版。

李存山：《气论与仁学》，中州古籍出版社 2009 年版。

牟宗三：《历史哲学》，台湾学生书局 1984 年版。

王国维：《王国维全集初编第5册》，大通书局1976年版。

王海明：《伦理学原理》，北京大学出版社2001年版。

徐向东：《道德哲学与实践理性》，商务印书馆2006年版。

萧萐父：《吹沙集》，巴蜀书社2007年版。

杨儒宾、祝平次主编：《儒学的气论与工夫论》，华东师范大学出版
　　社2008年版。

章炳麟：《章太炎全集》四，上海人民出版社1985年版。

张岱年：《中国唯物主义思想简史：从周秦到明清唯物主义思想的发
　　展》，中国青年出版社1957年版。

张岱年：《中国唯物主义思想简史》，中国青年出版社1981年版。

张岱年主编：《中国唯物论史》，河南人民出版社1994年版。

张世英：《天人之际：中西哲学的困惑与选择》，人民出版社2007
　　年版。

刘昌元：《研究中国哲学所需遵循的解释学原则》，载沈清松主编
　　《跨世纪的中国哲学》，五南出版公司2001年版。

李维武：《中国哲学的现代转型》，中华书局2008年版。

［德］马克思：《1844年经济学哲学手稿》，载中共中央马克思恩格斯
　　列宁斯大林著作编译局编译《马克思恩格斯文集》第一卷，人民出
　　版社2009年版。

［德］伽达默尔：《诠释学：真理与方法》（修订译本），洪汉鼎译，
　　商务印书馆2010年版。

［美］史华慈：《古代中国的思想世界》，程纲译，江苏人民出版社
　　2003年版。

［美］余纪元：《德性之镜：孔子与亚里斯多德的伦理学》，林航译，
　　中国人民大学出版社2009年版。

三　学位论文

郭宝文：《戴震及其后学与孟荀思想异同研究》，博士学位论文，"国
　　立"台湾大学文学院中文文学系，2011年。

郭海伟：《章学诚历史哲学研究》，硕士学位论文，杭州师范大学政

治经济学院，2010 年。

梁晓园：《清代荀学研究》，硕士学位论文，暨南大学，2006 年。

彭公璞：《汪容甫学术思想研究》，博士学位论文，武汉大学哲学院，2010 年。

田富美：《清代荀子学研究》，博士学位论文，"国立"政治大学中国文学系，2006 年。

温航亮：《汪中思想研究》，博士学位论文，苏州大学哲学系，2008 年。

赵伟：《乾嘉荀学研究》，硕士学位论文，广西师范大学，2008 年。

四 期刊、会议论文

董平：《章学诚与南宋浙东学派》，《华东师范大学学报》（哲学社会科学版）2007 年第 39 卷第 4 期。

丁四新：《"生"、"眚"、"性"之辨与先秦人性论研究之方法论的检讨：以阮元、傅斯年、徐复观相关论述及郭店竹简为中心》上，《中国哲学与文化》2009 年第六辑《简帛文献与新启示》。

丁四新：《"生"、"眚"、"性"之辨与先秦人性论研究之方法论的检讨：以阮元、傅斯年、徐复观相关论述及郭店竹简为中心》下，《中国哲学与文化》2010 年第七辑《明清儒学研究》。

邓国宏：《戴震"以情絜情"说辨析》，《安徽大学学报》（人文社科版）2012 年第 5 期。

郭志坤：《浅说荀子及其荀学之浮沉》，《学术月刊》1994 年第 3 期。

郭齐勇：《戴震思想的创获》，《儒教文化研究》2007 年第 8 辑。

郭道平：《戴东原二百年生日纪念活动钩沉》，《云梦学刊》2007 年第 1 期。

刘仲华：《清代荀学的复活》，《兰州大学学报》2001 年第 1 期。

龙鑫：《〈法象论〉发微：戴震"气化"思想的目的论意义》，《延边大学学报》（社会科学版）2010 年第 6 期。

刘又铭：《从"蕴谓"论荀子哲学潜在的性善观》，载"国立"政治大学文学院《孔学与 21 世纪国际学术研讨会论文集》，2011 年。

谋子：《〈孟子字义疏证〉与〈绪言〉、〈孟子私淑录〉的易稿关系》，《陕西师范大学学报》（哲学社会科学版）2003 年第 5 期。

秦平：《传统与现代化之间——萧萐父"历史接合点"思想初探》，《武汉大学学报》（人文科学版）2008 年第 5 期。

宋立卿：《试论荀学的历史命运——中国文化史上一桩千古未决的悬案》，《河北大学学报》（哲学社会科学版）1990 年第 4 期。

王茂：《戴震〈私淑录〉及〈绪言〉成书先后之比较研究》，《江淮论坛》1983 年第 6 期。

吴根友：《傅山反理学思想的社会政治指向——以傅山肯定"无理"范畴为视角》，《南京大学学报》（哲学人文社会科学版）2007 年第 6 期。

周兆茂：《戴震〈孟子私淑录〉与〈绪言〉写作先后辨析》，《中国哲学史》1993 年第 2 期。

周积明：《乾嘉时期的学统重建》，《江汉论坛》2002 年第 2 期。

张晶晶：《戴震〈中庸补注〉的诠释理路及基本思想试析》，《哲学与文化》2005 年第 7 期。

张丽华：《张载的鬼神观》，《中国哲学史》2006 年第 2 期。

郑吉雄：《论戴震与章学诚的学术因缘——"理"与"道"的新诠》，《文史哲》2011 年第 3 期。

后　记

　　这本书是由我的博士论文修订而来的。犹记得2013年底完成博士学位论文答辩时，回想十余年来学习和研究哲学的道路，感慨良多。这其中的道路并非尽是坦途，但是今天看来，我对这一切的选择和追求仍然是无怨无悔。

　　大概从高中选择学习文科开始，我就冥冥之中播下了和哲学结缘的种子，最终越走越近而走上学习中国哲学的道路。因为家长和老师的意见同自己的想法并不那么一致，而我之前的学习成绩在文理科方面是十分的平衡，高中二年级的时候，对于选择文科或理科，我是颇费踟蹰，最终在班主任规定的最后时刻递上了选择文科的申请。这就是我这个人的毛病吧，我总是于一件事情考虑再三，优柔迟疑到最后不得不做出决断的一刻才下定决心做出自己的选择。既然是自己选择了文科，那么就得把文科的学习搞好。我在文科班的学习成绩的确很不错，也顺利地考入了中国文科生心目中最好的大学北京大学。但是，录取时被校方调剂到西班牙语专业，让我第一次感受到偶然性对于命运的重大影响。作为一个言语不多、朴实少文的人，我对语言文学自认是既没有兴趣也没有天赋。但是既然在西班牙系，专业课程的学习依然不得放松。所以我的西班牙语学习得也还不错，当然主要是在笔头的能力上面。我依然在做出人生的重大选择上面比较迟疑，直到本科二年级结束的时候，终于决定由西班牙语系转入哲学系学习。北大哲学系本科生的学习并未细分专业，但我的学习则一直偏重于伦理学方向。接着就读了伦理学专业的硕士。其时国内的伦理学专业是中西伦理思想兼修，但伦理学研究的一般原理和模式都是从西方伦理学而来。我之前觉得学习伦理学有一个好处，就是可以中西兼学，但是进一步的深入也促使我的兴趣必须在中西学之间有一个选择。当时的考虑是，如果继续做伦理学，那么将越来越偏重和依赖于西学，而这最好是去西方国家留一趟学，而其时我并没有这样的想法。另一方面，对于中国伦理思想的深入把握也让我感觉研究中国伦理学史和研究中国哲学史不可人为地区分开来。也许还有受到家乡湖北省黄梅县的佛教文化的影响，我认为佛学对于宇宙人生提出了正确的问题，但其出世主义的回答并不令我满意；而这方面，中国传统哲学的丰富智慧似乎可以帮助我，西方哲学及其伦理思想却不能够。就这样我逐渐由伦理学的学习走向中国哲学的研讨，并考入武大中国哲学专业攻读博士学位。不过，自学习中国哲学以来，我一直明确确定自己学术的根本兴趣在于中国传统思想文化的现代转化问题，所以在选择博士学习期间的研究领域时选择了明清哲学。我接受侯外庐、萧萐父先生的"明清启蒙"说，认为中国社会发展到明代中后期以来，的确出现了许多不同于既往的思想价值观念，而它们与所谓现代性的理念颇可沟通，所以考察中国古代思想文化自身的现代化进程，最值得研究的是明清哲学。我的这篇博士论文也是在这一基本认识前提下而做的。回想这一追求哲学的历程，这篇博士论文似乎是一个很自然的归宿了。

我进入武大读博之前，萧萐父先生已经离世，所以无缘得见，但是萧先生开创的珞珈中国哲学学派以其深厚的学养积淀，继续滋养着像我这样后面进来的学者。业师吴根友教授在学术上颇能继承萧先生"漫汗通观儒释道，从容涵化印中西"的主张，其学术的成就和治学的广博气象是我一辈子需要学习的。三年多来在吴老师门下，每次自己的文章或发言中的缺点得到老师的指点，总是感觉像被打中了疼处、痒处，是那么的畅快。在学术的领域之外，吴老师是一个外向、活泼，具有多方面才能的有趣味的人。而我自己则内敛、好静，是个有些单调的人，虽与吴老师的人格特质颇有些相反的倾向，但是我总是特别羡慕像吴老师这样的人，虽然学习不来，但是一直心向往之。中哲教研室的其他各位老师，无论是在学问上或做人上，也都令我教益无穷。郭齐勇老师对于中国文化的历史使命感，其敦厚儒者的人格魅力，对于后学的谆谆提点，一切的点点滴滴都记在我的心头。与其交流，让人如沐春风，我这个内向、腼腆的人也是没有丝毫的紧张和压力。另外李维武老师治学的严格认真，徐水生老师的平易近人，丁四新老师利用文献和小学的知识来做哲学史研究的功夫，文碧芳老师的真诚热情，都给我留下了深刻的印象。另外特别要感谢储昭华老师，是他根据我的兴趣推荐我跟吴老师读博士。最终，我的博士论文做的题目也与他的研究走到了一起。在荀子的认识和理解上，储老师给我颇多的启发。生活之中的储老师，还有田文军老师，也都是一个亲切平易的人，与学生打交道没有一丝一毫的架子。所有这些老师的学问和人格都值得我终身记取。

转眼博士毕业又四年了，这篇博士论文终于修订出版了。这里要感谢我工作的贵州大学哲学与社会发展学院利用学科群建设的经费资助了本书的出版，还要感谢我的妻子鹿博女士，她是古典文献学专业出身的博士，做的也是明清的思想文化研究，算是我学术上的同道，本书的修订出版有她的督促和订补之功。最后还要感谢我的父母，孩子所做的每个选择，无论是经历挫折还是成功，他们都默默无闻地支持着我。他们的朴实和无私的父爱、母爱，是我今生永远报答不尽的。

邓国宏

2018 年 9 月 10 日于贵阳花溪